妖怪、妖怪学
与天狗
中日思想的
冲突与融合

王 鑫／著

社会科学文献出版社
SOCIAL SCIENCES ACADEMIC PRESS(CHINA)

目录
contents

第一章　序章

第一节　日本的"妖怪热"

20 世纪末 21 世纪初，日本掀起了一股"妖怪"文化热潮，这一热潮迅速席卷了亚洲以及全世界。

2009 年，时任日本首相的麻生太郎提出"动漫立国"这一国家发展方针。日本政府希望借助动漫流行文化发挥日本"软实力"，提升日本的国际地位，振兴救助日本经济。而日本动漫中一个重要角色便是"妖怪"。著名动漫导演宫崎骏的几乎所有作品中都有"妖怪"登场，妖怪形象深入人心。

不仅动漫，小说、游戏、玩具，甚至城市吉祥物都融入了"妖怪"元素。2013 年任天堂开发的一款游戏《妖怪手表》一举成功，风靡日本，不仅在杂志上连载了据此改编的漫画，2014 年 1 月起更是将其制作成动画在电视台播出，此外，与之相关的手表等玩具也受到了日本年轻人的青睐，它带来的经济价值仅 2015 年一年就达 5 亿日元。

"妖怪"文化的经济效益越来越受到日本的重视，"妖怪"不仅成为日本文化对外宣传的窗口，也成为拉动地区经济效益的一个手段。在妖怪博士水木茂的家乡鸟取县境港市，有一个水木茂纪念馆，里面展览着各种"妖怪"，该市的"妖怪一条街"上售卖水木茂笔下各种"妖怪"元素的周边产品，甚至连境港市至米子市的电车都以"鬼太郎列车"命名。

日本德岛县三好市山城町，一个不太为人所知的地方，通过打造"大步危妖怪村"，每年吸引了不少游客前往参观旅游。那里有"妖怪"博物馆与"妖怪"野外探险步道。在博物馆中陈列着日本的各色妖怪，讲述着它们的传说。而探险步道，不仅景色宜人，还可以寻找发现"妖怪"的足迹。每年举办的"妖怪"讲座、论坛、展览也吸引了大量游客，大大提升了当地的经济。

笔者拍摄于德岛县三好市山城町大步危

此外，打造城市"吉祥物"也成为日本拉动地区经济的有效手段之一。而这些吉祥物就是各色各样的"妖怪"，如我们熟悉的东北地区的"轻松熊"、奈良地区的"小鹿 KENTO 君"、北海道夕张市的 MELON 熊、鹿儿岛县的 GURIBU 等，不胜枚举。

与"妖怪"相关的漫画、动画、小说以及衍生品每年在日本不断推出，销售业绩惊人。一到夏天，日本不少博物馆、美术馆都会举行与"妖怪"相关的特别展。2009～2010 年首次在海外巴黎举办了展览，受到了当地民众的热烈欢迎。

日本现代"妖怪博士"小松和彦常常说日本已经不是"妖怪热"，而是"妖怪泛滥"，任何东西都可以和"妖怪"扯上关系。在日本，不仅普通百姓关注"妖怪"，就连天皇也关心起"妖怪"。2019 年 1 月，小松和彦教授便在皇居为天皇进讲了日本的"妖怪文化"。

日本通过"妖怪"不仅获得了巨大的经济利益，更有效地宣传了本国文化。不仅亚洲国家，西方国家也透过"妖怪"了解了日本文化、日本民族。在西方最新的研究书中已经将"妖怪"的发音标注为"YOKAI"，而非"Ghost"。如 Michael Foster 著《Pandemonium and Parade：Japanese Monsters and the Culture of Yôkai.》（2009）、《The Book of Yokai：Mysterious Creatures of Japanese Folklore》（2015）。可以说日本"动漫立国"的方针取得了一定成功。

第二节 "妖怪研究"的价值和意义

日本"妖怪文化"的盛行并非偶然，与其百余年来深厚的学术研究积累有着密不可分的关系。19 世纪末期，日本著名佛教哲学家井上圆了开创了"妖怪学"这门学科，那之后，"妖怪"被作为一门严肃的学问加以研究，虽然各个时期妖怪学研究的目的不相同，但百余年来研究从未中断。

柳田国男在谈到研究妖怪的重要性时说："一个民族试图进行新的自我反省之时，它（妖怪）是能够给我们提供特别意外多的暗示的资源。我的目的是以此来窥见平常人的人生观，特别是信仰的推移。而且如果把这个方法稍加延伸，或者承认眼前的世相具有历史性，或许可以逐渐养成探究其因由的风习，理出使那些不迷不悟的俗物改宗的线索。"[1] "日本的新旧宗教特别混杂，近日我们不通过妖怪传说无法窥知以前国民的自然观。"[2] "只有这些是没有人想要用经常舶来的更为精妙之物去替代的东西。……令我们恐惧的这些东西，其最初的原始形态是什么样的？是什么东西经过了何种途径最终与复杂的人类的失误、戏谑结合在一起？幸或不幸，从邻里的大国我们长久以来借来了各种文化。但是，我想仅以此还不能说明日本的天狗、川童（即河童——笔者注）以及幽灵等东西的本质。我们似乎只能耐

---

[1] 柳田国男『盆過ぎメドチ談』『定本柳田国男集』第四卷、筑摩書房、1963 年、第 291 頁。

[2] 柳田国男『盆過ぎメドチ談』『定本柳田国男集』第四卷、筑摩書房、1963 年、第 352 頁。

心地等待国家具备自我认识能力的一天的到来"①，这一天已经到来了。

日本文化的一个最大特点就是"拿来主义"，天狗、川童、幽灵等均是从"邻里的大国"借去的，尽管如此，比起其他东西来，这些东西是"没有人想要用经常舶来的更为精妙之物去替代的"，因此，它其中蕴含着相对较多的日本本国的信仰与文化，实在是一个民族自我反省时的有力工具。在那个全盘西化的动荡年代，柳田国男透过它重新找到了本国文化的定位，寻回了日本有别于其他民族的固有信仰。这就是研究"妖怪"的意义与价值所在。

那之后，日本的民俗学者继承了柳田国男的这一理念，日本的妖怪学研究呈现出了十分繁荣的景象，不仅研究队伍逐渐壮大，研究质量也达到了空前水平。

日本的妖怪热为我们提供了诸多启示，也使得我国的妖怪研究者开始反思。有网友在网上质疑：现在一提到"妖怪"就想到日本，我国从《山海经》开始就已经有大量"妖怪"了，为何"妖怪"成了日本的专利？《男人装》杂志在2012年第100期和第101期上制作了百鬼特辑，文中写道："中国这上下五千年，关于鬼的传说五花八门，种类繁多且贯穿了整个历史，可以说是我国文化的一个重要组成部分。但我们，却从来没有一本像日本《百鬼夜行》这样系统的鬼怪图鉴，要知道，日本70%的鬼怪都起源于我国啊！"②

确实，中国古代有着丰富而庞大的"妖怪"文化宝库，《山海经》《白泽图》《搜神记》《述异记》《西游记》等，不胜枚举，这些都曾对日本产生过很大影响。然而，我国的妖怪与民间信仰、仪式和象征的命运一样，长期以来被作为"古代史的'残余'，在还没有对它们加以深入的探讨之前，就认为这些文化形式在社会进入'现代'之后就不再具有原有的功能和意义"。③然而，这些信仰"不仅影响着占中国社会大多数的一般民众的思维方式、生产实践、社会关系和政治行为，还与帝国上层建筑和象征体系的构造形成微妙的冲突和互补关系"。因而，研究它们"不仅可以

---

① 柳田国男「妖怪談義」『定本柳田国男集』第四卷、筑摩書房、1963 年、第 289～290 頁。
② 《男人装》杂志社编《百鬼灵》，浙江出版集团数字传媒有限公司，2014，第 1 页。
③ 王铭铭：《社会人类学与中国研究》，生活·读书·新知三联书店，1997，第 182 页。

提供一个考察中国社会—文化的基层的角度，而且对于理解中国社会—文化全貌有重要的意义"[①]。

中国的"妖怪"现象更是如此，它不仅仅是普通民众思维方式、原始信仰的反映，更是由统治阶级创造并大肆利用的工具。"妖怪"概念的形成过程也是各种思想冲突与融合的结果。透过"妖怪"我们不仅可以了解我国的原始信仰，更可以了解古代中国思想史的一个侧面。

"妖怪"一词由中国传到日本，伴随着词语的输入，其背后的思想文化也传入日本。透过"妖怪"这扇窗，我们不仅可以了解两国人民在原始信仰方面的异同，更可以窥见中日思想的冲突与融合，为东亚思想交流史、文化交流史增添新的角度与维度。

第三节　研究现状述评

如前所述，日本的"妖怪学"创建于19世纪末期，发展至今已有130余年的历史。第三章将详细阐述日本妖怪学的研究史。概言之，日本的妖怪学研究主要历经了五个阶段。

第一阶段是草创期，以"扑灭假怪"、科学合理解释各种"妖怪"现象的研究为主。以妖怪学创始人井上圆了为代表。

第二阶段是转折期，出现了"肯定妖怪"价值之潮流。这一潮流的出现与西方灵学以及文化人类学的发展有着密切联系。以平井金三（1859～1916）、石桥卧波、江马务（1884～1979）为代表性人物。风俗史学家江马务的研究被誉为妖怪学研究的一个里程碑。他重新界定了"妖怪"的概念，赋予了"妖怪"新的价值，使用新的研究方法开展了别于井上圆了妖怪学的妖怪研究。

第三阶段是集大成阶段，以柳田国男（1875～1962）为代表。柳田赋予了"妖怪"新生命、新意义、新价值。柳田认为只有在妖怪传说中才保存着没有被外来文化所取代的日本固有文化与信仰。通过妖怪可以窥见普

通民众的人生观、自然观以及信仰的变迁，是一个民族进行自我反省时的有力工具。他在 1956 年出版的《妖怪谈义》被认为是妖怪学研究的先驱，是妖怪学研究的基础性读物。

第四阶段是低谷期，20 世纪 50 年代末至 80 年代的 20 余年中，日本的妖怪学研究再度"沉默"，虽有一些妖怪研究著作问世，但基本继承了前人的研究思路与方法。

第五阶段是新高潮期，以小松和彦（1947 ~ ）、宫田登（1936 ~ 2000）等为代表性人物。小松和彦出版于 1985 年的《凭灵信仰论——妖怪研究之探索》一书重新审视了民俗学中的妖怪研究，提出日本民俗学有两点不足。首先，它最缺乏的一个视野就是"社会"这个概念，"全体性"这样的概念。我们所说的社会是由社会性事物、经济性事物、政治性事物、宗教性事物等诸要素相互影响相互关联而构成的一个结合体。而民俗学并没有这样的认识。[1] 其次，从社会人类学的视角看，分析调查收集到的信息（情报）是研究的真正开始，而对于大部分民俗学者来说，这却是基本意味着研究的结束。[2] 也就是说，小松教授认为民俗学者仅仅限于信息的调查与采集，而没有认真地去分析这些收集到的资料。社会人类学填补了这一空白。

小松和彦对于柳田及其后民俗学领域的妖怪研究也提出了批判。小松指出柳田受到了 19 世纪进化主义人类学的影响，他提出的妖怪学的"初步原理"是"一系列的妖怪进化（退化）说"，把全部的妖怪都作为神沦落后之物来把握，因此排除和否定了例如人→妖怪、动植物→妖怪、妖怪→神的可能性。这样一种变化趋势并不适用于所有妖怪。而民俗学者对于柳田的这种观点毫无批判地加以继承，几乎没有人对此进行实证性的研究。[3]

柳田这一假说的最大的问题就是把日本整体信仰的历史看作一个从繁荣到衰退的变化过程，每个妖怪的历史也是从繁荣到衰退，各个时代有各个时代的神与妖怪，他在没有准确把握和区别这点的基础上展开论述，因

---

① 小松和彦『憑霊信仰論——妖怪研究への試み』、ありな書房、1984 年、第 15 頁。

② 小松和彦『憑霊信仰論——妖怪研究への試み』、ありな書房、1984 年、第 15 頁。

③ 小松和彦『憑霊信仰論——妖怪研究への試み』、ありな書房、1984 年、第 211 頁。

此出现了这样的问题。

除此之外，宫田登也对柳田界定妖怪与幽灵的方法提出了质疑，指出："我们认为恐惧的东西，一般把它称作妖怪……恐惧这种感情对于妖怪与对于幽灵是有些不同的。幽灵是特定的个人性心意的反映，只有当事者才能感到真正的恐惧。而妖怪是在共同感觉这个层面上大家都感到恐惧。……将妖怪与幽灵在现象层面完全区分开进行说明，按照柳田的说法在一定程度上是可能的。但是，关于这个恐惧的内容，是否完全区分开了是个问题。我认为是不是有必要把人们认为恐惧的内容进行比较。因此，有必要把自古就有的妖怪与新产生的妖怪，更加细分进行讨论。"① 由此可见，宫田登在柳田学说的基础上，认为有必要把人们的恐怖心理进一步进行分析比较。

此外，宫田登还指出，妖怪不仅仅只关系到古老过去的世界以及逐渐消亡的农村世界，还与现代人的问题相关。宫田登认为，妖怪的产生反映了人与自然的关系，通过妖怪传说可以窥见人与自然的关系。

在《妖怪文化入门》一书中，小松教授进一步详细阐述了"妖怪"的定义。他指出："妖怪一词，对于一般人来说，甚至对于研究者来说其含义都很模糊。按照字面意思理解的话，是那些可以用神秘的、奇妙的、不可思议的、有些令人毛骨悚然的等形容词来形容的现象、存在以及生物。我想这是妖怪最广义的定义。"② 此外，小松进一步按照具体内容将妖怪分为三类，即事件性妖怪、超自然性存在的妖怪以及造型化的妖怪。事件性妖怪是指作为事件性或现象性的妖怪，即现象妖怪，诸如古代的各种怪异现象。超自然性存在的妖怪是指人类不可控制的超自然性存在的妖怪，即存在妖怪。妖怪一词本身不仅是一种怪异现象，而且也意味着引起这种现象的神秘性的存在（如生物）。造型化的妖怪是指被造型化、视觉化的妖怪，即造型化妖怪。在古代，人们还没有将这一存在和妖怪进行视觉上的造型。……但是到了中世纪后……人们开发了绘画和诗词一体的"绘卷"，并将有名的故事、政治事件的经纬、寺庙设立的经过以及灵验记等开始放

① 宫田登『妖怪の民俗学』、筑摩書房、2002 年、第 25 頁。
② 小松和彦『妖怪文化入門』、角川学芸出版、2012 年、第 7 頁。

入了"绘卷"的题材。……妖怪的图像化、造型化是日本妖怪文化具有划时代意义的事情。也许享受作品的贵族们开始对夜间潜行的妖怪具有了强烈的恐惧心。另外，妖怪也开始成为大众娱乐的对象。……通过绘画师之手，其造型为人们所接受，并出现了妖怪的固定化模式。……如果妖怪的造型种类过少，也会使妖怪失去新鲜感。可以肯定的是，绘画师使得妖怪的种类飞速增长。为此，妖怪的形象固定化后，开始成为人们的娱乐对象，妖怪文化变得丰富多彩起来。①

小松教授的定义目前被日本妖怪学研究者所普遍认同。同时，小松教授对妖怪学进行了重新定位，指出"妖怪是探索日本人精神构造的重要研究领域，因此一直具有低级印象的'妖怪学'其实是'人之学'"。② 小松教授指出了"妖怪学"作为研究"人"的学问的可能性，并提倡开展综合性、跨学科的"妖怪学"研究。

1997 年开始，小松教授组织全国的妖怪研究者成立了跨学科的妖怪研究会，研究课题为"日本怪异、怪谈文化的成立与变迁之跨学科研究"。此后，相继出版了《日本妖怪学大全》（2003 年）、《日本人的异界观》（2006 年）、《妖怪文化研究的最前线》（2009 年）、《妖怪文化的传统与创造》（2010 年）以及《进化的妖怪文化研究》（2017 年）。此外，还制作了两个妖怪数据库，"怪异·妖怪传承数据库"与"怪异·妖怪画像数据库"，收录了日本自古代以来的妖怪故事与妖怪画。通过这样的共同研究，日本全国的妖怪学研究者聚集在一起，定期召开共同研究会，发表自己最新的研究成果，成为大家研究成果交流的平台。

该研究会也积极吸收国外的研究者，包括法国、美国、韩国、印度、越南等各个国家的研究者。本人也有幸作为中国研究者的代表加入了该团队。小松教授希望，通过国外研究者的参加，以"外部"的视角审视日本的妖怪，同时与他国的妖怪文化进行对比，进一步揭示日本妖怪的特点。同时，他十分关心外国人是如何看待日本的妖怪，对日本妖怪的哪些方面

---

① 详细请参照小松和彦『妖怪文化入門』、角川学芸出版、2012 年、第 7～16 页，以及小松和彦著《日本文化中的妖怪文化》，王铁军译，《日本研究》2011 年第 4 期，第 42～44 页。

② 小松和彦『妖怪学新考』、株式会社小学館、1994 年、第 26 页。

感兴趣。"外部"视角、"他者"视角的妖怪研究目前还处于起步阶段，小松教授希望今后能进一步深入开展这方面的研究。

日本现代的妖怪研究，视角丰富、内容多样，既有概述性质的著作，诸如菊地章太的《妖怪学讲义》，也有以时代或以个别妖怪为研究对象的研究著作，诸如香川雅信的《江户的妖怪革命》、横山泰子的《四谷怪谈很有趣》、中村祯里的《狐的信仰史》、安井真奈美的《从物与图像探寻妖怪、怪异的世界》等。不仅仅是历史上的妖怪，也有诸多学者对现代的妖怪展开研究。

日本现代的妖怪研究已经进入高潮阶段，它对周边国家，甚至对全世界都有着很大的影响力。但是，日本的妖怪研究多局限于本国研究，缺少"他者"视角与比较视角，而以柳田国男为首，日本很多民俗学者不愿也不想尝试把日本的妖怪与中国拿来比较，然而，日本文化深受中国文化影响，通过"妖怪"一定可以点亮中日思想文化交流史中被我们忽略的那一隅。

中国的妖怪学研究其实起步很早，19世纪末20世纪初在井上圆了妖怪学的影响下，我国出现了第一部妖怪学教科书——《寻常小学妖怪学教科书》，我国著名教育学家、北京大学的曾任校长蔡元培（1868～1940）翻译介绍了井上圆了的《妖怪学讲义录》。在中山大学与北京大学开设"迷信学"课程的江绍原（1898～1983）可誉为我国妖怪学研究的先驱，他的研究是圆了妖怪学在我国的独特展开。

继井上圆了之后，柳田国男的民俗学也对我国产生过极大影响，周作人、鲁迅在其影响下从民俗学、文学的视角对中国以及日本的妖怪展开过研究。

然而，新中国成立后直到70年代末的几十年中，妖怪研究几乎处于停滞状态。70年代末80年代初，一股新的神话学热潮席卷中国，以袁珂（1916～2001）为首的诸多学者开始重新整理中国的神话。袁珂在《中国神话史》中指出："中国古无神话之名，古人对于神话，大都以'怪'之一字该之。""但'怪'字的含义又绝不止神话，其他凡诞妄妖异涉及宗教迷信的也都属之。"[①] 可见，"怪""妖怪"乃神话学的主要对象，而其范

---

① 袁珂：《中国神话史》，上海文艺出版社，1988，第18～19页。

围又比"妖怪学"范围要小，仅涉及"神话"材料，其他则不在考察范围之内。

80年代，徐华龙指出"鬼学"研究的价值，对中国的妖怪研究有很大的推动作用。2008年，他正式提出了"鬼学"这一概念，出版了题为《鬼学》的著作。他认为"每个学科都有自己的研究对象、目的和任务，所以鬼文化的研究亦不可能由其他学科来替代"。① 他指出"鬼学"的研究对象为鬼现象和鬼信仰，其研究目的在于"用全面、公正的眼光来审视中国历史上的整个思想史和文化史"。② 2009年他发表了题为《妖、怪、精故事的分类研究》论文，从民间文学分类角度试图对中国的妖怪精故事进行了分类。③

进入90年代，中国出现了关于精怪方面的著作。诸如吴康著《中国的鬼神精怪》（1992年，湖南文艺出版社）、刘仲宇的《中国精怪文化》（1997年，上海人民出版社），里面均介绍了中国的妖怪。

21世纪，在日本妖怪文化热的影响下，"妖怪"研究再次受到中国学者关注。近年来也出版发行了不少有关日本妖怪文化的书籍，此外，小泉八云著《怪谈》至少有5个译本，京极夏彦的妖怪文学作品有16部以上被译成中文。同时出现了一些学术论文。然而，这些研究多数是介绍性质，且多以日本的妖怪为对象对其加以介绍、分析，不少成果援引日本学者的成果，介绍日本的妖怪，缺乏比较的视点与实证研究。

清华大学刘晓峰教授积极呼吁我国学者开展妖怪学研究，先后发表了《被遗忘的荒野——呼唤中国的妖怪学研究》《中国妖怪行不行?》等文章，呼吁中国学者共同探讨中国的妖怪学研究。在这样的背景下，何为妖怪、如何开展妖怪研究等一系列问题呈现在我们面前。

如前所述，中日两国都有妖怪研究的积累，当然，日本的妖怪研究积淀要比我们深厚。尽管如此，日本的妖怪研究一个最大的问题就是"他者"视角的欠缺与比较视域的不足。虽然，近年来日本也开展起这样的研究，但成果数量远远比不上针对本国妖怪的研究。中国近年来的妖怪研究

① 徐华龙：《鬼学》，北岳文艺出版社，2008，第3~4页。
② 徐华龙：《鬼学》，北岳文艺出版社，2008，第4页。
③ 本文刊载于《文化学刊》2009年3月第2期，第110页。

亦是如此。因此，本书试图打破这一局限，着眼于中日比较的视域，从跨文化比较研究的视角，通过史料分析，立体地还原"妖怪"与"天狗"的本来面貌，以历史发展的眼光，动态地把握它们的嬗变过程，从思想史的角度，剖析社会思想文化变迁对它们带来的影响，通过跨文化比较，透视中日差异背后的思想文化背景原因，通过中日妖怪学的互动研究，勾勒出一段古代中国思想影响日本、近代日本思潮反哺中国的中日思想文化互动交流史。为东亚思想交流史、文化交流史研究增添新的维度和视角。

第四节　方法论的问题

日本的妖怪研究多采用民俗学的研究方法，以民间事例的采撷为主要手段，以采撷到的资料为主要研究对象，柳田国男的研究是其代表。他开创出的"重出立证法"与"方言周圈论"的研究方法一直在日本民俗学中起着指导作用。柳田国男指出："我们重视直接观察到的事实，而把它当作第一手资料。……历史发展至今的过程、历史发展的顺序都可以通过对这个横断面的全面观察得以了解。即使是同样的事象，剖开现代生活的一个切面来观察的话，可知各地是千差万别的。把这些事例集中起来加以观察，即使不能了解其起源或原始的状态，也至少可以很容易推测出其变化的过程。……我们的所谓重出立证法，类似于重叠照相的手法。"① 柳田国男十分重视民间传说以及方言的采集与对比，通过这样的对比还原信仰的演变过程是柳田独特的特点。

柳田国男之后的妖怪研究也基本继承了柳田国男的研究方法，从民俗学、文化人类学的视角以田野调查为主要手段开展本国妖怪的研究。如小松和彦的《凭灵信仰论》就是在长期调查日本高知县物部村的"伊邪那岐流"祈祷师的基础上写成。当然，除了民俗学视角的研究外，文学视角的妖怪研究也不少，此外，还有一些图像学、史学视角的研究。

---

① 柳田国男：《民间传承论与乡土生活研究法》，王晓葵等译，学苑出版社，2010，第49~50页。

为了厘清中日自古至今"妖怪"的互动影响关系，文献资料的考察必不可少。因此，本研究主要采用史学、日本思想史学以及史料学的研究方法，同时借用文化人类学、神话学、宗教学等研究方法。在文献史料的整理与分析方面主要采用史学、日本思想史学以及史料学的研究方法。

井上亘指出，"古代史料主要分为一级史料和二级史料，一级史料是指在同时代形成的史料，按照其种类分为古文书学、古记录学、金石学、木简学等。二级史料指的是后世整理资料而编写的史料，对这类史料进行的研究就是所谓的文献史学"，文献史学主要包括书志学、文献学与注释学。① 本研究主要使用古记录学与文献学的研究方法对古代史料加以整理分析。

在对中日"妖怪""妖怪学""天狗"的比较分析方面主要采用史学、日本思想史学的实证方法对其展开研究。

在中日比较方面主要借用文化人类学、神话学以及宗教的研究方法。文化人类学中跨文化比较研究方法是重要研究方法之一。"法国人类学家杜尔干强调要正确运用比较法，在研究社会现象的因果关系时，应比较它们同时或不同时出现的情况，考察它们在不同的环境组合中出现的变化，是否能证明一个现象取决于另一个现象，具体采用残余法和相异法。"②

鲁刚在《文化神话学》一书中这样解释神话学的研究方法：神话学的研究方法主要包括历史的方法、综合的方法以及比较的方法。神话是一定历史条件下的产物，应该把神话视为一个历史发展过程，神话绝不都是出于一个历史层面上，往往含有不同层次的历史内涵。苏联著名的神话学家洛谢夫说："不能把神话视为静止的图画，不管这幅图画多么美好。而应当把它视为永远成长着的思维活动。它反映着同样流动着的，同样不安静的，并且创造发展着的历史现实。"……综合体的方法则是考察在具体的神话和神的身上所体现的时间和空间的综合性质。……把不同时间、不同空间的一些品质压缩在一则神话或一个神话人物身上，这则神话或者神话人物就是一个综合体。用这一方法才能对这样的神话和这样的神话人物剖析

---

① 详细请参照井上亘《虚伪的"日本"·日本古代史论丛》，社会科学文献出版社，2012，第8~11页。
② 张景明：《中国北方游牧民族的造型艺术与文化表意》，知识产权出版社，2013，第36页。

清楚，……泰勒在《原始文化》中多处表达了这样的思想。比如他说："有双重的复杂性困扰着最清醒的研究者。这就是由于民族内部的发展和吸取外部的影响而导致神的变化。"①

而"妖怪"正是具有这样的特征，它并非一成不变的，在漫长的历史长河中，它不断演变，不断有新的思想、认识注入其中，而日本的"妖怪"更是融合了日本本土文化思想与外来文化思想，是"把不同时间、不同空间的一些品质压缩"在一起的典型代表。因此，分析它的时候，我们需要有历史发展的眼光，运用综合的方法与比较的方法展开研究。

此外，对妖怪的分析除了可以以纵向展示妖怪的演变过程外，打破时间界限，以横向呈现妖怪的全貌，立足于空间意义比较中日的异同也不失为一个好方法。这种纵向描述与横向比较的方法是宗教学的重要研究方法之一。②

---

① 详细请参照鲁刚《文化神话学》，社会科学文献出版社，2009，第1~14页。
② 详细请参照黄保罗《汉语学术神学：作为学科体系的基督教研究》，宗教文化出版社，2008，第499页。

第二章 中日『妖怪』的概念比较——从思想史的角度

何为"妖怪"？恐怕这是一个仁者见仁智者见智的问题。在中国，最为大众熟悉的"妖怪"当属《西游记》里的妖魔鬼怪。近年来，影视作品中也频繁创造出各种"妖怪"形象。日本的妖怪更是不胜枚举，河童、天狗、雪女等都是日本著名的妖怪。那么，现代我们所熟悉的这些妖怪究竟从何而来？它们经历了怎样的发展变化呢？

日本妖怪研究家京极夏彦指出，人们常常把通俗文化中的"妖怪"与学术研究中的"妖怪"概念混为一谈，并对这一问题表示担忧。他认为这会使越来越多的人不理解也不了解"妖怪"的真正含义。动漫等通俗文化中的"妖怪"会取代学术上的"妖怪"，使"妖怪"失去其本来面目。[①]

究竟什么是"妖怪"？日本百余年来的"妖怪学"研究者们对"妖怪"有着不同的定义。在中国很多人也同样不了解"妖怪"的原始含义及其演变历史。开展妖怪学研究首先有必要厘清中日的"妖怪"概念。

第一节　既有"妖怪"定义综述

一　先行研究中中国"妖怪"之定义

何为"妖怪"这一问题，直至今日仍未有统一的答案，中国早年的一些辞典中甚至没有收录"妖怪"这一词条。如 1989 年汉语大词典出版社出版的《汉语大词典》。

1979 年汉语辞书出版社出版的《辞海》中把"妖怪"解释为"亦称'妖精'、'妖魔'。神话童话中的一种精灵，其特征是形状奇怪可怕，有妖

---

① 参见京極夏彦「講演録　通俗的妖怪と近代的怪異」『妖怪の理　妖怪の檻』、株式会社角川書店、第 455～511 頁。

术，能害人"①。1997 年汉语大词典出版社出版的《汉语大词典缩印本》中将"妖怪"解释为："1. 指怪异反常的事物与现象。2. 就为草木动物等变成的精灵"②。可见，辞典中对"妖怪"一词并无统一的解释。那么，妖怪研究者们又是如何定义中国的"妖怪"的呢？

中野美代子在《中国的妖怪》中将妖怪定义如下："超越人类、动物、植物、有时包括矿物等的现实形态和生存形态的、表现于人类观念之中的东西。"③

周英在《怪谈——日本动漫中的传统妖怪》中将中国的妖怪分为妖、魔、鬼、怪、精五种。④

对于"妖怪"分析较翔实的是彭磊，他在《先秦至唐五代妖怪小说研究》一书中指出，"妖怪"一词有两个层面。

> 第一个层面，乃是广义层面。在此层面上，"妖"或者"妖妄"，乃是对于一种不正常的，且又带有邪妄性质的现象的泛指。……第二个层面，乃是特指的、狭义的层面……大概可以出四类特性。其一，神秘灵异性，即它与传统神怪信仰中的鬼、神、仙、佛等观念一样，乃是存在于人们思维、想象中的一种带有神怪性质的物体。其二，乃其不同于人类的其他物种之原形特质。……其三，具有人类的各种特性。……其四，则是其变化之特性。⑤

台湾的范玉庭在《明清的妖怪观——从〈古今图书集成·妖怪部〉谈起》一文中将妖怪分为了"异兽型"、"妖征型"与"精怪型"三种。

> 异兽型：存在经验界但异于所见之特异生物。多具名，可识名驱之。形体多为经验界习见生物部位的拼合增减。具有特定的栖所与习性。部分具有征兆预示即将发生的灾祸的能力。
>
> 妖征型：发生不同于经验界常规法则的异常现象，能够征兆预示

① 《辞海》中，上海辞书出版社，1979，第 2516 页。
② 《汉语大词典缩印本》上卷，上海辞书出版社，1997，第 2275 页。
③ 中野美代子：《中国的妖怪》，黄河文艺出版社，1989，第 13 页。
④ 周英：《怪谈——日本动漫中的传统妖怪》，中国传媒大学出版社，2009，第 10 页。
⑤ 彭磊：《先秦至唐五代妖怪小说研究》，重庆大学出版社，2012，第 36 页。

即将发生的灾祸者属之。现象本身不会直接造成经验现象者伤害，但亦不会因为经验者对现象本身的行为而驱避现象之后的灾祸。

　　精怪型：存在经验界中非人的生物或非生物，具有变化、言语等特异能力者。因生存时间长久与修炼而成，但仍具有修炼前的存在物属性。[①]

　　范玉庭指出，这三种并非妖怪的分类，而是不同时期出现的妖怪种类。最早出现的是"异兽型"，其后出现了"妖征型"，最后出现的是"精怪型"。

　　范玉庭所说的"妖征型"妖怪大致等同于彭磊定义的"广义之妖怪"，范玉庭所说的"精怪型"妖怪大致等同于彭磊定义的"狭义之妖怪"。范玉庭又列出了"异兽型"妖怪，并指出这是出现在"妖征型"妖怪之前的诸如《山海经》《白泽图》中的妖怪。

　　然而，需要指出的是，范玉庭是依据《古今图书集成·妖怪部》对妖怪进行的分析，该书中确实将《山海经》《白泽图》等书中的"异兽"列入了妖怪部，但是在《山海经》《白泽图》的原本中却未将那些"异兽"称为"妖怪"，甚至在宋朝大型类书《太平广记》"妖怪部"中也没有列入这些"异兽"。与之相反，"妖征型"妖怪才是中国古代文献中最早出现的妖怪。

　　另一位研究者彭磊将妖怪分为广义与狭义，广义泛指那些"不正常的，并带有邪妄性质的现象"，狭义则依据《西游记》《封神演义》《聊斋志异》等小说对妖怪的特征进行了描述。

　　彭磊所说的"不正常的现象"，笔者认为可以细分为两种：一是指违背自然规律的现象灾害；二是违背统治阶级、特别是儒家制定的"礼仪体系"或儒家认定的诸事之规律。因此，某些"正常"与"不正常"完全是儒家依据其制定的理论来解释的。

　　此外，彭磊指出狭义之妖怪并非"妖怪"最初之含义，是"妖怪"逐渐与"精怪"相结合后出现的变化，并且这一变化经历了很长时间，与官

---

① 范玉庭：《明清的妖怪观——从〈古今图书集成·妖怪部〉谈起》，《有凤初鸣年刊》2012年第8期，第303~304页。

方神学的衰落以及巫鬼之风、民间道教的蓬勃兴起有关。确实如此，"妖怪"与"精怪"的结合经历了漫长的过程，与道教的兴起，特别是与道教理论的系统性创出、道术修炼理论的蓬勃发展有着密切关系。彭磊虽然指出了其与民间道教的发展有一定关系，但是未能发现道家在"妖怪"概念的演变上所发挥的直接作用。他主要以《搜神记》《幽冥录》等志怪小说为例，未能以道教经典作为直接佐证。此外，对于佛教的发展对"妖怪"概念的影响也未曾提及。

因此，虽然两篇先行研究都对"妖怪"概念进行了定义与分析，但都有一定的局限性。范玉庭的论文旨在分析《古今图书集成》这部书的构成特点，因此，"妖怪"概念的阐释仅作为注释出现，未有详细论述。与之相比，彭磊的分析虽然翔实得多，但是该书的主要研究对象是妖怪小说，侧重于文学视角的分析，并且以年代顺序展开分析。这一分析虽然可以使我们对妖怪的演变过程有所了解，却对其整体性难以把握。

通观中国古代的"妖怪"概念，它有一个从统治阶级向民众阶层下降的过程，也可以说它有一个从"精英文化"向"大众文化"过渡的过程。

二　先行研究中日本"妖怪"之定义

在日本，作为妖怪学的始创者井上圆了提出："妖怪者，异常变态，而其道理不可解，属于所谓不思议者。约言之，见不思议与异常者也。"①井上圆了所定义的妖怪范围极广，所有异常、变态、不可思议的东西全部纳入妖怪范畴，他所研究的妖怪涉及天文、地理、医学、生物学等各个领域。

风俗史学家江马务则把井上圆了的妖怪概念缩小了很多，把妖怪细分为"妖怪"与"变化"两种。"妖怪"指那些不知道其本来面目的不可思议之物，"变化"指在外观上改变了其本来面目的东西，即可以幻化的东西。他认为妖怪变化的本体有六种，即人、动物、植物、器物与自然物，以及不能准确划定在这 5 种之内的不知其本体如何的东西。与这 5 种类似，即因为不能准确划定为这 5 种之中，所以才取名为"妖怪"。江马务的定

---

① 井上圆了：《妖怪学讲义》，蔡元培译，上海文艺出版社，1992，第 3~4 页。

义把井上圆了所说的事件、事物（生物、无生物）、现象三种妖怪缩小为事物妖怪一种，妖怪成为具有 5 种本体特征的不可幻化变形的生物或无生物。①

民俗学家柳田国男赞成江马务关于"变化"的定义，并补充说明，"变化"是指那些一开始并不知道其原形，后来被勇士看破的东西。但是，他把"妖怪"进一步分为"妖怪"与"幽灵"两种，并从出现时间、地点、对象三方面进一步界定了妖怪与幽灵。柳田认为"幽灵"特指人死后变化而成之物。"妖怪"本是"神"，当人们对于"神"的信仰沦落之后"神"便成了"妖怪"。②

现代日本妖怪博士小松和彦在先行研究的基础上将妖怪分为三种：事件性妖怪、超自然性存在的妖怪以及造型化的妖怪。事件性妖怪是指作为事件性或现象性的妖怪，即现象妖怪。诸如古代的各种怪异现象。超自然性存在的妖怪是指人类不可控制的超自然性存在的妖怪，即存在妖怪。妖怪一词本身不仅是一种怪异现象，而且也意味着引起这种现象的神秘性的存在（如生物）。造型化的妖怪是指被造型化、视觉化的妖怪，即造型化妖怪。③

可见，在日本也没有统一的"妖怪"概念的定义。那么，究竟在中国与日本的历史上"妖怪"是被如何认识的呢？

第二节　中日古代"妖怪"概念的历史考察

一　中国古代的"妖怪"概念

中国有关"妖怪"的记载早在先秦时代就已出现在文献上。通观历史上的"妖怪"，大致可以分为以下四种，在此沿用范玉庭的分类方法，将其细化、补充。

---

① 江馬務『日本妖怪変化史』、中央公論新社、2004 年、第 12～15 頁。
② 柳田国男『妖怪談義』、株式会社講談社、2001 年第 35 刷、第 53～55 頁。
③ 小松和彦『妖怪文化入門』、角川学芸出版、2012 年、第 7～16 頁。

(一) "妖征型" 妖怪

在古代，常常把一些当时知识水平不能理解的反常现象、自然灾害等视为"妖怪"，并赋予它们一定的征兆意义。此种妖怪常常被称作"妖""妖灾""天灾地妖""妖孽"等。

东晋干宝所著《搜神记》中对"妖怪"如下定义："妖怪者，盖精气之依物者也。气乱于中，物变于外。形神气质，表里之用也。本于五行，通于五事，虽消息升降，化动万端，其于休咎之征，皆可得域而论矣。"①

干宝认为依附在物体上的精气在体内紊乱会使物体的外形发生改变，从而变成"妖怪"。"妖怪"的本源是"五行"，又与"五事"密切相关。"妖怪"具有祸福上的征兆意义。

《搜神记·妖怪》中收集了晋朝以前几乎全部有关妖怪的文献记录。其中大部分妖怪属于此类。如："夏桀之时厉山亡，秦始皇之时三山亡，周显王三十二年宋大邱社亡，汉昭帝之末，陈留昌邑社亡。"②像这样山突然消失或土地庙突然不见等怪现象都被称作"妖怪"。周隐王之时，"齐地暴长，长丈余，高一尺五寸"③。对于地面突然升高这一不可理解的现象，京房在《易妖》中占卜称："'地四时暴长占：春、夏多吉，秋、冬多凶。'历阳之郡，一夕沦入地中而为水泽，今麻湖是也。不知何时。《运斗枢》曰：'邑之沦阴，吞阳，下相屠焉。'"④赋予了它天下人互相残杀的象征意义。

汉景帝三年出现的狗与彘交配的现象违反了自然规律，被认为是"赵王悖乱，遂与六国反，外结匈奴以为援"⑤的征兆。鲁严公八年出现的猪站立吼叫的反常现象导致了齐襄公"坠车，伤足，丧屦"⑥的情况出现，也被认为是"妖怪"。

此外，一些反常气候、自然灾害等亦被视作"妖怪"，并且把它出现

---

① （晋）干宝：《搜神记》，吉林大学出版社，2011，第86、91页。
② （晋）干宝：《搜神记》，吉林大学出版社，2011，第86页。
③ （晋）干宝：《搜神记》，吉林大学出版社，2011，第89页。
④ （晋）干宝：《搜神记》，吉林大学出版社，2011，第89页。
⑤ （晋）干宝：《搜神记》，吉林大学出版社，2011，第96页。
⑥ （晋）干宝：《搜神记》，吉林大学出版社，2011，第91页。

的原因归结为君主的"失德"。《天中记》中就记载了太康七年出现的寒暑气节颠倒这一自然灾害，将其称为"妖灾"，将其出现的原因视为"天谴"。

> 去岁十二月丁巳，夜中星陨如雨。昨者清明降霜，三月苦热。寒暑气候，错谬颠倒，沴莫大焉，岂下凌上替，怨讟之气焰以取之耶。不然，天意之丁宁谴诫，以此儆陛下。宜反躬罪己，旁求贤良者而师友之，黜弃贪佞不肖而窃位者，下哀痛之诏，去天下所疾苦，废无用之官，罢不急之费，禁止暴兵，节用爱人，罔使宦官乱国政，佞言败厥度，兢兢乾乾，以徼福于上下，必能使天诚感而神心庆，反妖灾以为和气。①

这里把流星坠落、清明时节下霜、三月天气闷热等"寒暑易节"的自然灾害称为"妖灾"，并指出这是天对于君主的告诫与惩罚。群臣上鉴请求君主实施善政、德政，并称通过这样的善政必定能使得"妖灾"变为"和气"。

春秋末年左丘明著《左传》"宣公十五年"条中记载："天反时为灾，地反物为妖，民反德为乱，乱则妖灾生。"② 西晋杜预（222～285）对其加以注释称："寒暑易节，群物失性。"③ 也就是一年中的节气乱了便会出现"灾"，地上的事物失去其本来的性质便会成为"妖"。唐朝孔颖达（574～648）进一步解释称："据其害物谓之灾，言其怪异谓之妖。"④ 即它给万物带来灾祸因此称之为"灾"，因其怪异称之为"妖"。左丘明把"灾""妖""乱"发生的原因归结为"天""地""人"，从而将本无联系的三者结合在一起。

---

① （明）陈耀文：《天中记》卷三十，《景印文渊阁四库全书》，台湾商务印书馆，1986，第27页。
② （唐）孔颖达、（东周）左丘明、（西晋）杜预、（唐）陆德明：《春秋左传注疏》卷二十四，《景印文渊阁四库全书》，台湾商务印书馆，1986，第15页。
③ （唐）孔颖达、（东周）左丘明、（西晋）杜预、（唐）陆德明：《春秋左传注疏》卷二十四，《景印文渊阁四库全书》，台湾商务印书馆，1986，第15页。
④ （唐）孔颖达、（东周）左丘明、（西晋）杜预、（唐）陆德明：《春秋左传注疏》卷二十四，《景印文渊阁四库全书》，台湾商务印书馆，1986，第15页。

《尚书》注疏卷第七的"商书"中记录了商朝第九位皇帝在位之时，出现了"亳有祥桑谷共生于朝"①的现象，即桑与谷长在一起出现在朝堂之上。儒家将这种违背了自然规律的现象视作"妖怪"，并赋予了它象征意义。孔颖达说："祥，妖怪。二木合生七日大拱，不恭之罚。"②指出这是皇帝政德欠缺的象征。此种"妖怪"在古代文献中不胜枚举，唐朝以前记载的大部分"妖怪"都属于此类。

由此可见，这种"妖怪"多具有征兆意义，与君主的"德行"密切相关，且其本体可以是"事件""现象"及"物"。

（二）"精怪型"妖怪

《搜神记》中虽然定义了"妖怪"，却也认为物体年老之后会有精气依附，使其成为"精"，这些成了精的老物也是"妖怪"。干宝借孔子之口，陈述了这样的事实。

> 孔子厄于陈，弦歌于馆中。夜有一人长九尺余，着皂衣，高冠，大咤，声动左右。
>
> 子贡进，问："何人邪？"……孔子曰："此物也，何为来哉？吾闻，物老则群精依之，因衰而至，此其来也。岂以吾遇厄绝粮、从者病乎？夫六畜之物，及龟蛇鱼鳖草木之属，久者神皆凭依，能为妖怪，故谓之五酉。五酉者，五行之方，皆有其物。酉者，老也，物老则为怪。杀之则已，夫何患焉！"③

干宝称六畜、龟蛇鱼鳖，包括草木在内，都会随着年龄增长有精气依附在它们身上，使之成为"妖怪"，被称作"五酉"。不过，杀之即可，不足以担心。这里把"精怪"与"妖怪"联系在了一起。

精怪观念在古代"万物有灵"思想的基础上产生、发展。宋朝类书

---

① （西汉）孔安国、（唐）孔颖达、（唐）陆德明：《尚书》注疏卷七，《景印文渊阁四库全书》，台湾商务印书馆，1986，第43页。

② （西汉）孔安国、（唐）孔颖达、（唐）陆德明：《尚书》注疏卷七，《景印文渊阁四库全书》，台湾商务印书馆，1986，第43页。

③ （晋）干宝：《搜神记》卷十九，《景印文渊阁四库全书》，台湾商务印书馆，1986，第4页。

《太平御览》"妖异部"中专设了"精"一节，收录了各种精怪，详细记录了它们的名称与性状。

如"黄金之精"名曰"璜"，形状似豚，喜欢住在人家里，让男主人难以娶到妻子。不过，它的出现也会给人们带来财富。如若在黄昏之时看到白鼠出没在丘陵之间就会有意外之财，"视所出入，中有金"。①

"山精"名曰"傁囊"。住在两山之间。长相似小儿，喜欢伸手引人，如若跟他去了便会有性命之忧。如丹阳太守诸葛恪遇到了山精，被引去故地，命丧黄泉。

"将山精"，长相似人，"长七尺，毛而不衣"②，长着毛发，不穿衣服。

水木之精名曰"藻兼"。夏天住在林中，冬天潜入河底，可幻化成人形。西汉之时，皇帝兴建宫殿，破坏了其住所，他化为老人上殿请求停止施工。在他的要求得到了满足后，他以"数寸，明耀绝世"③ 的珍珠作为答谢。

"厕之精"名曰"依倚"，穿青衣，手持白杖。"知其名呼之者除，不知其名则死。"④

"火之精"名曰"必方"，形状似鸟，"一足，以其名呼之即去"。⑤

"木之精"名曰"彭侯"，形状似黑狗，但没有尾巴，"可烹之食之。"⑥

"玉之精"名曰"岱委"，长相似美女，穿青衣。"见之以桃戈刺之而呼其名则得。"⑦

---

① （北宋）李昉：《太平御览》卷八百四十一，《景印文渊阁四库全书》，台湾商务印书馆，1986，第14页。
② （北宋）李昉：《太平御览》卷八百八十六，《景印文渊阁四库全书》，台湾商务印书馆，1986，第5页。
③ （北宋）李昉：《太平御览》卷八百丨六，《景印文渊阁四库全书》，台湾商务印书馆，1986，第6页。
④ （北宋）李昉：《太平御览》卷八百八十六，《景印文渊阁四库全书》，台湾商务印书馆，1986，第7页。
⑤ （北宋）李昉：《太平御览》卷八百八十六，《景印文渊阁四库全书》，台湾商务印书馆，1986，第7页。
⑥ （北宋）李昉：《太平御览》卷八百八十六，《景印文渊阁四库全书》，台湾商务印书馆，1986，第7页。
⑦ （北宋）李昉：《太平御览》卷八百八十六，《景印文渊阁四库全书》，台湾商务印书馆，1986，第7页。

"死蚳精"名曰"罔像",形状像小孩,"赤色,大耳长爪。以索缚之则可得,烹之吉"。①

"故门之精"名曰"野",长相像侏儒,"见人则拜。以名呼之,宜饮食"。②

"故宅之精"名曰"挥文",一名"山冕"。形状像蛇,"一身两头,五彩文。以其名呼之,可使取金银"。③

"故废丘墓之精"名曰"玄",长得貌似老役夫,"衣青衣而好杵舂。以其名呼之,宜禾谷"。④

"故道径之精"名曰"忌",长相好像野人。"以其名呼之,使人不迷。"⑤

此外,还有"故池之精""故井之精""屋之精"等,几乎世间万事万物的体内都被认为有"精"存在。这些"精"可以幻化,如"千岁树精"可以幻化为"青羊","万岁树精"可以幻化为"青牛",出游人间。"玉精"可以幻化为"白虎","金精"可以幻化为"车马","铜精"可以幻化为"僮奴","铅精"可以幻化为"老妇"。百岁之狼、老猿、老羊、老鸡等均可以成"精",化为人形。现存敦煌遗书中有部分《白泽精怪图》留存,其中记录了诸多上述妖怪,并配有部分图片。

此外,此种妖怪的典型代表还有《西游记》中的妖怪。这些妖怪长相怪异,可以变化,多为"老而成精"之物,具有一定的神通之力,多数会危害人。

悉数《西游记》中登场妖怪不下几十个,其中有名号的总结起来就有20多个,还有众多不知名的小妖怪。孙悟空、猪八戒及沙和尚在归顺唐

---

① (北宋)李昉:《太平御览》卷八百八十六,《景印文渊阁四库全书》,台湾商务印书馆,1986,第8页。
② (北宋)李昉:《太平御览》卷八百八十六,《景印文渊阁四库全书》,台湾商务印书馆,1986,第8页。
③ (北宋)李昉:《太平御览》卷八百八十六,《景印文渊阁四库全书》,台湾商务印书馆,1986,第8页。
④ (北宋)李昉:《太平御览》卷八百八十六,《景印文渊阁四库全书》,台湾商务印书馆,1986,第8页。
⑤ (北宋)李昉:《太平御览》卷八百八十六,《景印文渊阁四库全书》,台湾商务印书馆,1986,第8页。

僧、进入佛门之前均被称作"妖怪"。

这里又引出了"妖怪"与"神"的界定问题。二阶堂善弘在《中国妖怪传》中指出妖怪与神的界限模糊这一问题，《西游记》中的妖怪恰恰反映了这一点。《西游记》中之妖怪，最终均被降服，成为佛教中的护法神，而孙悟空、沙和尚在入佛门前均被称为妖怪，猪八戒更是从"天蓬元帅"一落而成猪形象的妖怪。这样，妖怪与神之间的界限并不十分清楚，可以互相转换。①

（三）"异兽型"妖怪

《古今图书集成》的"妖怪部"中多收录此种妖怪，诸如，"贲羊""魑魅""魍魉"等。

"贲羊"被认为是土中之怪。季桓子在凿井之时，突然发现了一个土缶，其中有羊，桓子问仲尼这一物的来历，孔子说此乃"土中之怪，曰贲羊"②，并说："木石之怪，夔蝄蜽；水中之怪，龙、罔象。"③

《左传》中记载："魑，山神、兽形，魅、怪物，魍魉，木石之怪。"④将"魑"视作"山神"，将"魅""魍魉"视作"怪""怪物"。此处的"魍魉"与《左传》中的"蝄蜽"应该为同一物。

唐朝之时，在注释"魑魅魍魉"时又对其形象及属性进一步进行了描述。"文公十八年注：魑，山神，兽形或曰如虎而啖虎，或曰魅，人面兽身而四足，好惑人，山林异气所生，为人害。贾服义与郑异，郑以魑魅为一物，故云百物之神。"⑤这里认为"魑"是一种长相如虎的怪兽，住在山中，是山神。"魅"是由山中之气产生，长着人脸、野兽的身体，四只脚，喜欢迷惑人，常常害人。郑玄将"魅"与"魑"视为同一种东西，将其称为"魑魅"。

---

① 二阶堂善弘『中国妖怪伝』、平凡社、2003。
② （晋）干宝：《搜神记》卷十二，《景印文渊阁四库全书》，台湾商务印书馆，1986，第3页。
③ （晋）干宝：《搜神记》卷十二，《景印文渊阁四库全书》，台湾商务印书馆，1986，第3页。
④ （唐）孔颖达、（东周）左丘明、（西晋）杜预、（唐）陆德明：《春秋左传注疏》卷第二十一，《景印文渊阁四库全书》，台湾商务印书馆，1986，第23页。
⑤ （唐）陆德明、（唐）贾公彦、（东汉）郑玄：《周礼注疏》卷二十七，《景印文渊阁四库全书》，台湾商务印书馆，1986，第36页。

而这些在古代被视为"神"的异兽，到了清朝编纂的《古今图书集成》时均将它们归入"妖怪"之列。

（四）"异人型"妖怪

此种"妖怪"在《山海经》中多有辑录，如"木客""山魈""鲛人""山萧""五相奴"等，它们在《古今图书集成》中也被编入了"妖怪部"。

"木客"被认为是生活在南方山中的"头面语言不全异人，但手脚爪如钩利，居绝岩间死亦殡殓，能与人交易，而不见其形也"。①

"山魈"则是生活在西方山中，"长丈余，袒身，捕虾蟹，就人，火炙食之"②，害怕爆竹，《幽冥录》中记载他身高四五尺左右，裸身披发，发长五六寸左右，能发出呼啸的声音，但看不到行踪，常常从山涧中抓取虾蟹来吃。

"鲛人"被认为是生活在南海之中的水怪，"室水居，如鱼，不废机织，其眼能泣则出珠"。③

除了"山魈"之外，还有一物被称为"山萧"："一名山臊，神异经作魈。永嘉郡记作山魅，一名山骆，一名蛟，一名濯肉，一名热肉，一名晖，一名飞龙，如鸠，青色，亦曰治鸟。巢大如五斗，器饰以土垩，赤白相间，状如射侯，犯者能役虎害人，烧人庐舍，俗言山魈"。④这里把"山萧""山魈"与"治鸟"混淆在一起。

"治鸟"在《搜神记》《本草纲目》等很多典籍中均有辑录，如《本草纲目》中记载："时珍曰按干宝《搜神记》云越地深山有治鸟，大如鸠，青色穿树作巢，大如五六升器，口径数寸，饬以土垩，赤白相间，状如射侯，伐木者见此树即避之，犯之则能役虎害人，烧人庐舍。白日见之鸟形也，夜闻其鸣鸟声也。时或作人形，长三尺入涧中取蟹，就人间火炙食。山人谓之越祀之祖。又段成式《酉阳杂俎》云：俗说昔有人遇洪水，食都

---

① 《古今图书集成·博物汇编神异典》第307~320卷第五百一四册，中华书局影印，第37页。
② 《古今图书集成·博物汇编神异典》第307~320卷第五百一四册，中华书局影印，第37页。
③ 《古今图书集成·博物汇编神异典》第307~320卷第五百一四册，中华书局影印，第37页。
④ 《古今图书集成·博物汇编神异典》第307~320卷第五百一四册，中华书局影印，第37页。

树皮，饿死化为此物。居树根者为猪都，居树中者为人都，居树尾者为鸟都。鸟都左胁下有镜印，阔一寸一分。南人食其寖味如木芝也，窃谓兽有山都山魈木客，而鸟亦有治鸟、山萧、木客鸟，此皆戾气所赋，同受而异形者舆。"① 可见，李时珍认为"治鸟"与"山都""山魈""木客""山萧""木客鸟"等都是类似的东西，都由山中戾气所生，只是外形不同而已。山中生活之人将它视作越人的祖先。它白天多为鸟形，有时也可化作人形，喜欢吃河中之虾蟹，并以火烤熟食用。虽然将其形象描绘为"鸟"，但它明显具有"人"的特征，并且被视为越国人的祖先。可以认为这是"大中华"对周边"蛮夷之地"的人的一种"鄙夷"。

关于"伍相奴"的解说也与"治鸟"类似。"伍相奴"原本姓"姚"，也有说法称其姓"王"或"汪"。一年由于发洪水，他食用了都树皮最终饿死，于是化为了鸟都，"皮骨为猪都，妇女为人都。鸟都左胁下有镜印，阔二寸一分。右脚无大指，右手无三指，左耳缺，右目盲。在树根居者名猪都，在树半可扳及者名人都，在树尾者名鸟都。其禁有打土垄法、山鹊法，其掌诀，右手第二指上节边，禁山都眼，左手目，禁其喉。南中多食其巢，味如水芝，窃表可为履屐，治脚气"② 通过与前文的"治鸟"比较不难发现，《酉阳杂俎》中的记录与此十分接近，二者都被认为是由在洪水灾害中死亡之人变化而成，居住在山中的树上，南方人常常使用其巢穴，且其巢穴可以治疗脚气。

《古今图书集成》"神异典"中专设了"异人部"，但"异人部"多辑录周边国家之人民，而在"妖怪部"中将那些生活在山中、海中之"异人"称作"妖怪"，并赋予了他们部分人的属性，类似于日本学者柳田国男所描绘的居住在山中的"山人"。

除了上述妖怪外，古代还有一些"妖怪"概念的衍生用法，诸如东汉王充在《论衡》中把"美色之人、美好之人"称作"妖怪"，并指出其危害甚大，不宜多接近。

---

① （明）李时珍：《本草纲目》卷四十九，《景印文渊阁四库全书》，台湾商务印书馆，1986，第 29 页。
② 《古今图书集成·博物汇编神异典》第 307～320 卷第五百一四册，中华书局影印，第 37 页。

妖气生美好，故美好之人多邪恶。……生妖怪者，常由好色；为
祸难者，常发勇力；为毒害者，皆在好色。①

可见，王充认为，"妖气"可以使人美丽，而美丽之人往往是邪恶的，
会带来祸端。叔向与叔虎就是一例。"妖怪"的产生也往往是由于美色。

此外，也有将横行、凶恶之徒或侵略中原的"夷敌"称为"妖怪"的
例子。《抱朴子》《疾缪》一篇中有"夫以抄盗致财，虽巨富不足嘉，凶
德胁人，虽见惮不足荣也，然而庸民为之不恶。故闻其言者，犹鸱枭之来
鸣也；睹其面者，若鬼魅之见形也。其所至诣，则如妖怪之集也；其在道
途，则甚逢虎之群也"② 的记载。

《刺骄》一篇中有"昔辛有见被发而祭者，知戎之将炽。余观怀愍之
世，俗尚骄亵，夷虏自遇，其后羌胡猾夏，侵掠上京，及悟斯事，乃先著
之妖怪也"③ 的记载。

这里的"妖怪"指"横行、凶恶之徒"，以"妖怪"喻人，出现了
"妖怪"的引申含义。《刺骄》中更是将侵略中原之夷虏羌胡称之为"妖
怪"。

综上所述，中国历史上大致有以上四种"妖怪"，它们分别出现于不
同年代，在不同的思想背景下形成与演变。

二 日本古代的"妖怪"概念

日本古代"妖怪"一词也出现得很早，其含义受到中国思想的影响。
通观日本历史上的"妖怪"，与我国类似，大致可以分为以下五种。

（一）"妖征型"妖怪

"妖征型"妖怪主要指那些违反自然规律出现的反常现象或灾害现象，

---

① （东汉）王充：《论衡》卷二十三，《景印文渊阁四库全书》，台湾商务印书馆，1986，第
4 页。
② （晋）葛洪：《抱朴子内外篇》外篇卷二，《景印文渊阁四库全书》，台湾商务印书馆，
1986，第 53 页。
③ （晋）葛洪：《抱朴子内外篇》外篇卷三，《景印文渊阁四库全书》，台湾商务印书馆，
1986，第 7 页。

中国古代常常把这些反常现象称为"妖怪"。日本也有类似记载，在日本"妖怪"一词的最初含义也是如此。

"妖怪"一词作为汉语词输入日本，在日本古代使用并不广泛。小松和彦曾指出，"妖怪"一词是作为学术用语由井上圆了使用并推广开来，在古代日本更多使用的是"化物"，或将"妖怪"发音标注为"BAKE-MONO"。①

确实如小松教授指出的那样，"妖怪"一词在日本文献中使用并不频繁，现存文献中最早的记录大约出现于《续日本纪》中，宝龟8年（777年）3月条中记载有："宫中频有妖怪也。"② 这与中国史书中记载的妖怪颇为相似，《汉书》中也有"久之，宫中数有妖怪"③ 的记载。

成书于1058～1065年的《本朝文粹》中也有"妖怪"的记载。该书由藤原明衡（989～1066年）编纂，收录了不少平安时代的汉诗文、佛教愿文以及公文书等，该书中使用了中国古代"妖恠"的汉字写法。

> 计年唯十五年，天之未忘，屡呈妖恠而相诫。德之是薄，虽致就惕而不消。去年黍稷之遇炎旱矣，民户殆无天，宫室之为灰烬焉。④

这里将旱灾、宫室的火灾等灾害称为"妖怪"，并将其与君主的"德薄"联系在一起，显然是受到了中国"妖怪"思想的影响。

（二）"精怪型"妖怪

中国古代的"精怪型"妖怪源于"物老成精"之思想，认为动物或无生物经过漫长的岁月会有精气依附，可幻化成人或其他形象，成为"妖怪"。

这种思想在日本古代文献中也有诸多记载，且日本的妖怪多为此种类

---

① 小松和彦『妖怪文化入門』、角川学芸出版、2012年、第22頁。
② 『国史大系第二巻 続日本紀』、合名会社、経済雑誌社、1897年、第603頁。
③ （东汉）班固：《前汉书》卷八十九，《景印文渊阁四库全书》，台湾商务印书馆，1986，第14页。
④ 『本朝文粹』、『古事類苑』歳時部和巻四、神宮司庁、1914年、第317頁。

型。基于其可幻化或可变化的特性亦常称之为"化物"或"变化"。

日本古代的文献中有将"化物""变化"定义为"妖怪"的记录。

成书于1595年的金春流谣曲注释书《谣抄》的《鵺》一曲中记载："变化，即妖怪，化物（BAKEMONO）之事也。"①

1639年由江户时期朱子学派代表人物林罗山编写的《性理字义谚解》中也记载："妖怪乃化物也。"② 可见，"妖怪"与"化物""变化"被等同视之。

大约完成于室町时期的绘卷《付丧神绘词》中记录了日本器物型精怪"付丧神"。此绘卷讲述了这样一则故事：康保年间（964～968年），人们常常把不用了的旧物扔掉，每当到了年末煤扴（すすはらい）这一天，这些旧物就会变成付丧神去袭击人类。它们在享尽了人间的荣华富贵之后最终被护法童子、尊胜陀罗尼使用如法尊胜大法降伏。被降伏后的付丧神们开始反省自己的恶性，出家后学习真言宗。经过多年的山中修行，它们最终立地成佛。

该绘卷的开篇写道：《阴阳杂记》云器物经百年可化为精灵，迷惑人心，号付丧神之物即为此。世俗每年立春之前有将古道具扔于路旁的行事，称为"煤払い"（すすはらい），这是为了避免付丧神带来灾难。

《阴阳杂记》被认为是虚构之书，该绘卷援引此虚构之书讲述了"物老成精"的思想。该绘卷有文字与绘画两部分，文字部分将历经百年后变成妖怪的器物称作"妖物"，同时将它们命名为"付丧神"，冠以了"神"的称呼，而在绘画部分的妖怪对话中，互称为"鬼"。

下图中的两段对话讲述了"鬼"畏惧大豆的事情。一个鬼嘲笑旁边的鬼说："有你这么胆小的鬼吗？被扔大豆的话就把它吃掉啊，没准还是不错的点心呢。"旁边的鬼也说："只听说横笛变成鬼的时候害怕大豆草，你不要害怕啊。"

可见，日本古代"妖物""鬼""神"的界限也是十分模糊的。

---

① 『鵺』、『謡抄』第五卷、1595年、第44頁。
② 林羅山『性理字義諺解』、国立公文書館所蔵、林羅山旧蔵の写本。

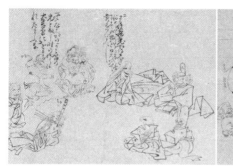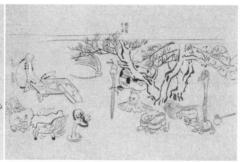

付丧神绘词①

不仅是器物，动物老后也被认为可以成精，变为妖怪，幻化成人。《倭名类聚抄》中就记载狐可以化为女人。

> 狐　考声切韵云，狐（音胡、和名木豆祢）、兽名射干也，关中呼为野干，语讹也。
>
> 孙愐切韵云，狐能为妖怪，至百岁化为女也。②

可见，狐被认为寿命达百岁之时，便可幻化成女子，乃妖怪之一。此外，狸与狐一样也常常被认为可以幻化，是妖怪的一种。《本朝食鉴》中记载：

> 狸　集解。狸处处有之，毛形似狐杂黄黑，有斑如猫，而圆头大尾，善窃鸡鸭兔类，食百果故粟。其气臊臭，又有虎斑尖头方口者。其肉不臭可食。予平野必大，未见之，大抵狸面似猫似狐妖怪亦相似。常掘土窟而隐栖。冬春负暄携子出穴，鼓腹而乐。故俗称狸腹鼓。老者能变妖食人。若化作人容者，烧松杉叶而熏之，则露本形。③

这里认为狸长相似猫，圆头大尾，喜欢偷吃鸡鸭等。冬春常常带着幼仔从洞穴中出来，鼓起肚子敲击取乐，因此有"狸腹鼓"的说法。它老后可以变为妖怪、吃人。

---

① 京師（京都）守純（写）繪卷『付喪神繪詞』、嘉永元 1848 年。
② 『倭名類聚抄』、『古事類苑』動物部和卷五、神宮司庁、1914 年、第 335 頁。
③ 『本朝食鑑』、『古事類苑』動物部和卷五、神宮司庁、1914 年、第 383 頁。

（三）"异兽型"妖怪

长相奇特的异兽型妖怪大量出现在《百鬼夜行绘卷》中。该绘卷被认为完成于室町时期，其中最为著名的要数真珠庵收藏的真珠庵本。其中描绘了许多"异兽型"妖怪。

诸如其中有手脚长着尖尖指甲的怪兽，头上蒙着白布带。有麒麟怪兽与大蚂蚁怪兽，有似猴非猴、似人非人的猴女，有黑犀牛怪，有长得像鸟的鸟兜怪等。

百鬼夜行绘卷①

（四）"异人型"妖怪

江户时期的《椿说弓张月》中记录了长相奇特被称为"山魈"的异人

---

① 『百鬼夜行図』、書写年不明、国際日本文化研究中心収蔵。

被源为朝斩杀的故事。故事中将"山魈"的读音标为"山男",并将之称为"妖怪"。该书由曲亭马琴(1767~1848)作,葛饰北斋(1760~1849年)画,将这一妖怪形象化。

为朝将射杀妖怪的经过讲述给藤市听,藤市听后,惶恐将蕉火移近,朦胧中可见一貌似五十上下的男子,乃身长一丈有余的野兽。长着如针般的毛斑,手足如涂了漆一般黑,指甲长近二寸。面部似狙非狙。头发雪白,长足有二三尺,唇厚掩鼻,口方裂有尖牙。虽已死其目不闭。其瞳孔之光射人,如活着一般。①

《椿说弓张月》中的插图

(五)"亡魂型"妖怪

此种妖怪,在近世以后多被浮世绘作者描绘在有关妖怪的绘卷之中。

---

① 簑笠隐居曲亭子作、葛氏北斋主人画『椿説弓張月』、平林堂、1807 年。曲亭馬琴『椿説弓張月』、『日本古典文学大系』卷 60、岩波書店、1958 年、第 172 頁。
　为朝は今この妖怪を射とめたる首尾を説示し給ふ。藤市これを聞て、おそる蕉火をちかくあげて、もろともに見れば、五十ばかりの男とおもひしは、身丈一丈にあまれる獣にて、針のごとき毛斑に生出、手足は漆を塗たるやうに黒くて、爪の長二寸に及べり。首は遥に飛て、右手なる畠角に嚙著たるが、その面狙に似て狙に異なり。頭の毛は雪のごとく白くて、長二三尺もあるべく、唇厚くして鼻を掩ひ、口は方に裂て尖き牙あり。既に死すといへどもいまだ目を閉ず。瞳の光人を射て、さながら生るが如し。

1444 年成书的《下学集》中记载："妖怪化生之物。"① 《下学集》是一部意义分类体辞典，其中收录了室町时期的日常用语 3000 个，分为 18 个类别，进行简单说明。其中的"态艺门"记录了"妖怪"一词，并解释为"化生之物"。

《下学集》

1474 年左右成书的日本语辞典《节用集》中也将"妖怪"解释为"化生之物也"②。

《节用集》《谣抄》

何为"化生之物"？前文提到过的 1595 年完成的金春流谣曲注释书《谣抄》中就有如下解释："化生之物，亡魂。所谓化生释为无而忽有。乃 BAKEMONO 也。"③

这里将化生解释为亡魂，并指出是"妖怪"的一种，同时又将其解释为"BAKEMONO"，即"化物"。可见，日本古代把"妖怪"与变化、化物、化生之物等同视之，与中国一样，也出现了妖怪与精怪、鬼、亡魂等的混淆。

虽然日本古籍文献也有对"妖怪"的解释，但大多较为简单，并没有如中国般对妖怪的详细定义，对于妖怪的生成原理也并未尝试予以解释。此外，日本将"亡魂"也列入"妖怪"范畴，而在中国，"亡魂"多以

① 東麓破衲『下学集』態芸門第十。
② 『節用集』、『龍門文庫善本叢刊』第 7 卷、勉誠社、1986 年。
③ 『謠抄』第五卷、1595 年、第 43 頁。

“鬼”称呼之。

第三节 中日“妖怪”概念的嬗变与融合

中日历史上的妖怪种类并非同时出现，而是历经了漫长的演变过程。那么，中日的妖怪概念是在怎样的时代背景下、在何种思想的影响下、如何嬗变的？中日间的妖怪概念有怎样的区别与联系？从中可以解读出怎样的中日思想的冲突与融合呢？

一 中国“妖怪”概念之嬗变：诸思想的冲突与融合

（一）“天命思想”下诞生的“妖怪”

在中国古代，“妖”与“怪”本是两个独立的词，将其作为一个词语使用始于汉朝。不过，“妖怪”思想在春秋战国的文献中已然可见。“妖怪”的产生与天命思想有着密切联系。

在现存史料中有关“妖”的最早记载出现在春秋末年成书的《左传》“宣公十五年”条中的“天反时为灾，地反物为妖”。[①]

孔子称：“天灾地妖所以儆人主也，寤寐征怪所以儆人臣也。灾妖不胜善政，怪梦不胜善行。”[②] 将天灾地妖的发生与君主的统治、人臣的行为联系在一起，将其视为天对于君主、人臣的警告，并称这一“妖怪”可以通过施善政、行善行来消除。

《读左日抄》中也有“人反德则妖灾生，妖灾生则国亡灭，乃乏绝道也”[③] 的记载。可见，妖怪的出现与天命思想有着密切联系。

关于天命思想，一般认为出现在虞夏之时。《尚书》《虞书·皋陶谟第

① （唐）孔颖达、（东周）左丘明、（西晋）杜预、（唐）陆德明：《春秋左传注疏》卷第二十四，《景印文渊阁四库全书》，台湾商务印书馆，1986，第 15 页。
② （北宋）李昉：《太平御览》卷八百四十七，《景印文渊阁四库全书》，台湾商务印书馆，1986，第 4 页。
③ （清）朱鹤龄：《读左日抄》卷五，《景印文渊阁四库全书》，台湾商务印书馆，1986，第 15 页。

四》中记载："天叙有典，敕我五典五惇哉。天秩有礼，自我五礼有庸哉。同寅协恭和衷哉。天命有德，五服五章哉。天讨有罪，五刑五用哉。政事懋哉懋哉"[1]，"天聪明，自我民聪明。天明畏，自我民明威。达于上下，敬哉有土。"[2] 这里用"天"确立了人与人的秩序，并以"天命"思想确立了统治阶级的地位。有罪之人之所以要被讨伐也是基于"天"意。

商灭夏、周灭商均是以此天命思想来主张其正当性。《尚书》中关于商朝灭夏的记载如下：

> 惟天生民有欲，无主乃乱，惟天生聪明时乂，有夏昏德，民坠涂炭，天乃锡王勇智，表正万邦，缵禹旧服。兹率厥典，奉若天命。夏王有罪，矫诬上天，以布命于下。帝用不臧，式商受命，用爽厥师。[3]

这里指出，夏君昏庸无德，使得生灵涂炭，商讨伐夏是受命于天。

周朝灭商，使用的仍是此"天命"之理。"商罪贯盈，天命诛之。予弗顺天，厥罪惟钧。"[4]

由此可见，到了西周之时已经确立起天命思想，并将其作为君主统治天下的思想依据。西周之时的天命思想一方面为君主统治天下提供了理论依据，另一方面也对君主的"德"提出了要求。

《尚书》《周书·蔡仲之命第十九》中记载："皇天无亲，惟德是辅。民心无常，惟惠之怀。"[5] 这里指出天没有亲疏之分，只会辅佐有"德"之主，而民心之向背无常，只会归顺仁爱之君。在天命思想中加入了对于君主"德"的要求，同时，又与民意论结合在一起。指出君主只有有德、施

---

[1] （西汉）孔安国、（唐）孔颖达、（唐）陆德明：《尚书注疏》卷二，《景印文渊阁四库全书》，台湾商务印书馆，1986，第4页。

[2] （西汉）孔安国、（唐）孔颖达、（唐）陆德明：《尚书注疏》卷三，《景印文渊阁四库全书》，台湾商务印书馆，1986，第31页。

[3] （西汉）孔安国、（唐）孔颖达、（唐）陆德明：《尚书注疏》卷七，《景印文渊阁四库全书》，台湾商务印书馆，1986，第10页。

[4] （西汉）孔安国、（唐）孔颖达、（唐）陆德明：《尚书注疏》卷十，《景印文渊阁四库全书》，台湾商务印书馆，1986，第9页。

[5] （西汉）孔安国、（唐）孔颖达、（唐）陆德明：《尚书注疏》卷四，《景印文渊阁四库全书》，台湾商务印书馆，1986，第6页。

仁政才能得到天的辅佐与庇护，使百姓臣服。因此，君主必须兢兢业业，时刻检讨自己的德行。

战国时期的儒者均强调"德"的重要性。孔子说："为政以德，譬如北辰，居其所而众星共之"①，"道之以政，齐之以刑，民免而无耻；道之以德，齐之以礼，有耻且格"②。孔子指出，单单以政令、以刑罚统治百姓不足以使他们具有廉耻之心，而以德政去统治百姓，不仅能够使他们有廉耻之心，更能使其具有臣服之心。

孟子也强调"德"的重要性。"以力假仁者霸，霸必有大国，以德行仁者王，王不待大。……以力服人者，非心服也，力不赡也；以德服人者，中心悦而诚服也。"③ 也就是说只有以德服人才能使百姓心服口服，真心臣服于君。

由此可见，儒家为了规范君主之行为，在强调"天命"的同时，也强调君主"修德"的重要性，并制定了一系列礼仪制度，来规范约束君主之行为。

然而，衡量君主是否有德的标准在哪里？即便是有德之君统治之时也会出现诸多天灾人祸，其原因何在？如何能够让君主知道自己德行有所欠缺？这些都成为儒家需要解决的课题。

于是，儒家便提出了"妖""妖怪"这一概念。如《左传》记载，孔颖达释义的那样，地上出现了反常的现象，儒家便将其解释为君主的德行有感于"天"，"天"察觉到君主的德行有所欠缺时，便会示意到地上，出现一系列"妖怪"。

这种思想西汉时进一步发展，特别是董仲舒在此基础上提出了"天人合一"、"天人感应"和"灾异说"，发展了这种理论。

董仲舒在《春秋繁露》中提出："天地之常，一阴一阳。阳者天之德也，阴者天之刑也。……天亦有喜怒之气、哀乐之心，与人相副。以类合

---

① （北宋）邢昺、（魏）何晏、（唐）陆德明：《论语注疏》卷二，《景印文渊阁四库全书》，台湾商务印书馆，1986，第 1 页。
② （宋）蔡节：《论语集说》卷一，《景印文渊阁四库全书》，台湾商务印书馆，1986，第 12 页。
③ （北宋）孙奭、（东汉）赵岐：《孟子注疏》卷三下，《景印文渊阁四库全书》，台湾商务印书，1986，第 1 页。

之，天人一也。"① 董仲舒指出天亦如人一样，有喜怒哀乐，天人乃一体，天之怒表现在灾异上。他说："其大略之类，天地之物有不常之变者，谓之异，小者谓之灾。灾常先至而异乃随之。灾者，天之谴也；异者，天之威也。谴之而不知，乃畏之以威。《诗》云'畏天之威'。殆此谓也。凡灾异之本，尽生于国家之失。国家之失乃始萌芽，而天出灾害以谴告之；谴告之而不知变，乃见怪异以惊骇之，惊骇之尚不知畏恐，其殃咎乃至。"② 董仲舒指出，"灾"是天的谴责，"异"是天显示其威严。灾异的产生是由于国家有所失误，有不符合天意之处，是天发出的警告。这种警告便是"灾异"，出现灾异而不去改变自己的行为则会以"妖怪"来恐吓君主，如果仍不知悔改，则会有灾难、惩戒出现，甚至国家灭亡、改朝换代。《汉书》中记载："久之，宫中数有妖怪，王以问遂，遂以为有大忧，宫室将空，语在《昌邑王传》。会昭帝崩，亡子，昌邑王贺嗣立，官属皆征入。王相安乐迁长乐卫尉，遂见安乐，流涕谓曰：'王立为天子，日益骄溢，谏之不复听，今哀痛未尽，日与近臣饮食作乐，斗虎豹，召皮轩，车九流，驱驰东西，所为悖道。'③ 此处的"妖怪"虽不得而知其具体内容，但可以知道"妖怪"的出现是宫室将空之征兆，由于王的失德，王的行为有悖天道受到天的警示，最终，昌邑王由于失德，即位仅 27 日便被废除。

《孔丛子》《执节》一篇中有："魏王问子顺曰：'寡人闻：昔者上天神异后稷而为之下嘉谷，周以遂兴。'往者中山之地无故有谷，非人所为，云：'天雨之。'反亡国，何故也？答曰：'天虽至神，自古及今，未闻下谷与人也。'《诗》美后稷能大教民种谷嘉以利天下。故《诗》曰：'诞降嘉种'，犹《书》所谓'稷降播种，农植嘉谷'，皆说种之，其意一也。若中山之谷，妖怪之事，非所谓天祥也。④"

这里的"妖怪"指中山无故长出谷物的怪现象。此处也可看出祥瑞观

---

① （西汉）董仲舒：《春秋繁露》卷十二，《景印文渊阁四库全书》，台湾商务印书馆，1986，第 2 页。

② （西汉）董仲舒：《春秋繁露》卷八，《景印文渊阁四库全书》，台湾商务印书馆，1986，第 15 页。

③ （西汉）班固：《前汉书》卷八十九，《景印文渊阁四库全书》，台湾商务印书馆，1986，第 14 页。

④ （秦）孔鲋：《孔丛子》卷中，《景印文渊阁四库全书》，台湾商务印书馆，1986，第 29 页。

念与灾异观念。魏王以为此乃祥瑞之兆，而子顺则认为此乃"妖怪之事"，天不会降谷种于人。可见，是"妖怪"还是"祥瑞"，完全是儒家依据自己的理论进行的推断与解释。

西汉时期编纂的《韩诗外传》中进一步解释了"妖"的含义以及避"妖"的方法。"'臣闻：妖者、祸之先，祥者、福之先。见妖而为善，则祸不至，见祥而为不善，则福不臻'汤乃斋戒静处，夙兴夜寐，吊死问疾，赦过赈穷，七日而谷亡，妖孽不见，国家昌。①"可见，"妖"乃"灾祸之先兆"，不过可以通过实施善政来避免灾祸。并以"汤"为例，指出殷时，谷生长在汤的朝廷之上，而汤通过实施一系列"善政"最终化解了灾祸，使得国家昌盛。

通过这些记载我们不难看出"妖""妖怪"之说是在天命思想、灾异说的影响下产生，是儒家为了规范与约束君主的行为，促使其实施仁政而创出的一种观念。

儒家不仅要求帝王要实施德政，更制定了一系列礼仪制度约束帝王。《礼记》中便记载了严格的帝王的礼仪制度。

《礼记》《月令》中记载："季冬行秋令，则白露早降，介虫为妖，四鄙入保。行春令，则胎夭多伤，国多固疾，命之曰逆。行夏令，则水潦败国，时雪不降，冰冻消释。②"违反月令，则会出现诸多不祥之事、灾异现象，季冬行秋令，会出现介虫之灾害。因此，帝王的政令必须符合时节，不合时令也会出现妖怪现象。

汉朝之时，关于"妖怪"的认识已经基本形成。各种违反自然规律、以普通常识不可理解之现象或自然灾害等都被视为"妖怪"，譬如"中山之谷""桑谷合生""内寝柏殿柱绕节生花"等妖怪现象均被认为是由于君主失德引起，它们的出现均被作为国家危亡的预兆。儒家通过此种"妖怪"来约束君主的行为，要求君主的言行顺天意，合民意。

此后，儒家将此种妖怪预示灾祸的含义进一步扩大，从君主推演至个

---

① （西汉）韩婴：《韩诗外传》卷三，《景印文渊阁四库全书》，台湾商务印书馆，1986，第1页。

② （南宋）朱熹：《仪礼经传通解》卷二十六，《景印文渊阁四库全书》，台湾商务印书馆，1986，第58页。

人，妖怪同样被作为灾祸出现的预兆。

（二）"天命思想"与"五行、五事思想"影响下"妖怪"概念之延伸

"五行""五事"思想在《尚书·周书·洪范》中已有记载。

《洪范》记："五行：一曰水，二曰火，三曰木，四曰金，五曰土。水曰润下，火曰炎上，木曰曲直，金曰从革，土爰稼穑。润下作咸，炎上作苦，曲直作酸，从革作辛，稼穑作甘。五事：一曰貌，二曰言，三曰视，四曰听，五曰思。貌曰恭，言曰从，视曰明，听曰聪，思曰睿。恭作肃，从作义，明作哲，聪作谋，睿作圣。"①

这里并未明确地将五行与五事联系在一起。而到了汉初，《洪范》的诠释书《洪范五行传》中不仅将二者对应起来，更是将灾异思想加入其中，要求君主各个方面都要符合"礼"，如有不符则会出现妖怪现象。

长事一曰貌，貌之不恭，是为不肃，厥咎狂，厥罚常雨，厥极恶，时则有服妖，时则有龟孽，时则有鸡祸，时则有青眚、青祥，惟金木。次二事曰言，言之不从是谓不义，厥咎僭，厥罚常阳，厥极忧，时则有诗妖，时则有介虫之孽，时则有犬祸，时则有口舌之疴，时则有白眚、白祥，惟木（按：当为火，形近而误）金。次三事曰视，视之不明，是谓不哲，厥咎荼，厥罚常燠，厥极疾，时则有草妖，时则有蠃虫之孽，时则有羊祸，时则有目疴，时则有赤眚、赤祥，惟水火。次四事曰听，听之不聪，是谓不谋，厥咎急，厥罚常寒，厥极贫，时则有鼓妖，时则有鱼孽，时则有耳疴，时则有黑眚、黑祥，惟土（原文作火，据《周礼疏》改为土）水。次五事曰思心，思心之不容，是谓不圣，厥咎，厥罚常风，厥极凶短折，时则有脂夜之妖，时则有花孽，时则有牛祸，时则有心腹之疴，时则有黄眚，黄

---

① （明）黄道周：《洪范明义》卷首，《景印文渊阁四库全书》，台湾商务印书馆，1986，第2页。

祥，惟木金水火土。①

这里不仅将五事与五行联系在一起，还提出了五咎、五罚、五极、五妖的观念，认为五事不得体时就会出现后面的五种现象。关于这一点，张兵在《伏生〈洪范五行传〉对"五行学说"的吸收与应用》中这样说道："上文共涉及五事、五咎、五种惩罚、五极、五类灾异、五行等六个方面的事情。五事是指君王日常的五种行事，即貌、言、视、听、思。君王身为人主，为人表率，但俗话说上梁不正下梁歪，五种行事如不得体或者说不合乎'礼'的规范，即体貌举止不严肃、言语不能使人顺从、眼睛不能明辨、耳好听奸佞之言、思心不能够通达，则会导致'五咎'的发生，即狂（下人狂妄）、僭（下人僭越无礼）、荼（下人散漫）、急（下人汲汲于功利）、（下不通于上）。上天也会作出五种惩罚：常雨、常阳、常燠、常寒、常风。君王自身也会得到五极之报应，即丑陋、忧愁、疾病、贫穷、不能长寿。如果帝王不能够幡然醒悟，改过自新，则天地就要作出更大的惩罚。"② 这六类事物之间的对应关系如下表：

五行	五事	五咎	五罚	五极	五类灾异
木	貌	狂	常雨	恶	服妖，龟孽，鸡祸，青眚，青祥
金	言	僭	常阳	忧	诗妖，介虫之孽，犬祸，口舌之疴，白眚，白祥
火	视	荼	常燠	疾	草妖，蜾虫之孽，羊祸，目疴，赤眚，赤祥
水	听	急	常寒	贫	鼓妖，鱼孽，耳疴，黑眚、黑祥
土	思		常风	凶短折	脂夜之妖，花孽，牛祸，心腹之疴，黄眚，黄祥

可见，妖怪的出现是天对丁君主的最大惩戒。妖怪不仅限于自然现象、服饰、诗歌、童谣、声音等都有妖怪，这些妖怪可以理解为怪异现象。除此之外，各种生物与非生物为害的现象也被认为是妖怪。妖怪的范

---

① （西汉）伏生、（清）孙之騄、（东汉）郑玄：《尚书大传》卷二，《景印文渊阁四库全书》，台湾商务印书馆，1986，第9页。
② 参照张兵《伏生〈洪范五行传〉对"五行学说"的吸收与应用》，《孔子研究》2004年第5期。

围进一步扩大。

（三）《论衡》中"妖怪"与"鬼""精"概念的融合

西汉王充（27～约97）在《论衡》中对妖怪的解释，对妖怪概念的演变起到了重要作用。王充首先把局限于君主的妖怪推演应用至个人。其次，他把"鬼""精"的概念与妖怪概念联系在一起，以"气"的理论将其同等化。

王充首先列举出当时的世人对于"鬼"的七种认识。

第一，从生理学角度较为科学地对"鬼"进行的阐释。

> 人之见鬼，目光与卧乱也。人之昼也，气倦精尽，夜则欲卧，卧而目光反，反而精神见人物之象矣。人病亦气倦精尽，目虽不卧，光已乱于卧也，故亦见人物象。病者之见也，若卧若否，与梦相似。当其见也，其人能自知觉与梦，故其见物不能知其鬼与人，精尽气倦之效也。何以验之？以狂者见鬼也。狂痴独语，不与善人相得者，病困精乱也。夫病且死之时，亦与狂等。卧、病及狂，三者皆精衰倦，目光反照，故皆独见人物之象焉。[1]

也就是说，"鬼"被认为是人在困倦或生病之时目光反照而出现的幻象，该幻象被误认为"鬼"，这其实是精神极度疲倦的证明，与精神病人口出痴狂之语相类似，都是由生病、疲惫引起的精神错乱。此种见解与日本学者井上圆了"妖怪学"的研究方法十分类似，都是站在科学的立场对妖怪现象进行合理解释。可见，中国早在2000多年前的汉朝就已经使用相当于今天的医学水平来对人的精神进行科学分析了。

第二，认为"鬼"是一种可以使人得病的"气"。

> 鬼者，人所见得病之气也。气不和者中人，中人为鬼，其气象人形而见。故病笃者气盛，气盛则象人而至，至则病者见其象矣。假令得病山林之中，其见鬼则见山林之精。人或病越地者，病见越人坐其

---

[1] （东汉）王充：《论衡》卷二十二，《景印文渊阁四库全书》，台湾商务印书馆，1986，第15～16页。

侧。……故鬼之见也，象气为之也。众星之体为人与鸟兽，故其病人则见人与鸟兽之形。[1]

这里认为"鬼"是一种"气"，气不和便会伤害人，此种伤害人的"气"便是"鬼"。在山林中使人生病的鬼乃山林之精，在越地使人生病之鬼长相就似越人。气由天生，下降到地，而生成地上之物，地上之物皆有天上之形。鬼也是如此，天上星辰有人或鸟兽之形状，鬼也会呈现人或鸟兽的形状。

第三，把鬼与道家"物老成精"的思想联系在一起，认为鬼是老物的精气。

> 鬼者，老物精也。夫物之老者，其精为人，亦有未老，性能变化，象人之形。人之受气，有与物同精者，则其物与之交。及病，精气衰劣也，则来犯陵之矣。何以效之？成事：俗间与物交者，见鬼之来也。夫病者所见之鬼，与彼病物何以异？人病见鬼来，象其墓中死人来迎呼之者，宅中之六畜也。及见他鬼，非是所素知者，他家若草野之中物为之也。[2]

这里以"精"来解释"鬼"，认为任何物体都有"精气"。鬼就是变老的物体的精气。当人生病之时自身精气下降，其他物体的精气便会来侵袭，看到自己族人的鬼便是自家所养的六畜的精气，若是不认识的鬼则是别人家草野中之物的精气。把"鬼"与"精"等同视之。

第四，认为鬼是人生出来的，因此具有人的特征。

> 鬼者，本生于人，时不成人，变化而去。天地之性，本有此化，非道术之家所能论辩。与人相触犯者病，病人命当死，死者不离人。何以明之？《礼》曰："颛顼氏有三子，生而亡去为疫鬼。一居江水，是为虐鬼；一居若水，是为魍魉鬼；一居人宫室区隅沤库，善惊人小

---

[1] （东汉）王充：《论衡》卷二十二，《景印文渊阁四库全书》，台湾商务印书馆，1986，第16页。

[2] （东汉）王充：《论衡》卷二十二，《景印文渊阁四库全书》，台湾商务印书馆，1986，第16~17页。

儿。"前颛顼之世，生子必多，若颛顼之鬼神以百数也。诸鬼神有形体法，能立树与人相见者，皆生于善人，得善人之气，故能似类善人之形，能与善人相害。阴阳浮游之类，若云烟之气，不能为也。①

这里认为"鬼"是人在出生之时，未能形成人形，而形成了其他形状之物走掉了。并列举了颛顼氏生下的三个儿子皆死去成为疫鬼的例子，说明"鬼"之所以能像人形，是因为他是人所生，因此接受了人的"气"。普通的阴阳之气是无法变成"鬼"的。

从这种说法中我们不难看出，这些"鬼"的产生与畸形儿有着密切联系。古代之时，由于医学水平有限，难免会有长相奇特的"畸形儿"出现，这些孩子出生后由于有缺陷而遭到遗弃，即便一些孩子成活下来，长大后也会因为其缺陷被人们认为是"鬼"。而那些未能成活的畸形儿也被认为会变成鬼危害人们，就如颛顼氏的三个儿子被人们认为变成了疫病鬼、虐鬼、魍魉鬼，还有一个居于人间，常常惊吓世间的小儿。这其实与当时的此种社会现象有着密切联系。

第五，认为鬼是"甲乙之神"。

鬼者，甲乙之神也。甲乙者，天之别气也，其形象人。人病且死，甲乙之神至矣。假令甲乙之日病，则死见庚辛之神矣。何则？甲乙鬼，庚辛报甲乙，故病人且死，杀鬼之至者，庚辛之神也。何以效之？以甲乙日病者，其死生之期，常在庚辛之日。此非论者所以为实也。天道难知，鬼神暗昧，故具载列，令世察之也。②

这里指出，鬼是"甲乙之神"，是由天的"别气"构成的。依据五行相生相克的原理，庚辛克甲乙，因此在甲乙日生病的人，临死前会看到庚辛之神。又把"鬼"的观念与"神"的观念混同起来。甲乙之神既被称作"神"的同时，又被称为"鬼"。可知当时"鬼"与"神"并未有十分严

---

① （东汉）王充：《论衡》卷二十二，《景印文渊阁四库全书》，台湾商务印书馆，1986，第17页。

② （东汉）王充：《论衡》卷二十二，《景印文渊阁四库全书》，台湾商务印书馆，1986，第17～18页。

格的区分。同时，这里虽然也以"气"的原理去解释"鬼神"，却又加入了五行思想，以五行相生相克的原理去解释人在临死前见到鬼的现象。

第六，认为鬼与人一样，是实际生活在世间的一种东西。

> 鬼者，物也，与人无异。天地之间，有鬼之物，常在四边之外，时往来中国，与人杂则，凶恶之类也，故人病且死者乃见之。天地生物也，有人如鸟兽，及其生凶物，亦有似人象鸟兽者。故凶祸之家，或见蜚尸，或见走凶，或见人形，三者皆鬼也。或谓之鬼，或谓之凶，或谓之魅，或谓之魑，皆生存实有，非虚无象类之也。何以明之？成事：俗间家人且凶，见流光集其室，或见其形若鸟之状，时流人堂室，察其不谓若鸟兽矣。夫物有形则能食，能食则便利。便利有验，则形体有实矣。[①]

这里指出，天地之间既然有人、鸟兽等，那就有可能存在"鬼"这种东西。他们一般生活在边远地区，有时又会到中原地区来，与人混杂在一起。"鬼"是十分凶恶的东西，因此人生病将死之时会见到。"蜚尸""走凶""人形"都属于"鬼"，也被称作"凶""魅""魑"。这些东西都是生存在世间的有形之物。将那些凶恶之徒或蛮夷之地的人称作"妖怪"的说法恐怕就来源于此认识。可以认为这是在"华夷思想"下产生的一种对"夷"的认识，这样的"鬼"的记载很多，诸如上一节中的"五相奴""山魈""鲛人"等也都属于此种。

第七，认为"鬼"属于"妖怪"的一种。

> 人且吉凶，妖祥先见。人之且死见百怪，鬼在百怪之中。故妖怪之动，象人之形或象人之声为应，故其妖动不离人形。天地之间，妖怪非一，言有妖，声有妖，文有妖。或妖气象人之形，或人含气为妖。象人之形，诸所见鬼是也；人含气为妖，巫之类是也。是以实巫之辞，无所因据，其吉凶自从口出，若童之谣矣。童谣口自言，巫辞意自出。口自言，意自出，则其为人，与声气自立，音声自发，同一

---

① （东汉）王充：《论衡》卷二十二，《景印文渊阁四库全书》，台湾商务印书馆，1986，第18页。

实也。①

这里把"鬼"与"怪""妖祥""妖怪"混淆在一起，把"鬼"作为"妖怪"的一种看待，"妖祥"作为吉凶出现的征兆，"鬼"属于"妖怪"，因此"妖怪"的行动或呈现出人的形状或出现人的声音。天地之间有各种妖怪，语言有妖怪、声音有妖怪、文章也有妖怪。呈现出人形的妖怪便是"鬼"。人含着气就成为"妖"，"巫"之类的人便是。巫师在占卜之时所说的话并非巫师本人的意愿，而是随着妖气不自觉地说出口。

此种解释把儒家的天人感应思想与灾异说中作为君主失德象征的"妖怪"与巫术中的"鬼"联系在一起，并以"气"的原理，结合"五事"，把"妖怪"的范围进一步扩大，将"鬼""怪"都纳入"妖怪"的范畴。"妖怪"也不仅仅局限于某种"现象"，而成为具有某种形象的"实体"。

王充在总结前人论述的基础上进一步对"鬼""妖怪"等进行了阐释。王充以"气"的原理来解释天地万物的生成，详细论述了"气""鬼""精""妖怪"的关系。

> 故凡世间所谓妖祥，所谓鬼神者，皆太阳之气为之也。太阳之气，天气也。天能生人之体，故能象人之容。夫人所以生者，阴、阳气也。阴气主为骨肉，阳气主为精神。人之生也，阴、阳气具，故骨肉坚，精气盛。精气为知，骨肉为强，故精神言谈，形体固守。骨肉精神，合错相持，故能常见而不灭亡也。太阳之气，盛而无阴，故徒能为象不能为形。无骨肉，有精气，故一见恍惚，辄复灭亡也。②

王充认为人或鸟兽均由"气"形成，鬼神也是由太阳之气形成。人之所以有形体且不变，是因为有阴阳二气，而鬼、妖怪等只有阳气而无阴气，所以只有"象"，而不具有"形"。人体的阳气为精神，阴气为骨肉，

---

① （东汉）王充：《论衡》卷二十二，《景印文渊阁四库全书》，台湾商务印书馆，1986，第19页。
② （东汉）王充：《论衡》卷二十二，《景印文渊阁四库全书》，台湾商务印书馆，1986，第22页。

因此，人具有精神与骨肉。而鬼、妖怪等只有阳气，因此只具有精神，并无骨肉。王充的解释把"妖怪""鬼"与"精"联系在一起。原本只作为上天警示的各种反自然现象，经过王充的解释，成为与"鬼""精"一样，由太阳之气产生、能象形出现的有形物体。阳气有毒，因此"妖怪"表现出害人的特性。诗歌、童谣中有妖怪的说法，王充认为那些是由于荧惑星的作用，即火星。火星属阳，故含毒，因此可以导致诗文里产生"妖怪"。

王充融合了阴阳五行以及"气"的原理，把人体由"气"组成这一认识运用到"妖怪"上，试图"科学地"解释"妖怪""鬼""精"等物。

王充的此种思维模式并非西汉时才出现，在中国，人们在很久以前便开始思考物体的生成。西周之时，出现了百物之生缘于"五材"的思想。人们试图以"五材说"来解释天地万物的生成。在《国语郑语》中记载："故先王以土与金、木、水、火、杂，以成百物。"①

《国语鲁语》之中则将"五材"称为"五行"。西周末年，出现了以"阴阳""天地之气"来解释世界的学说。如《国语周语》中记载：

> 幽王二年，西周三川皆震。伯阳父曰周将亡矣。夫天地之气，不失其序，若过其序，民乱之也，阳伏而不能出，阴迫而不能烝，于是有地震，今三川实震，是阳失其所而镇阴也。阳失而在阴，川源必塞。源塞，国必亡。夫水土演而民用也。水土无所演，民乏财用，不亡何待。昔伊、洛竭而夏亡，河竭而商亡。今周德若二代之季矣，其川源又塞，塞必竭。夫国必依山川，山崩川竭，亡之征也。川竭，山必崩。若国亡不过十年，数之纪也。夫天之所弃，不过其纪。是岁也，三川竭，岐山崩。十一年，幽王乃灭，周乃东迁。②

如肖萐父指出的那样，伯阳甫以"天气之气"的理性认识来解释"三川皆震"，在他看来：充满天地之间的，不是"民并用之，废一不可"的"五材"，而是矛盾着、运动着的阴阳二气。③

---

① （吴）韦昭：《国语》卷十六，《景印文渊阁四库全书》，台湾商务印书馆，1986，第6页。

② （吴）韦昭：《国语》卷一，《景印文渊阁四库全书》，台湾商务印书馆，1986，第14页。

③ 肖萐父、李锦全主编《中国哲学史》上，人民出版社，2001，第51页。

战国时期，阴阳思想与礼仪、祭祀结合在一起。《礼记》中记载了祭祀仪式中的仪式与阴阳的关系。

> 有虞氏之祭也，尚用气；血腥爓祭，用气也。殷人尚声，臭味未成，涤荡其声；乐三阕，然后出迎牲。声音之号，所以诏告于天地之间也。周人尚臭，灌用鬯臭，郁合鬯；臭，阴达于渊泉。灌以圭璋，用玉气也。既灌，然后迎牲，致阴气也。萧合黍稷；臭，阳达于墙屋。故既奠，然后焫萧合膻芗。凡祭，慎诸此。魂气归于天，形魄归于地。故祭，求诸阴阳之义也。殷人先求诸阳，周人先求诸阴。①

通过这样的解释可以看出，所有的祭祀仪式都是为了符合天地阴阳之气的原理，并且提出，人死后其魂气升天，属于阳，形魄下降，属于阴。

西汉时期，董仲舒提出了天人合一理论。天人合一的理论基础在于"人副天数"，即人是天的副本，通过对比人的构成与天地万物的关系，董仲舒提出人的构成与天地一样，都是由阴阳之气组成，因此人的行为能被天所感知，即"天人合一"。董仲舒将天地万物由"气"构成的理论适用到人的身上，称"阳天气也，阴地气也。故阴阳之动使人足病喉痹起，则地气上为云雨而象亦应之也。天地之符，阴阳之副，常设于身，身犹天也"。②

东汉班固著《白虎通德论》中将阴阳二气的理论进一步与人的性情结合在一起，"性情者，何谓也？性者，阳之施；情者，阴之化也。人禀阴阳气而生，故内怀五性六情"。③ 班固指出人的性是阳气赋予的，情是阴气化成的，人体内有阴阳二气，因此有五性六情。

由此可见，自西周以来，随着五行学说、阴阳气论的发展，天地万物的生成都以"气"来解释。王充沿用了这种"气"的理论来解释"妖

---

① （南宋）卫湜：《礼记集说》卷六十七，《景印文渊阁四库全书》，台湾商务印书馆，1986，第 34 页。
② （西汉）董仲舒：《春秋繁露》卷十三，《景印文渊阁四库全书》，台湾商务印书馆，1986，第 3 页。
③ 郭超主编《四库全书精华·子部》第 2 卷，中国文史出版社，1998，第 1166 页。

怪"、"鬼"与"精",认为它们都是由阳气所构成。阳气有毒,因此它们表现出危害人类的特性。王充对它们生成原理的解释使得原本并不相同的三者变成本质上相同之物,为它们的融合打下了理论基础。此外,也使得"妖怪"由"怪异的自然现象、自然灾害"等"现象妖怪"发展成为有生物与无生物妖怪。

(四)《搜神记》中对"妖怪"的阐释与"歪曲"

东晋干宝所著《搜神记》中,首次对妖怪进行了定义,"妖怪者,盖精气之依物者,气乱于中,物变于外,形神气质,表里之用也。本于五行,通于五事,虽消息升降,化动万端,其于休咎之征,皆可得域而论矣"。[①]

不难看出,干宝的定义综合了前代对妖怪的认识,将阴阳气论、五行五事思想以及灾异说等都纳入对妖怪的界定上。值得注意的是,干宝的定义虽然综合了前代的妖怪观念,却把妖怪固定在"物"上,把外表形状发生改变的"物"定义为妖怪。这也为以后"妖怪"变为外表形状发生改变的"物",而非"现象"打下了理论基础。

不过,干宝在其后所罗列的妖怪,并不能以他的解释来全部涵盖,诸如两条龙相斗之事、九蛇绕柱之事等。这里的龙与蛇并未在外表上发生改变,但它们的出现都被赋予了一定的征兆意义。

分析干宝在本卷中所引的事例,虽然某些妖怪很难以他的定义来解释,但所有的妖怪都具有某种预示意义。干宝列举的例子多援引自《京房易传》与《五行传》。这些妖怪的征兆意义都与君主、政权有关,预示着君主的失德或改朝换代。如下表所示:

事件	征兆	结果	所引书目
山迁徙	天下兵乱、社稷亡/易事变号	夏、秦、周、汉灭亡	《易传》《尚书·金滕》
龟毛兔角	兵甲将兴		
马化狐		周幽王出生	

---

① (晋)干宝:《搜神记》卷六,《景印文渊阁四库全书》,台湾商务印书馆,1986,第1页。

事件	征兆	结果	所引书目
地暴长	春夏多吉利、秋冬多凶险/天下人将互相残杀		《易妖》《运斗枢》
龙斗	众心不安		《易传》
九蛇绕柱	九世庙不祀	立炀宫	
马生人	上天无子，诸侯相伐		《易传》
女子化为丈夫	妇政行		《易传》
五足牛	兴徭役、夺民时	秦世大用民力、天下叛之	《易传》
临洮大人		作金人十二以象之	
龙现井中	有德遭害，行刑暴恶		《易传》
马生角	臣易上，政不顺	吴将反	《易传》
人生角	冢宰专政/诸侯举兵	七国之难，赵王伦篡乱	《易传》《五行志》
白黑乌斗	师战之象/逆亲亲/骨肉藩臣，骄恣而谋不义	楚王谋反被杀	《易传》《五行志》
内外蛇斗		卫太子巫蛊之事	
鼠舞门	诛不原情	燕王旦谋反、将死之象	《易传》
石自立	宣帝中兴之立		
狗冠	君不正、臣欲篡		《易传》
雌鸡化雄	王氏之应/贤者居明夷之世/妇人专政		《易传》《五行志》
范延寿断讼	人妖		
天雨草	君吝于禄，信衰，贤去		《易传》
断槐复立	废而复兴	世祖兴起	
鼠巢	贱人将居显贵/臣私禄罔干	赵后自微贱登至尊，终无子，而为害	《易传》
鸟焚巢		易世	《易传》

（依据《搜神记》卷六制成）

通过《搜神记》中收集的有关妖怪的事例不难看出多数是"反常现象"。这些现象以干宝的定义并不能全部概括。但是，干宝列举的妖怪全部具有预示作用，且均与朝政有关，并无涉及普通百姓个人的情况。因此，可以看出直到魏晋南北朝时期，"妖怪"还是与政权有着密切联系，具有预示作用的怪异事物或现象是"妖怪"的主要含义。

干宝虽然以儒家的理论对妖怪进行了阐释与定义，同时，在卷19中又假托孔子之言，①将本不相同的"妖怪"与"五酉"结合一起。"孔子曰：……夫六畜之物，及龟蛇鱼鳖草木之属，久者神皆凭依，能为妖怪，故谓之五酉。五酉者，五行之方，皆有其物。酉者，老也，物老则为怪。"②

干宝认为六畜以及龟、蛇、鱼、鳖、草木等物老后都会有"神"凭附其上，使它们变为妖怪。这些东西被称为"五酉"，在五行之方位都存在。此种解释把"精怪"与"妖怪"混淆起来，等同视之。现存文献资料中，在干宝以前并无将"妖怪"称为"五酉"的记载。但是，干宝这一假托孔子的言论却被后人频频引用，不仅《太平广记》中记载了这一条，佛经《法苑珠林》的《妖怪篇》、《本草纲目》，甚至《孔子集语》中都将其作为孔子的言论收录其中，可见其影响力之大。

干宝的解释，将本来属于民间巫系统的"精怪"思想与儒家的"妖怪"思想结合在一起，并以圣人之言为妖怪概念的变化打下了理论基础。

（五）释家对"妖怪"的解读

不仅是儒家，释家也对妖怪进行过不少阐释。佛经中对"妖怪"的解读，对"妖怪"概念的演变起到了至关重要的作用。南北朝时抄录的《佛说佛名经》中这样解释妖怪：

> 人间有鸟鸣百怪飞尸邪鬼为作妖异罪报忏悔，人间为虎豹豺狼水陆一切诸恶禽兽所伤罪报忏悔……承是忏悔所生功德，愿生生世世身相具足，犹如罗睺罗常值佛法僧恒闻妙法，寿命天地等，不为百病之所缠。……妖怪魍魉及以飞鸟虎豹豺狼，水陆诸祸一切等厄皆去无余。③

---

① 胡孚琛：《中华文化通志·宗教与民俗典（9-082）道教志》，上海人民出版社，1998，第201页。
② （晋）干宝：《搜神记》卷十九，《景印文渊阁四库全书》，台湾商务印书馆，1986，第4页。
③ 大正新脩大藏经刊行会『佛説佛名経』巻第十三、『大正新脩大藏経』No.0441 第14巻、大藏出版株式会社、1961～1971年、第236頁。

这里将"妖怪"等同于"妖异",指那些"鸟鸣百怪飞尸邪鬼",与"魍魉"并称,可见与之属同类事物,与儒家所说的"妖怪"大相径庭。

南朝梁僧人僧祐在《出三藏记集》中记录佛经中曾有《妖怪经》一卷,乃关中异经。然此经今已佚失,不得知其内容,甚为遗憾,其内容是否对妖怪观念的转变起到了重要作用亦不得而知。

佛教自印度传入中国,到了唐朝之时十分兴盛。僧人的请经、译经、著经工作也在唐朝达到顶峰。唐朝僧人道世在唐高宗年间撰写的《法苑珠林》是佛教经典中非常重要的一部类书,陈昱珍指出:"道世作《法苑珠林》的动机,除供人方便寻检佛学知识外,也有护法的另一层动机。"①

在《法苑珠林》中,道世设立了100篇,每篇都有篇、部、述意、引证、述曰、评曰、颂曰、问答体、感应缘等九项②。其中《妖怪篇》只有述意、引证与感应缘三项。

在述意部,道世援引干宝的妖怪定义,说道:"妖怪者,干宝记云:盖是精气之依物者也,气乱于中物变于外,形神气质表里之用也。本于五行通于五事,虽消息升降化动万端,然其休咎之征,皆可得域而论矣。此是俗情之近见,未达大圣之因果。考斯征变乃是众生宿业之杂,因感现报之缘发,因缘相会物理必然,故有斯征未足可怪也。"③

道世虽然援引了干宝的定义,却认为那是世俗之人的认识,妖怪其实是众生的宿业,感应到现报之缘而出现。他在引证部讲述了人由于贪恋女色而被罗刹女所食的故事。五百商人在遭遇海难之时得罗刹女所救,每日有美女与美食相伴。然而其中一个商人察觉到蹊跷,便半夜爬到树上察看,结果发现罗刹城内尸骨遍野。听城内未被吃掉的商人说,他们就是因为贪恋美食、美女,几乎全部被吃掉,唯一逃脱的办法是求助于马王,并且在罗刹女哀求他们回来的时候,千万不能心软,否则会坠入大海,前功

---

① 陈昱珍:《道世与〈法苑珠林〉》,《中华佛学学报》第5期,台北中华佛学研究所,1992,第252页。
② 陈昱珍:《道世与〈法苑珠林〉》,《中华佛学学报》第5期,台北中华佛学研究所,1992,第253页。
③ (唐释)道世撰《法苑珠林上》卷第四十二,江苏广陵古籍刻印社,1990,第489页。

尽弃。于是，商人把他的所见所闻赶快告诉其他商人，大家共同商量逃离此地。最终在马王的帮助下，这五百商人逃离了罗刹城。这五百商人便是"舍利弗"，是"删阇耶波离婆阇迦诸弟子等五百人"。由此可见道世教化世人之意。

此外，他还列举了鬼遇到了 5 个人，唯独吃了那个害怕鬼的人，而其余 4 人因为不怕鬼，并生起火，吓走了鬼。于是道世说："夫人学道亦复如是，常须坚意不可怯弱，令鬼得便误损人也。故维摩经云，譬如人畏时非人得其便也。"[1]

在最后他这样说道："求宝失舟济，飘浮思救形。幻媚多方趣，妖魅诳人情。假接渡海难，虚发亲爱声。自非马王负，危苦讵安宁。"[2]

道世在这里把罗刹女称为"妖魅"，归于"妖怪"之列。同时，指出"鬼"常常吃人，将"鬼"也归入"妖怪"的范畴，这样一来，妖怪的含义出现了重大转变。虽然王充在《论衡》中也将"精""鬼"列入"妖怪"的范畴，但那样的认识还并不普遍，这一点可以从《搜神记》中看出，《搜神记》中列举的妖怪多数还是违背自然规律的现象与自然灾害等。而佛教中的"妖怪"却变成了诸如"罗刹"，或地狱中各种"鬼"的形象。随着佛教的在中国的普及，特别是佛教雕塑、壁画、画像等的普及，佛教中的妖怪形象越来越深入人心，逐渐取代了那些本不为大众所熟悉的儒家的"妖怪"，使得妖怪的含义越来越复杂化。

（六）道家对"妖怪"的解释

道教的发展对"妖怪"含义的变化也起到了至关重要的作用。首次将"精物"定义成"妖怪"的便是道家。

唐朝道十十商山隐人皇甫朋撰写的《玄圃山灵秘录》中，首次将"妖怪"定义为"山川之精物"，并讲述了捉拿妖怪的方法。

> 妖怪者，山川之精物也。虎虎、狸猩、白蛇、赤龟、蜈蚣、山雉之类，潜伏年久。

---

[1] （唐释）道世撰《法苑珠林上》卷第四十二，江苏广陵古籍刻印社，1990，第 493 页。
[2] （唐释）道世撰《法苑珠林上》卷第四十二，江苏广陵古籍刻印社，1990，第 493 页。

受天地山一川灵炁，善变化形质，迹逞妖通，状幻美貌，迷惑世人。……斩法，红绢一方二尺四寸，羊血书符，以竿挂起，执之面四方，念咒三十六徧，卷作一轴于地，大喝一声，以剑为之二段，应方所有诸怪，悉断其首。念毕三十六徧，咒曰：宛那云于匿利摩。①

皇甫朋对"妖怪"的诠释完全推翻了儒家之说，将道教中"物老成精"的思想与"妖怪"结合在一起。他指出自然界的动物在长年累月接受天地山川之间灵气的过程中可以逐步演变为"妖怪"。这些"妖怪"可以变化其形体，具有妖通之术，可变化成美貌之人迷惑世人。这样一来"妖怪"成为具有动物属性、可以幻化的"精物"。

道教的正式形成是在东汉中后期，卿希泰指出其形成主要有三方面的社会背景：第一，深重的社会危机；第二，汉代统治思想的宗教化；第三，佛教的启示与借鉴。② 道教最初以得道成仙、长生不老为主要目的。其理论融合了儒教、佛教以及古代的鬼神信仰与巫术系统，将天神、地祇、人鬼融合在一起形成了自己的神灵体系。

秦汉时期，鬼神信仰就已十分发达，汉武帝即位后"尤敬鬼神之祀"。王莽篡权后，"遂崇鬼神淫祀。东汉光武帝之时所供的神灵多达1514位。这种由来已久的鬼神崇拜，在长期的发展中，逐渐形成了一个天神、地祇和人鬼的神灵系统，道教不仅承袭了这种鬼神崇拜思想，而且将这个神灵系统中的许多神灵纳入道教神灵体系"③。

东汉时期出现的道教经书《太平经》融合了道教思想、儒家思想、阴阳五行、巫术思想等，形成了自己的神学体系，同时也宣扬天命思想、天人合一观念。为了建立"太平盛世"，对君主也提出了明、仁等方面的要求。

在这样早期道教的设教理念背景下，早期道教中的"妖怪"概念与儒家思想十分接近。诸如东晋时成书的《太上洞玄宝元上经》中就融合了天

---

① 李一氓主编《道藏》第10册，天津古籍出版社，1988，第744页。
② 卿希泰、唐大潮：《道教史》，中国社会科学出版社，1994，第4~14页。
③ 卿希泰、唐大潮：《道教史》，中国社会科学出版社，1994，第31~32页。

人合一、阴阳思想以及"三一"① 思想。

> 人不得为万物父母，是以同天地为父母，人之主至贵，号曰天子，一之孙，道之曾孙也。有道德者，堪为国师，天子尊之，皆称曾孙也。天形资无，一得生生，形之大莫过乎天，抱一不离，故天字一大也，无形生有形，有形始无形，以始为父，以养为母，母久德合，合黑物成，物成升上，上天歆之，引接弘纳，似如天也，音训曰先，又曰颠，又曰玄。玄则悬空虚映，在物上颠，为群生之先，故曰天也。土者吐也，纵横三一，下上现上，生出一切，似如吐也，又曰地也，音训睹第，又曰隶，又曰齐，广大配天，与天齐德，接隶仰属，引物睹尊，人物法之，柔顺守静，和而不唱，谦下成功，功成不居，贵贱前后，次第分明，正而不邪，以治济乱，绿渐归天，故曰地也。天文清明，地理宁平，是其常也。不明生妖，不明发怪，非其常也。非常之兆，非天地所为，为之欲以戒物，赏善罚恶，显彰非常，由人失法，法不法地，妄动违天，天地妖怪，戒语之也，仰观俯察，占怪候妖，妖怪各有所主，修德立功则消，能知改，恶，唯善是从尔。乃法地守静笃也。运至应动，动则则天，则天之动，动以入道，入道之由，由于抱一，抱一无武，三一可明，明三一者，与道合真。②

这里阐述了天、地、人的生成互动关系，强调有道德者才能为天子，天地本该很平静，无故出现"妖怪"不是天地本来该有的状态。"妖怪"不是随便出现的，是为了给人"惩戒"。观察天地间的妖怪，它们各有所

---

① 三一，道教用语。《道德经》："道生一，一生二，二生三，三生万物。"道教的早期经典《太平经》："三气共一，为神根也。一为精，一为神，一为气。此三者共一位也。"这是精、气、神三位一体说。《玄门大磁三一诀》引孟法师云："今三一者，神、气、精；希、微、夷；虚、无、空。"又引《释名》云："希，疏也；微，细也；夷，平也。夷即是精，希即是神，微即是气。"并称"用则分三，本则常一"。又分别列举洞真、洞玄、洞神、皇人、太清、太平、太玄、正一、自然等九经对三一的解说，其中除上说外，别有称三神（意神、志神、危神）、三光（虚赤光、元黄光、空白光）、三色（始青、贞白、玄黄）及身中三宫神名（上元泥丸宫、天帝、帝卿；中元绛宫，丹皇、辅皇卿；下元丹田宫，黄庭元王、保镇弼卿。）（引自张岱年主编《中国哲学大辞典》，上海辞书出版社，2010，第306页。）
② 《正统道藏》第1~24册，艺文印书馆，1977，第784~785页。

主，通过修德是可以消除的。通过这里的阐述不难看出，其"妖怪"思想与儒家的"妖怪"思想十分接近，同样认为"妖怪"是天地对君主失德的一种惩戒。君主要时刻忧民虑民，"民之饥寒，则哀彼责此；百姓有罪，则谓之在予。嘉祥之臻，则念得神之佑；或逢天之怒，则思桑林之引咎"。① 君主在遇到嘉祥出现之时应该知道那是神灵庇佑，在遇到灾害出现之时应该反省自己的行为。

东汉时期，张道陵在西蜀鹤鸣山创建了五斗米道。当时，西蜀少数民族当中巫鬼之风十分严重，因此，张道陵创建的五斗米道也被称为"鬼道"。五斗米道除了以长生不老和得道升仙为目的外，还以招神、除鬼为目的，崇尚符箓、符咒，入道之时必须要接受"受箓"仪式。"受箓"最初只是交纳"信米"，到了北魏之时，改为在道场上接受"受箓"仪式。"箓的功能主要在于能召神役鬼，受箓的道士能够召唤条上所书的神将吏兵护卫身形，或役之施行道法。"②

由此，便赋予了道士驱魔除妖的本领与"义务"。早期天师道的法箓在成书于南北朝时期的《太上三五正一盟威箓》中便有记载。

> 某法箓弟子某乙，命属北斗某星君，即日投道，自实宿绿，有幸得诞人道，虽忝清化，执行顽愚，幽俗下贱，自小及长，常抱疾病淋沥，为奸邪所淫，初无健日，今谨赍法信，诣某法师门下，请受太上正一天灵赤官斩邪大箓将军吏兵营护某乙，随从行来，出入住止，辟斥众邪，收灭精魅，鼋鼍龟鳖，狐狸老精，千岁妖怪，百岁孽王，刚柔清浊，山海高下，妖魅巧伪，六天故炁，三魂七魄，安附身神，依如老君律令。③

这里记录了某乙入道后请得太上正一天灵赤官斩邪大箓，可以辟邪灭妖。这里将"妖怪"列为"精魅"之一，与"鼋鼍龟鳖""狐狸老精"等并称，并加上了"千岁"这个定语。可见千年的精魅变为"妖怪"，百年精魅则被称为"孽王"。

---

① （晋）葛洪：《抱朴子》，上海书店出版社，1986，第115页。
② 丁强：《早期道教教职研究》，巴蜀书社，2008，第205页。
③ 《正统道藏》第37~49册，艺文印书馆，1977，第38128页。

"妖怪"与"精"的概念的融合与道教的符箓、符咒思想有着密不可分的联系。道教的符箓把原本作为灾异的"妖怪"与蜀地的巫鬼思想结合在一起，使"妖怪"与"精魅"混淆，最终道教中将妖怪定义为"山川之精物"，成为道士驱使与降伏的对象。

李丰楙就指出："东汉末叶，太平道、天师道相继使用符术、符水。流行颇广，至葛洪搜罗所得就已'五百余卷'，且多大符，小符不可具记。"①

最晚成书于隋唐的《太上太玄女青三元品戒拔罪妙经》中将佛教中轮回转世的观念引入道教，"妖怪"成为有罪之人轮回转世之后变成之物。该经中以太玄女青来传达元始天尊关于考评人间善恶的法旨。据其记载，每年的上元节，紫微宫下属三府三十六曹，共九千万官僚会对人间万物进行考评，通过考评，一些有罪之人死后则会转世为飞禽走兽，或人间的妖怪。"中至国主贤臣、诸王太子、一切众生考限之期，下至鱼龙变化飞走万类，改易身形，升沉年月。……内有罪魂合为飞走万类，亦当随罪轻重，分配生方，或为豺狼虎豹，……或于人间作诸妖怪。如是种种万类，一切负命之身，各俟考限满日。天官考籍之宵，又当随业改形，随福受报，随劫轮转，随业死生，善恶随缘，无复差别。"② 可见，此时的道教中融入了佛教的轮回报应之说，认为有罪之人会转世成为兽类或生活在人世间的"妖怪"。

宋朝路时中撰写的《无上玄元三天玉堂大法》之中，融合儒教的妖怪观，指出妖怪出现在有德之人或君子身上的话，妖不胜正，没有太大影响，但是出现在小人身上则很难压制，会对其造成伤害。为了避免此问题，需要道士以符咒的形式来对其进行镇压消除。在该经的《厌怪胜妖品第九》中，他首先引用了儒家的说法，"师曰：天失常，则荧移彗出。地失常，则泉竭山倾。物失常，则秀荡苗枯。时失常，则冬雷夏雪。此盖天垂象以示戒，盖自有保制之法"。③ 紧接着阐述了这些妖怪现象与君子和

---

① 李丰楙编撰《抱朴子：不死的探求》，海南出版社、三环出版社，1998，第397页。
② 《正统道藏》第1～24册，艺文印书馆，1977，第1253～1254页。
③ 《正统道藏》第1～24册，艺文印书馆，1977，第4532页。

"小人"的关系，"在君子，则妖不胜德。在小人，则己不如妖"。① 因此需要攘灾之法。而他所列举的"妖怪"，几乎与《搜神记》妖怪卷中列举的妖怪相同，诸如有"攘龙入井符""攘蛇入井符""攘井溢法""攘犬怪法""攘鸦鸣在头上法""攘野兽入人家法""攘器鸣自破自动法""攘夜中门外鬼声""攘六畜自死法""攘门户自闭法""攘鸡飞鸣法""攘蛇怪法""攘鼠怪法"等，并分别将这些符咒附在其后。②

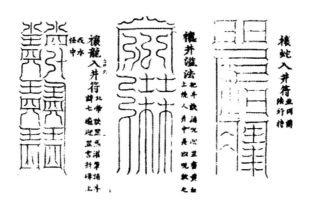

他虽然援引了干宝列举的妖怪，却并未对其象征意义有所阐述，反而是将这种怪异现象的出现视作"妖怪"的作怪，并指出可以通过咒语、符箓来驱除它们。例如，干宝所述的"犬怪"是没有尾巴戴着方山冠的大白狗，干宝将它的出现作为臣下篡位谋反的征兆。而路时中则将犬怪视为恼乱忠良百姓的妖怪，并称可以通过攘灾之法来将之驱除。"攘犬怪法"后的咒语记载："玉敕驱攘，降下灵章。妖畜幽怪，恼乱忠良。当吾咒者，百怪灭亡。犯吾符者，妖异潜藏。灾不能害，祸不能伤。万神守卫，永降吉祥。急急奉北帝敕。"③ 可见，路时中表面上采用了干宝的定义，却把"妖怪"的实际内容从"事"变为了"物"。如此一来，在《搜神记》中作为君主失德、政治变革象征的"妖怪现象"，变为一般百姓或"小人"常常会遇到的"怪物"。将"妖怪"的概念由政治层面下降到与百姓生活密切相关的日常生活层面。

---

① 《正统道藏》第 1~24 册，艺文印书馆，1977，第 4532 页。
② 《正统道藏》第 1~24 册，艺文印书馆，1977，第 4532 页。
③ 《正统道藏》第 1~24 册，艺文印书馆，1977，第 4532 页。

可见，到了宋朝之时，"妖怪"的征兆意义逐渐减弱，而其害人的特性得到发展，其本体由一种怪异"现象"逐渐演变为长相怪异的"异兽"或"异人"。而这一变化与佛教、道教的发展兴盛有着密不可分的联系。最终，形成了《西游记》中那些类人类兽却非人非兽，有着神通之力的"妖怪"。

（七）类书中对于妖怪的辑录

虽然，在隋唐时代就已经出现了"妖怪"与"精""魅"等观念的混同，且随着佛教、道教的盛行，"妖怪"也活跃起来，但现存的隋唐时期的四大类书《北堂书钞》《艺文类聚》《初学记》《白氏六帖》中均没有以妖怪单独分为一类的记载。当然，不辑录妖怪与类书的编纂目的、编写体例等有一定关系。

《艺文类聚》中有符命篇，其中多辑录祥瑞，而作为灾异的妖怪却并未录入。而到了宋朝，李昉等人奉诏编纂的《太平广记》中却将妖怪单独分为一类。《太平广记》中妖怪部共9卷，出现在巫、幻术、妖妄、神、鬼、夜叉之后，其后又有精怪一类。可以推断作者是把妖怪与巫、幻术、神、鬼、夜叉、精怪等作为同类事物。分析《太平广记》中关于妖怪的记录不难发现其与《搜神记》的差异。《太平广记》中的妖怪明显出现了与"老物成精"说法的结合，且其预兆灾害的作用明显减弱，多表现出害人的特性。

《太平广记》除了"妖怪"一类，还专门列出了"精怪"一类，共6卷。仔细分析不难发现"精怪"一类收集的全部是器物等无生物带来的怪异现象。虽然，在记述方面有时也把精怪称为"妖怪"，但可以认为当时是把"精怪"与"妖怪"区别对待，把"有生物之妖怪"称为"妖怪"或"精"等，而把"无生物之妖怪"称为"精怪"。

同时代同样由李昉等人编纂的《太平御览》中，却取消了妖怪与精怪的分类，而以"妖异"一词取代。其中又分类为"怪""魂魄""精""重生""变化"五项。除了"妖异部"还列有"咎征部"一项，《搜神记》中列在妖怪类中的事项多辑录在了此部，诸如诗妖、草妖等作为某种征兆的怪异现象几乎都罗列在此部，而并非"妖异部"，此外还有"休征部"，多辑录祥兆之事项。

由此可见，在宋朝之时，"妖怪"逐步摆脱了作为"征兆"之怪异现象的含义，而逐步趋于形象化，由怪异之"事件、现象"逐步转变为具有怪异形象的"物"，其行为也逐渐清晰化，表现出害人的特性。

中国古代最全面，也是最后一本类书《古今图书集成》中专设了妖怪一部。妖怪部设在神异典中，神异典下设多部，其中设佛教部以及与佛教有关的诸如佛经部、塔部、尼部等；其后设道教部，道教部之后又设有与道教相关的内容，如方士部、方术部等，与道教相关的内容之后又设有异人部与异境部，然后便是妖怪部。神异典最初的几部都是与鬼神相关的内容，第一部是皇天上帝部，其后是后土皇地祇部，其后便是与神有关的，如大明之神、北斗之神等，再后便是杂鬼神部。而妖怪部则设在了神异典的最后一部分，在佛教、道教相关内容之后。可见到了清朝，妖怪与鬼神被视为不同之物。杂鬼神部也分为汇考、总论与艺文三部分。但与妖怪部不同，汇考部分主要选择了各个与帝王祭祀相关的内容。在总论部选择了王充《论衡》中的《死伪篇》、《朱子全书》中的《论在人鬼神》和《杂论祭祀鬼神》。而妖怪部的汇考部分则多辑录如《神异经》《抱朴子》《元中记》《幽冥录》《述异记》《酉阳杂俎》等志怪小说以及《白泽图》的内容。在艺文部也多选取如旱魃、遣木精、古冢狐等属于"精怪"范畴之物。可见，到了此时，已然将妖怪与鬼、神区别对待，妖怪已经基本从儒家的天命说中脱离出来，而渗透到了道教、民间信仰的精怪层面。妖怪也由统治阶层的"精英文化"转变成为普通百姓熟悉的"大众文化"。

这一转变，与道教、佛教的发展有着密不可分的联系，也与妖怪的造型化有着密不可分的联系。

（八）唐三藏取经故事对妖怪形象固定化所发挥的作用

众所周知，明朝吴成恩编著的《西游记》是以唐朝玄奘去印度取经的真实事件为原型改编而成。而唐僧取经的故事在《西游记》以前已有诸多版本。诸如宋人（鲁迅认为是元人）编纂的《大唐三藏取经诗话》便讲述了此故事。

到了宋元之际，随着绘画艺术、曲艺艺术的发展，这一故事出现在各类艺术形式中，包括壁画、画册、曲艺表演等。

元代成书的《唐僧取经图册》将这则故事以绘画的形式表现出来，由王振鹏（生卒年不详）主笔。王振鹏是元代著名的画家，元仁宗曾赐号他为"弧云处士"。在《唐僧取经图册》中他将各种妖怪造型化。"孙悟空"的造型身体似人、长着猴子的脸与四肢。"过魔女国"一图中的魔女与普通的人没有太大区别。"东国捉狮子精"中的狮子类似龙的造型。"金顶国长爪大仙斗法"中的长爪大仙也与普通僧人没有太大区别，但手与手指很长。[①] 元朝之时，唐僧取经的故事搬上了戏曲舞台，元曲中有一则《唐三藏西天取经》。在舞台上，各种妖怪也被形象化。

明代朱鼎臣（生卒年不详）编纂的《鼎锲全相唐三藏西游传》中也配有插图。

如今保存在国家博物馆的《西游记图册》是明代作品，图的绘制者已不得所知，该图册共上下两册，"每册二十开，半开图画，半开文字，根据《西游记》一至二十回故事绘制。……图册书写者是陈奕禧。……《西游记图册》根据《李卓吾先生批评西游记》绘制。……书者陈奕禧，生于顺治五年（1648），卒于清康熙四十八年（1709）……善书法，对前代书法家多潜心研究"。[②] 该图册中的妖怪形象其佛教色彩也十分浓重，孙悟空则被描绘成一只毛猴。此外，还有此题材的壁画、各形象的摆件等。

《西游记》的故事融合了佛教、道教、民间信仰等诸多思想，其中出现的妖魔鬼怪不计其数。对这些妖怪，中国古代不仅有文字方面的描述，更有绘画、雕塑、曲艺等多种表现形式。随着这样一种大众文化的发展，这些妖怪形象越来越深入人心，逐渐成为"正统的"妖怪；儒教思想中的"妖怪"逐步被取代。

综上所述，中国的妖怪本是在儒家的天命思想理论框架下诞生，为了约束君主行为而由儒家创造出来的观念。随着谶纬思想的发展，它与灾异论结合在一起，并逐渐与五行、五事思想相结合。那些违背自然规律的反常现象均被称为妖怪，它们具有征兆意义，与君主统治、政权交替紧密

---

① 磯部彰编集『唐僧取経図册』（東アジア善本叢刊，第 1 册）、二玄社、2001 年。
② 中国国家博物馆编《中国国家博物馆馆藏文物研究丛书绘画卷（历史画）》，上海世纪出版股份有限公司、上海古籍出版社出版，2006，第 246～248 页。

结合。

王充的解释，扩大了妖怪的范畴，把本不属于妖怪范畴的"鬼""精"纳入妖怪中，并将天地由阴阳二气生成的观念引入其中，将三种物都解释为由"阳气"构成，从而为三者的结合打下了理论基础。

干宝的解释虽然综合了前代关于妖怪的认识，并基于儒家思想对妖怪进行了定义，但是他把妖怪定义为精气依附的物体，从而为妖怪从"现象、事件"转变为"物"打下了基础。

随着佛教、道教的兴起，佛教与道教中的各种鬼神形象逐渐被普通百姓所熟悉。特别是道家，他们首次把妖怪定义为"山川之精物"，使"妖怪"与"精怪"混淆在一起。道家不仅篡改了妖怪的定义，更篡改了妖怪的内容，把妖怪由现象转变为实体，变为会给人带来危害，但可以通过道法驱除的"物"。

这一认识到了宋元之际得到普及。这与绘画艺术、曲艺艺术的发展有着密不可分的联系。越来越多的妖怪被"造型化"，这些造型化了的妖怪最终取代了妖怪的固有含义，成为大众所熟知的妖怪形象。

可见，中国妖怪观念的演变是儒教、佛教、道教、民间信仰等各种思想文化冲突与融合的结果，它并非一成不变，而是随着时代与思想文化的变迁逐渐演化而来。

二 日本"妖怪"概念之嬗变：与中国思想的冲突与融合

通过上一节我们可以看出，中日"妖怪"的类型基本相同，这些类型的妖怪究竟与我国古代的妖怪有着怎样的异同点？日本"妖怪"概念在形成演变过程中与我国的思想有着怎样的冲突与融合呢？

（一）日本"妖征型"妖怪产生的思想背景

如前所述，"妖征型"妖怪是我国最早的妖怪类型。"妖怪"一词由中国儒家创出，凡属于不符合自然规律、不能理解的反常现象均归为"妖怪"。此种"妖怪"是否被日本所接受？日本的"妖征型"妖怪与我国有着怎样的异同点呢？

在日本，"妖怪"一词最早出现在《本朝文粹》中，但"妖征型"妖怪在《日本书纪》中便有所记录。最早的“妖怪”是卷五崇神天皇卷中的“歌怪”。

> 时有少女，歌之曰：“弥磨纪异利寐胡播揶，饿逎饿乌坞，志齐务苔，农殊末句志罗珥，比卖那素寐殊望。”于是，大彦命异之，问童女曰：“汝言何辞。”对曰：“勿言也、唯歌耳。”乃重咏先歌，忽不见矣。大彦乃还而具以状奏。于是，天皇姑倭迹々日百袭姬命，聪明睿智，能识未然，乃知其歌怪。①

天皇姑倭迹々日百袭姬命通过此歌怪得知此乃武埴安彦谋反的预言之歌，最终天皇派遣将领平定了武埴安彦的叛乱。

此歌怪可以说受到了中国“诗妖”的影响。如前所述，中国在五行五事思想的影响下，出现了“诗妖”说，即诗歌、童谣的妖怪，此妖怪的产生与君主之言语有密切关系，即君主之言语不能令人顺从就会出现诗妖。臣下不听从君主之言，换言之可以理解为以下犯上，即僭越行为的出现。然而究其原因还是由于“君炕阳而暴虐，臣畏刑而柑口，则怨谤之气发于歌谣，故有诗妖”②，其罪责在于君而非臣。《史记》中记载晋惠公之时世上流传一首童谣，预示晋朝灭亡，最终惠公被秦俘获，死去。而其原因便是由于晋惠公的失德。

然而，日本此处的记载却将之与君主的“德”相分离，仅取其政治预示含义，即臣子的叛乱，并以此为借口，派兵一举歼灭了武埴安彦及其叛军。

其实，崇神天皇一统全国的决心在其颁发的诏书中已昭然可见。

> 十年秋七月丙戌朔己酉，昭群卿曰：“导民之本，在于教化也。今既礼神祇，灾害皆耗。然远荒人等，犹不受正朔，是未习王化耳。其选群卿，遣于四方，令知朕宪。”九月丙戌朔甲午，以大彦命遣北陆，武渟川别遣东海，吉备津彦遣西道，丹波道主命遣丹波。因以昭

---

① 伴信友校『日本書紀』卷五、『本朝六国史』、岸田吟香等出版、1883 年、第 2～3 页。
② （东汉）班固：《前汉书》卷二十七中之上，《景印文渊阁四库全书》，台湾商务印书馆，1986，第 23 页。

之曰："若有不受教者、乃举兵伐之。"①

可见，此时崇神天皇已然下令对边远地区严加管制，并可随时派兵讨伐不顺从之民。"歌怪"就出现在崇神天皇颁诏之后，可以说这不过是给讨伐武埴安彦安上一个合理的名义而已。

崇神天皇不仅对中国的"诗妖"在利用时有所取舍，为了确保自己的皇位，对于中国的天命思想也进行了篡改。崇神天皇即位之后，疫病流行不绝。在中国出现这样的"天灾地妖"之时，则会归咎于君主之失德，臣下会进谏君主反省自己的德行。而崇神天皇业已因为这样的"妖灾"反省自己的政治。他颁诏曰："昔我皇祖，大启鸿基。其后，圣业逾高，王风转盛。不意今当朕世数有灾害，恐朝无善政。"② 可见，他把灾害的原因归为朝廷没有实施善政，然而他没有把灾害实施者归为"天"，而是将其归为"神祇"，认为是"取咎于神祇"所致。通过占卜得知这些灾难为大国主神所致，"以大田根子命为祭大物主大神之主，亦以市矶长尾市为祭倭大国魂神主，必天下太平矣。"③ 最终通过对大国主神的祭祀，平息了灾祸。由此可见，此处虽有中国天命思想的影响，也融合了日本本土的神祇观念，将中国的灾异说进行了日本式的改造。

关于天命思想在日本的接受，不少先行研究都有过分析，诸如关晃就曾指出天命思想被日本本土的基于神统思想的天皇观所取代，在律令制完成之时，已经被有意识地排除出去。同时，关晃指出，在天武系皇统的奈良时代被否定的天命思想，在天智系天皇光仁天皇即位之时又再次被启用。其依据有三：首先，天智天皇的和风谥号是"天命别开天皇"。其次，孝德天皇即位前纪大化元年六月乙卯条"皇天假手于我，诛殄暴虐"。最后，天智天皇纪七年七月条"天皇，天命将及乎"。④

然而小林茂之则认为关晃的证据都在假设的基础上，并不具有说服力。小林指出天皇制创出期时，"即位"所依据的思想虽然史料中的"天"

① 伴信友校『日本書紀』卷五、『本朝六国史』、岸田吟香等出版、1883 年、第 2 頁。
② 伴信友校『日本書紀』卷五、『本朝六国史』、岸田吟香等出版、1883 年、第 1 頁。
③ 伴信友校『日本書紀』卷五、『本朝六国史』、岸田吟香等出版、1883 年、第 2 頁。
④ 详细请参照 関晃「律令国家と天命思想」、『日本文化研究所研究報告』通号 13、1977 - 03 - 31、第 1~18 頁。

包含了儒教、佛教、道教等的表达与内容，然而仍然是以"神祇"为第一，佛教也没有成为国家第一的宗教。[1]

如小林指出的那样，日本的天皇在即位之时所依据的理论比起中国的天命思想，更多是以神祇为依据，然而，天命思想以及在其影响下产生的"妖怪"思想，确实传入了日本，并被日本的统治者依据自己的需要进行了修改与利用。

关晃指出孝德天皇卷中有如下记载："告天神地祇曰'天覆地载。帝道唯一。而末代浇薄，君臣失序。皇天假手于我、诛殄暴逆。今共沥心血。而自今以后，君无二政，臣无二朝。若二此盟，天灾地妖，鬼诛人伐。皎如日月也'。"[2] 这里强调君之权威，要求"君无二政"，也要求臣不能"二朝"，若有人违背此誓约，再出现君臣失序的情况，作为惩罚则会出现"天灾地妖"的妖怪现象。中国"妖怪"就有预示君主失德或君臣失序的作用，可见这一思想已经传入日本，并被日本天皇所利用。

《日本书纪》天武天皇卷中也有关于妖怪现象的记载，"将及横河有黑云，广十余丈经天。时，天皇异之，则举烛亲秉式占曰'天下两分之祥也。然朕遂得天下欤'。[3]"天武天皇看到长数十丈的黑云从天上经过这一怪异现象，经过占卜，认为这是天下将一分为二的征兆。此时正值天武天皇即当时的大海人皇子与大友皇子为争夺皇位而发生内乱之时，即"壬申之乱"之际。大海人皇子通过对这一"妖怪"现象进行占卜，认为这是战乱的征兆，并且最终自己会取胜。

然而，天武天皇之际也并非把所有的"妖怪"现象都与政治关联在一起。诸如"雌鸡化雄"这一"妖怪"现象，在中国《搜神记》中记载是王朝倾覆的象征，是凶兆。而天武天皇这一卷中虽有"雌鸡化雄"的记载，却并未对其有过多评价。

　　夏四月戊戌朔辛丑，祭龙田风神·广濑大忌神。倭国添下郡鳄积吉

---

①　小林茂之「藤原京の造営思想と天皇制」、『史学』第七七卷第二·三号、第186页。

②　伴信友校『日本書紀』卷二十五、『本朝六国史』、岸田吟香等出版、1883年、第2页。

③　伴信友校『日本書紀』卷二十五、『本朝六国史』、岸田吟香等出版、1883年、第2页。

事，贡瑞鸡。其冠似海石榴华。是日，倭国饱波郡言雌鸡化雄。①

这里虽然记录了雌鸡化雄这一"妖怪"现象，却没有对其进行任何评价。同样的记录在"贞观十一年十一月十三日"条中也有"镇魂祭如常。隐岐国言雌鸡化为雄"②。同样记录了雌鸡化雄事件，但未对其进行任何评价。

松本卓哉曾经对日本律令国家的灾异思想进行过分析，他以《六国史》为考察对象，对其中记录的灾异的起因以及应对方法进行了总结，共分为6种③。考察《六国史》中有关"妖怪"的记载，与之有诸多重合之处，这是因为"妖怪"思想本起源于"天命思想"与"灾异思想"。不过松本的考察仅局限于《六国史》，并以灾异诏敕为主要考察对象，分析了日本的灾害观以及对政治批判起到的作用。

本书将在其基础之上，以江户以前的文献资料为依据，对日本的"妖征型"妖怪进行分析整理，分析日本对于"妖征型"妖怪的认识，以及应对方法，并与中国进行比较。

日本对"妖征型"妖怪的认定虽然受中国影响，却并未全盘接受。诸如前述的"雌鸡化雄"这一妖怪现象，日本就并未将其认定为"妖怪"。日本的此种妖怪多为自然灾害型，常使用"灾异""天灾地妖""妖征""妖祥""咎征"等词，这与我国古代的记述相类似。

诸如延历元年出现的自然灾害在《续日本纪》中就记载为："顷者灾异荐臻，妖征并见。"④ 延历十五年时出现的干旱现象，也称之为"妖"。"其名曰神灵池，水旱经年，未尝增减，而今无故涸减二十余丈……消妖拯民。"⑤

此外，还常常使用"怪""怪异"等词来指代此种妖怪。天长二年，神

---

① 伴信友校『日本書紀』卷二十五、『本朝六国史』、岸田吟香等出版、1883 年、第 4 页。
② 経済雑誌社編『国史大系第 4 卷 日本三代実録』、経済雑誌社、1897 年、第 294 页。
③ 黛弘道編、松本卓哉『律令国家における災異思想——その政治批判の要素の分析』、『古代王権と祭儀』、吉川弘文館、1990 年、第 145～164 页。
④ 経済雑誌社編『国史大系．第 2 卷 続日本紀』卷三十七、経済雑誌社、1897 年、第 680 页。
⑤ 経済雑誌社編『国史大系第 3 卷 日本後紀』卷五、経済雑誌社、1897 年、第 2 页。

灵池再度出现干涸现象，而此时的记载将延历年间的"妖"称为了"怪"。

> 诸国往往疫疠不止。又大宰府言上，在肥后国阿苏郡神灵池遭旱涝不增减，而无故涸渴二十余丈者。去延历年中有此恠。[①]

承和三年出现的"云竟天，其端涯在艮坤两角，经二克程。稍以销灭"[②] 被称为"怪异"。

承和四年出现了"玉造塞温泉石神，雷响振动，昼夜不止。温泉流河，其色如浆，加以山烧谷塞，石崩折木，更作新沼，沸声如雷"[③] 被称之为"如此奇怪不可胜计"[④]。

天安元年出现的"藻壁门自然颓落"的现象也被称为"怪异"。"时人以为怪异也。"[⑤] 同年出现的"持行漏刻鼓又自鸣三度"[⑥] 被称为"怪"。

由此可见，在日本古代将自然灾害等对人有危害的"妖怪"称为"妖""妖灾""妖祥"等，而将那些反常的怪异现象称为"怪""怪异"，并且不对它的预示、征兆做任何评价或记录。

同时，自承和三年起，日本出现了"物恠"一词，"缘内里有物也"[⑦]，但对于什么是"物恠"并无详细描述。承和年间，有关"物恠"的记录颇多，且同时存在"怪异"与"物恠"的记载。承和年间的 14 年中有 10 次关于"物恠"的记载，自承和三年起出现"物恠"后几乎每年都有"物恠"的记载。那么，日本如何认识"妖征型"妖怪的征兆功能呢？

在上一节中分析了中国的"妖征型"妖怪，可以看出此种妖怪都有一定的征兆作用，并与政权相关联，出现此种妖怪时，君主要反思自己的政治与德行，实施善政，则能化灾为祥，否则会出现灭国或被篡权的可能。

此种"妖怪"与"天谴说"相关联的思想也传入了日本，日本的不少

---

① 佐伯有義編『増補六国史巻 6 日本後紀』、朝日新聞社、1940～1941 年、第 192 頁。
② 経済雑誌社編『国史大系第 3 巻 続日本後紀』、経済雑誌社、1897 年、第 228 頁。
③ 経済雑誌社編『国史大系第 3 巻 続日本後紀』、経済雑誌社、1897 年、第 234～235 頁。
④ 経済雑誌社編『国史大系第 3 巻 続日本後紀』、経済雑誌社、1897 年、第 234～235 頁。
⑤ 経済雑誌社編『国史大系第 3 巻 日本文徳天皇実録』、経済雑誌社、1897 年、第 557 頁。
⑥ 経済雑誌社編『国史大系第 3 巻 日本文徳天皇実録』、経済雑誌社、1897 年、第 561 頁。
⑦ 佐伯有義編『増補六国史巻 7 続日本後紀』、朝日新聞社、1940—1941 年、第 94 頁。

记录可以反映出发生"天灾地妖"之时，天皇会将其与自己的"德"联系在一起，对自己的"德行"进行反思。松本卓哉通过对"灾异"思想的考查也指出了这一点。

那么，"妖怪"出现之时，天皇是如何进行反思，并采取了哪些手段呢？

首先，天皇反省自己的德行将其归罪为自己的记录出现在养老五年二月条中：

> 诏曰：世谚云："岁在申年，常有事故，此如所言。去庚申年，咎征屡见，水旱并臻，平民流没，秋稼不登，国家骚然，万姓苦劳，遂则朝庭仪表，藤原大臣奄焉薨逝，朕心哀恻。今亦去年灾异之余，延及今岁。亦犹风云气色，有违于常。朕心恐惧，日夜不休。然闻之旧典，王者政令不便事，天地谴责以示咎征。或有不善，则致之异乎，今汝臣等位高任大，岂得不罄忠情乎？故有政令不便事，悉陈无讳，直言尽意，无有所隐，朕将亲览。于是，公卿等奉敕诏退，各仰属司令言意见。①

针对发生的自然灾害，天皇认为这是"天地谴责"，因此反省自己的德行，并要求大臣对自己政令不足之处如实上奏，陈述自己的意见。但是，正如松本卓哉指出的那样，"由于对于直谏的内容几乎没有记录，因此它是否起到了政治批判的作用不得而知"。②

然而，天皇对于民间的巫觋等有关祸福之说的言论却管制得十分严格。天平元年圣武天皇之际，便下诏书严格惩戒学习异端、宣扬佛法之徒，常常处以斩首或发配之刑，足见其对于此种言论之警戒。

> 敕：内外文武百官及天下百姓，有学习异端、蓄积幻术、压魅咒诅、害伤百物者，首斩、从流。如有停住山林、详道佛法、自作教化、传习授业、封印书符、合药造毒、万方作怪、违犯敕禁者，罪亦如此。其妖讹书者，敕出以后五十日内首讫。若有限内不首，后被纠

① 経済雑誌社編『国史大系第 2 巻　続日本紀』巻八、経済雑誌社、1897 年、第 129 頁。
② 黛弘道編、松本卓哉『律令国家における災異思想——その政治批判の要素の分析』、『古王権と祭儀』、吉川弘文館、1990 年、第 153 頁。

告者，不问首从，皆咸配流。其纠告人赏绢卅疋，便征罪家。①

可见，当时的朝廷对于巫蛊厌魅诅咒之术的管制相当严苛，甚至对于佛教的传播也严格禁止。但是，即使颁发了这样的诏书，在天平二年还是出现了聚众妄说祸福之人，圣武天皇再次颁诏指出这是违反宪法的行为，要求官员对其严惩。

> 庚辰，诏曰：京及诸国多有盗贼。或捉人家劫掠，或在海中侵夺，蠹害百姓，莫甚于此。宜令所在官司严加捉搦，必使擒获。又安艺·周防国人等妄说祸福，多集人众，妖祠死魂，云有所祈。又近京左侧山原，聚集多人，妖言惑众。多则万人，少乃数千。如此之徒，深违宪法。若更因循，为害滋甚。自今以后，勿使更然。②

可见，当时朝廷虽然颁布了诏书，可巫蛊之风甚重，特别在安艺（现在的广岛）、周防（现在的山口县）等较偏远的地区此种风气更甚。此宪法在50年后光仁天皇之际仍在实施，光仁天皇对于此种行为亦严厉制止，特别是对于大臣有此行为者，五位以上直接上奏给天皇，六位以下由所司来审理判决。宝龟十一年，光仁天皇颁诏如下：

> 甲辰，越前国丹生郡大虫神，越中国射水郡二上神，砺波郡高濑神并叙从五位下，敕左右京，如闻。比来无知百姓，媾合巫觋，妄崇淫祀，蒭狗之设，符书之类，百方作怪。填溢街路，讬事求福，还涉厌魅，非唯不畏朝宪，诚亦长养妖妄。自今以后，宜严禁断。如有违犯者，五位以上录名奏闻，六位以下所司科决。但有患祷祀者，非在京内者，许之。③

虽然，天皇一再颁布诏书禁止各种巫蛊、符书、做法的行为，但仍然

---

① 経済雑誌社編『国史大系第2巻 続日本紀』巻十、経済雑誌社、1897年、第170頁。
② 経済雑誌社編『国史大系第2巻 続日本紀』巻十、経済雑誌社、1897年、第180～181頁。
③ 経済雑誌社編『国史大系第2巻 続日本紀』巻三十六、経済雑誌社、1897年、第649～650頁。

屡禁不止。不仅在百姓中流行，在官员之中也甚为流行，因此，天皇颁布了对官员的法令，五位以上的官员如有涉及此违法行为直接上奏天皇，六位以下的则由其上司直接处置。同时，可以看出对于道术也有所放宽，因为生病而行的祈祷仪式只要不在京城之内是被允许的。

巫蛊之术在日本的流行可以看出民间道教很早便传入了日本。这一诏书一方面显示出朝廷对于民间道教的戒备，另一方面也可以看出巫蛊等民间道教之术在日本的流行程度。此法令到了平安时代的平城天皇、嵯峨天皇之际仍然严格执行。大同二年嵯峨天皇下诏严格禁止巫觋之事：

> 敕。巫觋之徒，好说祸福；庸愚之辈，深信妖言，淫祀斯繁。自今以后，一切禁断。[1]

五年之后，嵯峨天皇再次颁布诏书，严厉打击有关祸福之说。弘仁三年（812）九月天皇颁诏：

> 敕：恠异之事，圣人不语。妖言之罪，法制非轻。而诸国信民狂言，言上寔繁，或言及国家，或妄陈祸福，败法乱纪，莫甚于斯。自今以后，有百姓辄称讬宣者，不论男女，随事科决。但有神宣灼然，其验尤著者，国司检察，定实言上。[2]

可见，嵯峨天皇之际，百姓有关祥瑞灾异等的言论被严格控制，并指出当时百姓的言论已然涉及国家的政治，属于严重的违法乱纪行为，一旦发现严惩不贷。不过，国司可以负责观测祸福之征兆，并加以检查验定之后，上奏于天皇。

可见，虽然日本吸收了中国"天命思想"下产生的"妖怪"思想，并把妖怪的出现与天皇的"德"相联系，却严格控制大臣，特别是百姓的此种言论，把禁止妄说祸福写入宪法，一旦发现严惩不贷，以此来确保天皇的统治地位。直到室町时期，仍有将"妖灾"与君主失德联系起来的记录。

---

[1] 佐伯有義編『増補六国史卷6日本後紀』、朝日新聞社、1940～1941年、第78頁。
[2] 佐伯有義編『増補六国史卷5日本後紀』、朝日新聞社、1940～1941年、第188頁。

负责观察天象、进行占卜的日本阴阳师吸收了中国的阴阳五行、五事等思想，对宫廷之人以及百姓的言行产生过极大影响。作为阴阳道的基本资料之一《历林问答集》中记录了妖怪与君主德行之间的关联。该书由贺茂正方于1414年编纂，将贺茂家有关历数的秘说以问答的形式记录下来。其中有关于星辰运行与政治预兆的记录：

> 丑又有五星，则五行之精也，为上帝五使，禀受神命，而各司下土，故配于五方，异于政，或有福德助，或祸罚威刑，顺轨而常，错乱以显异，……其于五常仁也，……以进退顺逆，定天下之理也，岁星其明如常，则五谷滋盛，国家安宁，民间有福庆，……荧惑星，火之精，……于五常礼也，于人主心，又主岁之成败，察妖孽祸乱，所行有兵乱疫丧饥旱灾火也，但其君修德，则不为咎而加福，出入无常，故名荧惑也，填星，土之精，……其于五常信也，于人主脾，填星顺度，则国宁民富，五谷丰熟也，若填星失度，则岁多风，杀无实，太白星，金之精，……其于五常义也，于人主肺，太白乱行，不居其度，兵数起，不熟而恶，太白出入顺度，则天下昌丰也，……凡辰星司灾变杀伐，……此五星在天者，主木火土金水之五行，在地者主五方五岳，居人者主五藏五根，于五常主仁义礼智信，于五事貌也，视也，言也，听也，思也，此五者不阙，行之者终久，保之者德显，故动于天地令感鬼神，天文要抄云，五星盈缩失度，则其精降于地为人，岁星降为贵臣，荧惑降为童儿，歌谣嬉戏，填星降为老人老妇女，太白降为壮夫，处于林麓，辰星降为妇人，凡诸星皆如此，……日月五星谓之七曜，众星并光谓之辰，各晨昏正，寒暑生，岁时成也，六合之间，无不照明，皆知天下之损益，定人伦之祸福耳。[1]

由此可见，室町时期，中国的天命思想，特别是阴阳五行、五事、五常思想被日本所接受，并以此对君主及百姓的言行加以规制。

日本在最初引入中国"妖怪"思想之际，虽然将"天灾地妖"等自然

---

[1] 賀茂在方『暦林問答集』、釈七耀吉凶第六十。

灾害的出现与君主失德相联系，但是，对于一些犹如"雌鸡化雄"等反常现象却仅仅加以记录，而不用"天命思想"对其预示含义加以解释。

此外，如松本卓哉指出的那样，天皇一方面承认灾异与自己的失德有关；另一方面却又将降灾的主体由"天"转换为"神祇"，将灾异出现的原因归为神祇作祟。松本指出此种转换出现在桓武天皇之际，然而，从妖怪记录来看，在崇神天皇（前97～前30）之际已然出现了此种转换。当然，此记录有可能是《日本书纪》的编纂者进行的阐释，《古事记》中同样记录了崇神天皇时疫病流行，却并未以"天命思想"对此加以解释。可见，《日本书纪》的编纂者在辑录此事件时利用了中国的天命思想，然而，其并非全盘采纳中国的思想：一方面陈述天皇对于这样灾害的出现反思自己的行为；另一方面通过梦得知降灾的主体乃"大国主神"，并通过祭拜大国主神化解了灾难。

桓武天皇之际再次出现了把"妖怪"的起因归结为"神祇"作祟的记载。延历元年出现了一系列"灾异、妖征"，七月天皇已颁布诏书，表明自己的不德，并实施了一系列善政，如减免罪犯的罪行，抚恤老幼病残等，然而这些妖灾并未消除。同月，右大臣以下与参议以上的群臣上奏天皇称此妖怪经过神祇官与阴阳寮的共同占卜，发现乃伊势大神及诸神社作祟的结果：

> 右大臣以下，参议以上，共奏称："顷者灾异荐臻，妖征并见。"仍命龟筮，占求其由。神祇官阴阳寮并言："虽国家恒祀依例奠币，而天下缟素，吉凶混杂，因兹，伊势大神及诸神社皆为祟。如不除凶就吉，恐致圣体不予歁。而陛下因心至性，尚终孝期。今乃医药在御，延引旬日，神道难谌。抑有由焉。伏乞，忍曾闵之小孝。以社稷为重任。仍除凶服以充神祇。"诏报曰："朕以霜露未变，荼毒如昨，方遂谅暗，以申罔极。而群卿再三执奏，以宗庙社稷为喻，事不获已，一依来奏。其诸国释服者，侍秡使到，秡洁国内，然后乃释。不得饮酒作乐。并著杂彩。"①

---

① 経済雑誌社編『国史大系第2巻 続日本紀』巻三十七、経済雑誌社、1897年、第680頁。

此时，桓武天皇正在服丧之际，此月天皇已就日本灾异现象下了罪己诏书，反省自己的德行，然而妖怪现象并未得到遏制。于是，同月大臣们一起上书天皇，请求其停止守孝行为，并认为这些妖征出现的原因在于"吉凶混杂"，即由于祭祀神祇的吉事与天皇为先皇守孝的凶事共同进行而导致，如此下去会对天皇身体有害，请求天皇以社稷为重，"除凶服以充神祇"。通过天皇的回复可以看出，天皇对此说十分不满，并且大臣们曾不止一次上奏，并以国家社稷来干预天皇的行为。可见，日本也曾利用"妖征型"妖怪来约束天皇的行为。"妖征型"妖怪的占卜由神祇官或阴阳寮进行，不过，日本的大臣依据占卜对天皇的行为虽然有所劝诫，却并未与其执政相关联，并把妖怪的主体由"天地"转化为"神祇"。此后，既有将妖怪的主体认定为"天"的记载，也有将其认定为"神祇作祟"的记录。

那么，"妖怪"发生之时的应对办法有哪些呢？如前所述，崇神天皇之际，首先对自己的德行进行反省，此后，通过祭祀神祇达到祛除妖灾的效果。

光仁天皇之际，首次记载了以"大祓"驱除"妖怪"。宝龟八年（777年）三月辛未："大祓。为宫中频有妖怪也。"[1] 此处并未详细描述"妖怪"，仅记录了通过举行大祓仪式驱除妖怪。此后，大祓成为驱除妖怪必不可少的仪式。贞观四年（862年）十一月出现了"鼠啮内印盘褥"的妖怪事，"神祇官卜云："触秽之人供神事，乃成祟。由是大祓于建礼门成，以攘妖祥焉"[2]。

"大祓"在《国史大辞典》中这样记录："为了除去百官以下万民的罪秽，使之清洁而举行的神道仪礼。每年六月、十二月晦日举行。"[3] 也有临时举行的仪式，宝龟八年举行的大祓就是临时仪式。

除举行大祓仪式外，天皇也会反思自己的德行，实施善政。贞观十一年（869年）十月十三日丁酉清和天皇下诏称：

---

① 経済雑誌社編『国史大系第 2 巻　続日本紀』巻三十四、経済雑誌社、1897 年、第 603頁。

② 経済雑誌社編『国史大系第 4 巻　日本三代実録』、経済雑誌社、1897 年、第 113 頁。

③ 国史大辞典編纂委員会『国史大辞典』第二巻、吉川弘文館、1987 年、第 680 頁。

诏曰：羲农异代，未隔于忧劳。尧舜殊时，犹均于爱育。岂唯地震周日，姬文于是责躬。旱流殷年，汤帝以之罪己。朕以寡昧，钦若鸿图，修德以奉灵心，莅政而从民望。思使土之内，同保福于遂生。编户之间，共销于非命。而惠化罔孚，至诚不感，上玄降谴，厚载亏方。如闻，陆奥国境，地震尤甚，或海水暴溢而为患，或城宇颓压而致殒。百姓何辜，罹斯祸毒。忧然愧惧，责深在予。今遣使者，就布恩煦，使与国司，不论民夷，勤自临抚。既死者尽加收殡，其存者详崇赈恤，其被害太甚者勿输租调。鳏寡孤，穷不能自立者，在所斟量。厚宜支济，务尽矜恤之旨。俾若朕亲规焉。[1]

清和天皇以中国的伏羲、尧舜、周文王等明君为例，称自己也和这些明君一样时常修德反省，希望能顺从民意，然而还未感动上天，上天降谴，日本出现了一系列如地震、海啸、房屋倒塌等灾害。天皇把这些灾害出现的原因归结为自己的失德，于是，派人赈灾抚恤，并颁布罪己诏书于天下。

除了举行"大祓"仪式、天皇颁诏反省自己的德行并实施善政之外，也有动用佛教手段，命令寺院读经来驱除妖怪的记录。如延历十五年（796 年）七月的天皇诏书就有此记载。

诏曰：朕以眇身，忝承司牧，日旰忘食，悯一物之向隅，昧爽求衣。惧五行之紊序，比来，大宰府言，肥后国阿苏郡山上有沼，其名曰："神灵池"。水旱经年，未尝增减。而今无故涸减二十余丈，考之卜筮，事主旱疫。民之无辜，恐蒙其殃，方欲修德施惠消妖拯民。其天下鳏寡茕独不能自存者，量加赈给。兼令每寺三日斋戒读经悔过，庶恫隐之感，格于上天，灵应之征，被于率土焉。[2]

此处，天皇指出欲通过修德、施惠来消除妖灾，并对鳏寡茕独者实施救济。在此基础之上，还要求寺院僧人斋戒、读经悔过，希望以此使得上天得到感应，消除灾害。

---

① 経済雑誌社編『国史大系第 4 巻　日本三代実録』、経済雑誌社、1897 年、第 293 頁。
② 経済雑誌社編『国史大系第 3 巻　日本後紀』、経済雑誌社、1897 年、第 2 頁。

此政策在天长二年（825 年）、五年（828 年）的记录中也可见。天长二年淳和天皇之际发生了严重的疫情。淳和天皇颁布诏书，称此妖灾与政术有关，并引用了中国的周公与宋景帝之例，指出"德必胜妖"，同时指出"欲攘兹殃，唯资法力"，要求"每寺斋戒以修仁祠"，同时对于"鳏寡孤独，不能自存者，量加赈赡。其卧病之徒，无人救养，多致死亡。凡国郡司，为民父母，弃而不顾，岂称子育。宜一一到门、给谷与药，令得存济，又免除去弘仁十三四两个年调庸未进"。[1]

天长五年出现的妖灾，淳和天皇颁诏依然将其与自己的失德联系在一起，采取的措施同样是施仁政。可见，在妖灾发生之时，天皇多反省自己的德行，并通过实施仁政来消除灾异，同时，采取佛教消灾的方法，通过诵读经书，与仁政并施，共同消灾。

这里并未明确指出所诵经书的名称，而对于延历十六年（797 年）出现的怪异，则明确指出要诵读《金刚般若经》，并且并非由寺庙僧人诵读，而是在禁中与东宫转读。"甲辰，于禁中并东宫，转读金刚般若经，以有恠异也。"[2]

承和年间出现的"妖怪"是通过书写、诵读《大般若经》或《仁王经》等经书来消除，这恐怕与寺庙僧人试图借此扩大佛教势力、参与政权统治有关。

承和四年（837 年），寺庙僧人上奏天皇请求通过诵经来攘火致祥：

> 僧纲奏言："出家入道，为保护国家。设寺供僧，为灭祸致福。顷者天地灾异，处处间奏。今须每月三旬、三日间，轮转诸寺，昼读大般若经，夜赞药师宝号，以此奉答国恩。"敕报曰：佛旨冲奥，大悲为先，攘灾致祥，谅在妙典。今省来奏，自叶心期，宜令梵释。崇福、东西两寺，东大寺、兴福、新药、元兴、大安、药师、西大寺、招提、本元兴、弘福、法隆、四天王、延历、神护、圣神、常住等廿个寺，每旬轮转。[3]

---

① 佐伯有義編『增補六国史卷 6 日本後紀』、朝日新聞社、1940～1941 年、第 192 頁。
② 佐伯有義編『增補六国史卷 6 日本後紀』、朝日新聞社、1940～1941 年、第 32 頁。
③ 佐伯有義編『增補六国史卷 6 日本後紀』、朝日新聞社、1940～1941 年、第 235 頁。

这里指出，出家入道是为了保护国家，而寺庙与僧人的职责则在于除灾得福。对于当时出现的灾异情况，僧纲奏请天皇，允许僧人通过读《大般若经》以及颂赞药师宝号来消除，并由二十个主要寺庙轮流进行。此后，承德年间出现"妖怪"之时多采取佛教诵经的手段。如承和五年（838年）十一月出现妖祥，天皇下诏令京畿七道书写供养《般若心经》①。承和七年（840年）出现的"妖怪"通过讲《任王经》来消除。"辛亥，设百高座于宫中，令讲仁王经，为攘中外妖祥也。"②

到了平安中期，圆融天皇之际，首次出现了因为"妖怪"而改元的事例（974年）。在圆融天皇之前，已经有因为灾害而改元的记录，最早出现在昌泰四年（901年）醍醐天皇在位之际，这一年由于是辛酉年，依照中国的《易经》，这一年是容易出现革命的一年，同时，还有天变等现象的出现，因此改元。此后，醍醐天皇在923年再次因为水灾、疾病等而改元，开辟了日本因为灾害而改元的先例。在此之前的改元，多因为祥瑞而改元。

圆融天皇之际曾四次改元，均是因为自然灾害。天禄年间的改元是第一次因为灾害进行的改元。此次改元诏书中，天皇将这些自然灾害称为"妖恠"，认为出现妖怪是天的惩戒，与自己的"德薄"有关。因此，施仁政，对有罪之人减轻处罚，对老人与僧尼进行救济。其诏书在《本朝文粹》中有所记录，原文如下：

> 庆保胤诏：唐尧之驭民也，敬虽授时而未号，汉武之抚俗也，初以建元而为名，自尔以来，或遇休祥以开元，或依灾变以革历，朕以庸虚，猥守神器，慎日是几多日，计年唯十五年，天之未忘，屡呈妖恠而相诚，德之是薄，虽致兢惕而不消。去年泰稷之遇炎旱矣，民户殆无天，宫室之为灰烬焉，皇居唯有地欲修，又作百姓之费，将废素非一人之居，恻隐于怀，寐寐难忍，方今上玄之谴便如是，中丹之谢欲奈何，宜下改正朔以易率土之听，施德政以解中圜扉之冤上，其改天元六年为永观元年，大赦天下，今日昧爽已前，大辟已下罪无轻

①　详见经济雑誌社編『国史大系第3巻 続日本後紀』、経済雑誌社、1897年、第248页。
②　佐伯有義編『増補六国史巻6日本後紀』、朝日新聞社、1940～1941年、第277～278页。

重，已发觉，未发觉，已结正，未结正，咸皆赦除之，又一度窃盗，计赃三端已下，同始赦免，但犯八虐，故杀，谋杀，私铸钱，强窃盗，常赦不免者，不在赦限，又老人及僧尼百岁以上，给二谷四斛，九十以上三斛，八十以上二斛，七十已上斛，庶几攘余殃于未萌，期弊俗于有截，布告遐迩，令知朕意，主者施行。

永观元年四月十五日①

由此可见，圆融天皇将旱灾与宫室的火灾称为"妖恠"，并认为这是天、上玄对他的告诫，与他的失德有关，因此希望通过改元兼施德政来消除灾害。

关晃曾指出在律令体制完成之际，天命思想就已经被排除在外了，通过松本卓哉对六国史的整理可以看出，直到平安前期，天命思想依然被日本所接受，当然，它是否构成对天皇政治的批判另当别论。刘晓峰也指出："对天命思想加以完全的排除至少应当是延历以后的事情。"②

通过上述事例不难看出，直到185年之后的永观年间，依然有天皇采用中国天命思想下的"妖怪"观，将灾异与自己的德行联系在一起的事例。而这一"妖怪"思想随着末法思想的发展与浇季思想的出现又有了新变化。

"末法思想"是佛教中的一种思想，据中国史书记载："然佛所说，我灭度后，正法五百年，像法一千年，末法三千年，其义如此。"③ 末法思想在中国的隋唐时期最为流行，平安时期传入日本，最澄的思想中已可见末法思想。1052年前后被认为是日本的末法元年。

随着末法思想的出现，中国也出现了"浇季"思想。"浇季"何时出现并未有先行研究考察过，据笔者调查，应该与末法思想出现的时代大致相同，均诞生于中国的南北朝时期。中国的末法思想最早见于中国天台宗之祖慧思（515~577）撰写的《立誓愿文》中。而"渐浇"一词较早的

---

① 柿村重松註『本朝文粋註釈．上冊』卷第二、内外出版、1922年、第135頁。
② 刘晓峰：《日本冬至考——兼论中国古代天命思想对日本的影响》，《清华大学学报》2007年第3期，第109页。
③ （元）马端临：《文献通考》卷二百二十六，《景印文渊阁四库全书》，台湾商务印书馆，1986，第3页。

记录也出现在梁皇侃疏（488～545）的《论语集解义疏》中，"哀公问于有若曰，年饥，用不足，如之何"，皇侃对此注疏曰："夏民犹淳，少于欺诈，故云贡也。殷人渐浇，不复所可信。"①

所谓"渐浇""浇季"，指道德风俗没落、浮薄的末世、末代。唐朝欧阳询编纂的《艺文类聚》中记述梁朝任昉上书梁公，请求修改律令，认为当时已然"运距浇季"。

> 梁任昉为梁公请刊改律令表曰：臣闻淳源既远，天讨是因，画衣象服，以致刑厝，草缨艾韠，民不能犯，及淳德下衰，运距浇季，汤刑禹政，不足禁奸，九法三章，无以息讼，所以赭衣塞路，圄犴成市，凝脂已疏，秋荼非苦，奸吏为市。②

由此可见，浇季思想与末世思想大约产生于同一时代，即中国的南北朝时期。两种思想均认为世风日下与末世、末代有关。这两种思想均传入了日本，平安时代日本天台宗的始祖最澄接受了末法思想。同时，浇季思想在平安时期的不少文书中亦有记载。

在此二种思想的影响下，日本平安中期对"妖怪"起因的解释也有了新变化。即逐渐把"妖怪"的出现与君主的"德"相剥离，而以"浇季"思想来阐释"妖怪"的起因。

藤原行成（972～1027）撰写的《权记》之中记载一条天皇之时，疫病流行，灾异不断，并列举了崇神天皇朝时的例子，指出这些"天灾地妖"的出现并非天皇的无德，而是世逢末法、浇季之世，因此会出现大量灾异。

> 近日疫疠渐以延蔓，此灾年来连连无绝。昔崇神天皇御宇七年，有疫，天下之人大半亡没。于时天皇知其祟。忽以解谢，治驭天下百余年也。而今，世路之人皆云，代及像末。灾是理运也。予思不然。闻最胜说，自以相叶。后汉末岁，灾异重叠。后代之史、当时之谣、

---

① 王云五编纂、何晏注、皇侃疏《论语集解义疏》，商务印书馆，1937，第167页。
② （唐）欧阳询：《艺文类聚》卷五十四，《景印文渊阁四库全书》，台湾商务印书馆，1986，第16页。

以为赏不当其功、罚不当其罪。又如王法论，不治罚恶人，不亲近善人，祸胎灾孽，何处转之哉。彼济阴彩凤，巴郡黄龙，皆出讹言，多为妖孽。今年之夏，招俊堂灾，其后不几应天门坏。皆是怪异之极。有识者定应有所见。主上宽仁之君，天历以后好文贤皇也。万机余闲，只廻叡虑，所期澄清也。所庶几者，汉文帝唐太宗之旧迹也。今当斯时，灾异蜂起。愚暗之人不知理运之灾，尧水·汤旱难免。忽迷白日苍天虽诉无答者也。[①]

此处，将妖孽出现的原因归结为"像末"之世，指出灾乃"理运"，并认为一条天皇是"天历以后的好文贤皇"，因此，"妖灾"的产生并非天皇无德，而是"理运"之灾。"理运"在《本朝世纪》中记载："世及浇季，德是菲薄所致，如此事出……纵理运乃灾厄，纵可致不祥。"[②] 即理运即灾厄，世界到了浇季之世导致理运的出现，导致"不祥"事件的出现。日本摄关院政时期，此种末法思想与浇季思想支配着贵族的灾异观，这一点森新之介有过详细论述。[③]

通过比较"妖征型"妖怪，我们可以看出中日两国的相同点：首先，都有将自然灾害称为"妖怪"的记录；其次，都有将"妖怪"的起因与君主的德行联系起来的记录。由此可见日本对中国天命思想的接受。同时，中日的"妖征型"妖怪又有一些不同点。首先，日本的"妖征型"妖怪涵盖的范围要比中国小得多，中国不仅将某些自然灾害称为"妖怪"，更把一些违反自然规律的事件，诸如"雌鸡化雄""蛇斗""马生角"等民间出现的各种怪异现象称为妖怪，均赋予它们政治上的象征意义。与此相比，日本的"妖征型"妖怪则少得多，并且天皇严格控制大臣以及百姓对于祸福征兆的评论，特别是与政治相关的评论，将其写入法律之中，一旦发现重者会处以极刑。其次，日本虽然把"妖怪"与"天谴"联系在一起，却不涉及其在政治上的征兆意义，多以天皇下罪己诏的形式对自己的

①　笹川種郎編 ［他］『史料大成続編第 35』、内外書籍、1939 年、第 132 頁。
②　経済雑誌社編『国史大系第 8 巻本朝世紀』、経済雑誌社、1898 年、第 669 頁。
③　森新之介『摂関院政期貴族社会における末代観——災異思想や運命論との関連から』、『日本思想史研究』第四十号別刷、2008 年 3 月、第 18～39 頁。

德行进行反省，通过实施德政来减轻灾害。但日本不过多地将怪异事件记录为妖怪，不对"妖怪"的征兆意义加以评论，可以看出日本尽量要将天命思想中革命的理论排除在外，不使其成为"易姓革命"的理论依据。再次，日本在接受天命思想的同时，也试图以日本的"神祇"替代中国的"天"，将妖灾的起因归结为神祇作祟是日本"妖征型"妖怪的一大特点。复次，日本在出现此种妖怪之时，不仅依靠天命思想中君主反省自己德行的方法，更运用佛教以及神道的力量，通过神祇祭祀、大祓仪式、诵读经书等多重手段来消除妖怪。最后，在平安中期，日本逐渐淡化妖怪与君主失德之间的联系，而将其转嫁到末法思想与浇季思想上，以此两种理论来阐释妖怪的出现。这些都是中国"妖征型"妖怪所不具有的特点。

（二）"亡魂型""精怪型"与"妖征型"妖怪的混同

奈良末期，日本出现了怨灵思想，一般认为第一个正式认定成为怨灵作祟的历史人物是长屋王（684～729）。长屋王在圣武天皇即位之后，出任左大臣，掌握了当时的朝政，与藤原家族的四兄弟处于对立的立场，最终，藤原四兄弟密告天皇长屋王学习旁门左道试图颠覆国家。在此阴谋之下，长屋王被迫自杀。那之后疫病流行，藤原四兄弟一个接一个死去。对于当时出现的疫病，圣武天皇下诏反省自己的不德，但始终没有效果，最终经过占卜认为是长屋王的怨灵作祟。于是，天皇下令实施了燃灯供养、吊唁长屋王菩提等佛教仪式。722 年出现的旱灾，元正天皇下令掩埋长屋王的尸骨。山田雄司指出由此可见当时认为无缘枉死之人的灵魂会引起灾异。[1]

此后又有藤原光嗣之怨灵、桔奈良麻吕之怨灵以及淳仁天皇之怨灵的出现，这些怨灵也引起了诸多怪异现象以及自然灾害。但关于这些怨灵的记载多使用"恶灵""灵"来记载，并未使用"妖恠""怪异"来表述。

怨灵与妖怪的混淆出现在承和年间，可以认为"物恠"的出现导致了"精怪型"妖怪、"亡魂型"妖怪与"妖征型"妖怪的混同。

关于"物恠"的记载最早出现在承和年间，此时，日本的文献记载中

---

[1] 山田雄司『跋扈する怨霊——祟りと鎮魂の日本史』、吉川弘文館、2012 年、第 16 頁。

出现了"妖征、妖祥""怪异""物怪"等几种不同的称呼。"怪异"可以认为几乎等同于"妖征、妖祥",但同时有些对人无害的怪异现象也被称为"怪异",如云布满天空的现象就被称为"有怪异"。

而对于什么是"物怪",史书中却没有详细记载。不过,"物怪"的出现意味着疫病的流行。如承和九年(842年)五月出现的物怪,经占卜认为是"疫气告咎"①,同年六月再次出现物怪,经过阴阳寮的占卜,同样认为是疫病流行的咎征。这里并未对物怪进行具体描述,但不难看出它是作为灾害出现的征兆而出现,与中国的"妖征型"妖怪有着类似之处。但驱除它的方法则多使用神道与佛教的方式,即"敬祭疫神,以御咎征也""遣使奉币伊势大神宫,祈攘之②""遣中使于十三个寺令行读经事,以绵千屯为布施。"③ "延僧六十口于紫宸殿、常宁殿,令转读大般若经。"④ "请百僧于大极殿,转读大般若经,亦分卅僧于真言院修法。五个日间,诸司洁斋,为攘物怪也。"⑤ 可见,物怪作为疫病流行的征兆出现,多以祭神、奉币、读经等与驱除"妖祥"类似的方式进行。

而承和四年的记录,"殿上所设御座缘边,忽有物怪因停降临,遣大臣阅视六卫府射昨日之余"⑥,却使人联想到此物怪是一种具有某种形象可以被人看到的"物",而非"事件"。此处出现物怪并未采取任何诸如前面列举的措施,只是派人勘查昨日在射猎会上射猎的猎物的情况。由此推断,此物怪乃一种"动物",并且被认为不会对人造成危害,因此并未采取任何措施。

承和十一年(844年)藤原良房对"物怪"的解读首次将"物怪"与"怨灵"联系在一起。此时,藤原良房独揽朝政,排除异己,先帝曾有遗诫指出物怪出现祭祀先灵是无谓之举,也就是否定了物怪与怨灵的联系。而良方认为通过占卜确认此物怪乃怨灵,虽然先帝有遗诫,但占卜不能不信,并列举了诸多中国的事例,证明怨灵的存在,请求天皇放弃遗诫修改

---

① 佐伯有義編『六国史卷七 続日本後紀』、朝日新聞社、1940年、第218頁。
② 佐伯有義編『六国史卷七 続日本後紀』、朝日新聞社、1940年、第218~219頁。
③ 佐伯有義編『六国史卷七 続日本後紀』、朝日新聞社、1940年、第94頁。
④ 佐伯有義編『六国史卷七 続日本後紀』、朝日新聞社、1940年、第143頁。
⑤ 佐伯有義編『六国史卷七 続日本後紀』、朝日新聞社、1940年、第264頁。
⑥ 佐伯有義編『六国史卷七 続日本後紀』、朝日新聞社、1940年、第100頁。

敕命，足见其在政治上的地位与野心。《续日本后纪》"承和十一年八月"
条记载：

> 大纳言正三位藤原朝臣良房宣称："先帝遗诫曰：世间之事，每
> 有物恠。寄祟先灵，是甚无谓也者。今虽有物恠，令远司卜筮，先灵
> 之祟明于卦兆。臣等拟信，则忤遗语之旨。不用则忍当代之咎。进退
> 维谷，未知何从。若遗诫后有可改，臣子商量，改之耶以否？由是略
> 引古典证据之文曰：'昔周之王季，既葬后有求而成变。……又春秋
> 左氏传，魏武子有嬖妾，无子，武子疾，命其子颗曰，必嫁。病困则
> 更曰，必以为殉。'……尚书曰：女则有大疑，谋及卿士，谋及卜筮，
> 白虎通曰：'定天下之吉凶。成天下之亹亹。莫善于蓍龟。刘梁辨和
> 同论曰：夫事有违而得道，有顺而失道，是以君子之于事也。无适无
> 莫，必考之以义。'由此言之，卜筮所告，不可不信。君父之命，量
> 宜取舍。然则可改改之。"①

如此一来，本与"亡灵"无关的物恠，被解释为"亡灵"，在天命思
想下出现的"妖征型"妖怪也逐渐与"怨灵"混同，出现了"亡魂型"
妖怪，而究竟什么是物恠，在此后平安时期的文学作品中多有记录，既是
"亡魂"，又被记录为"天狗"，有时还被解释为"狐"，这一点将在后面
详述。

通过上述考察可以看出，物恠的出现使日本的"妖怪"出现了新变
化，涵盖的范围扩大，这与平安时期出现的怨灵思想有着密不可分的联
系。随着怨灵思想的发展，平安时期越来越多人相信"物恠"的存在，物
恠作祟逐渐由引起国家疫病的流行，转为引起个人生病，出现了将久病不
愈的问题归结为"物恠"作祟上。出现物恠之时多由密教僧或阴阳师来调
服。这与平安中后期密教的发展与阴阳道的发展有着密不可分的联系。通
过密教僧侣或阴阳师的占卜确认物恠的原形，并将其制服，以此来治愈
病人。

平安时代被制服现出原形的物恠多为恶灵。除了怨灵外，还出现了

---

① 佐伯有義編『六国史卷七 続日本後紀』、朝日新聞社、1940 年、第 278 頁。

"生灵""死灵"等。所谓"生灵"是指人在活着期间，由于怨恨等在自己不自知的情况下，灵魂离开身体，依附到别人身上使人生病。《源氏物语》中记述的凭附在葵上身上的便是六条御息所的"生灵"。

后期也出现了"动物灵"，诸如天狗、狐狸等。也有以"鬼"的形象出现的。诸如《宇治拾遗物语·极乐寺僧仁王经验事》中就描述了"鬼们"凭附到藤原基经身体上，导致其重病，极乐寺僧人使用护法童子驱赶走鬼，其病好转。

平安末期至镰仓初期，随着国家的动荡，修验道与阴阳道得到发展。奈良时期与平安初期严厉禁止的所谓巫蛊之道得以发展，修验者与阴阳师争相展示自己的法力，编造出了诸多神秘法术与祭祀仪式，这些也逐渐渗透到普通民众当中。阴阳师为了制服物怪使用"式神"，而佛教修验道的僧人则使用"护法"。11世纪藤原明衡撰写的《新猿乐记》中描写了贺茂道世调服物怪的情景。

> 十君夫乃阴阳先生贺茂道世也。金匮经、枢机经、神枢灵辖等无不审。四课三传明多。占覆物如亲眼所见，推物怪了如指掌。进退十二神将、前后三十六禽，仕式神，造符法，开闭鬼神眼目，出入男女灵魂。凡究术都览反闭，致验祭祀解除。地镇、谢罪、咒术、厌法擅长。乃习传吉备大臣七佐法王之道者也。不仅如此，注历天文图、宿曜地判经均了了分明。所以形禀人体，而心通达鬼神。身住世间，而神经纬天地。[①]

这里可以看出，阴阳师占卜物怪、推断物怪的本来面目，并且他们可以通阴阳、驱役鬼神与人的灵魂，解除各种疾病或诅咒。

修验僧与阴阳师都有着降伏物怪的本领，随着他们争相展示自己的法术，越来越多的"妖怪"被制造出来，物怪的种类也越来越多。

这一点与中国有类似之处，中国虽然没有阴阳道与修验道，但此二者均是在吸收中国道教以及五行占卜术等基础上发展起来的。如前所述，中国的精怪与妖怪的混同便是随着道教的发展出现的，并且最早将"精物"命名为"妖怪"的记载出现在《道藏》中。道教的道士为了宣扬自己的法

---

① 『新猿楽記』、『日本思想大系八　古代政治社会思想』、岩波書店、1979 年。

力而将诸多怪异现象归结为精怪作祟，并通过施展法术予以降伏。在日本亦是如此，修验僧与阴阳师同样是通过此种方法来获得世人的认同。

日本民俗学者认为，日本之所以有那么多"妖怪"，与"式神""护法"有着密不可分的联系。当那些"式神"不再被阴阳师所需要，而遭到丢弃时就变成了妖怪。而操纵那些"式神"的家族，被视为与普通人不同的"异类"，被村落的村民排斥，从而成为"异人型"妖怪。这其中存在着"歧视"意识，是对某些从业者的歧视。

诸如"河童"的起源，日本不少学者认为来自中国的"水虎"，柳田国男也指出它是"水神信仰"零落的产物。小松和彦对流传在日本各地的"河童起源谭"进行了分析，该传承认为河童是飞弹的工匠，或竹田的番匠，被神格化了的名为左甚五郎的木匠，由于从事一项十分困难的工作，人手不足，因此利用咒术使人偶有了生命，可以像人一样工作，工作最终顺利完成，这些人偶失去用武之地而遭丢弃，被扔入河中，成为河童。通过对这一传说的分析，小松指出这与"非人""河原者"的起源说完全相同，由此可见，河童是在被视为妖怪被歧视的"非人""河原者"的形象的基础上加入了川獭、甲鱼、猴子等形象在近世登场的妖怪。①

综上所述，中日的"妖怪"从类型上看十分近似，"妖怪"一词无论在中国还是日本；最初都与儒家的天命思想有密切关系，然而日本一方面接受了此种妖怪，另一方面又对其有所取舍并不断加以改造，尽量去除其中的易姓革命成分，不使其成为政权更替的理论依据。此后又加入了佛教与神道的要素，以"神""佛"逐渐取代了中国的"天"，形成了适合日本国情的"妖怪"认识以及消除手段。

此外，中日的妖怪都有与精怪、鬼神混同的过程，中国的道教在这一过程中发挥了重要作用，在中国道教影响下产生的阴阳道在日本妖怪的变化过程中发挥了重要作用。

最后，中日一部分妖怪的产生都与当时的社会问题有着密切关系，如前文提到的日本的"河童"，以及中国将"畸形儿"视为妖怪等记载都与各个时代的社会现象有着密切关系。

---

① 小松和彦『怪異の民俗学3 河童』、河出書房新社、2000年、第210～211頁。

第三章

近代中日「妖怪学」的互动——从文化交流史的角度

通过对于 "妖怪" 概念的分析可以看出中日古代思想的冲突与融合。"妖怪" 一词自中国传入日本，而 "妖怪学" 作为一门学问的诞生却是在日本，其后，被我国学者介绍到中国，对我国近代民族国家建立发挥过重要作用。

第一节 19 世纪末 20 世纪初日本的 "妖怪学" 研究与中国

日本佛教哲学家井上圆了于 19 世纪末期开创了 "妖怪学" 这门学科，指出 "妖怪" 值得作为学问研究。在此后的几十年中，圆了一直致力于妖怪学研究，取得了令人瞩目的成就。

一 日本科学合理解释 "妖怪" 之研究："妖怪博士" 井上圆了及其 "妖怪学"

井上圆了是日本著名的佛教哲学家，日本 "妖怪学" 的鼻祖。他于 1886 年创立 "不可思议研究会"，1887 年创立哲学馆，即今天的东洋大学，之后在东洋大学开设了 "妖怪学" 课程。1893 年，妖怪学课程的讲义《妖怪学讲义》开始在杂志上连载，1896 年，连载的文章合成六卷书出版。

井上圆了一生中出版了 13 部妖怪相关书籍，收集研究的妖怪达 400 多种，全国讲演 400 多场中 24% 都与妖怪有关。那么，圆了研究 "妖怪" 的动机如何？其妖怪学具体内容如何？

（一） 井上圆了研究 "妖怪" 之动机

井上圆了之所以对 "妖怪" 感兴趣，并最终开创了 "妖怪学" 这一学术领域，可以说与他的出身环境、教育背景以及时代背景有着密不可分的联系。

1. 佛学、汉学影响下的少年圆了

井上圆了 1858 年出生在真宗大谷派慈光寺〔真宗大谷派是净土宗的一个派系，由亲鸾圣人（1173～1262）开创〕，他的父亲是寺庙的住持，圆了是其长子，是寺庙的法定继承人，他从小跟随住持接受宗门教育。

圆了的一生是日本最为动荡的时代，他 10 岁那一年，日本经历了王政复古大令与戊辰战争。1868 年明治天皇颁布的"王政复古大令"与神佛分离令，引发了废佛毁释运动，大量的寺庙被取缔、合并，无数的佛像、佛经被毁，僧侣被迫还俗，逃亡者被射杀。其中以越后国与佐渡国最为彻底，岛内的 55 座寺庙被统合为 1 座。圆了家的慈光寺也被迫以卖药来维持生计。这一年日本还经历了戊辰战争，戊辰战争后，日本成立了明治新政府，开始了明治维新，对日本进行了一场彻头彻尾的改革。

明治维新后，寺庙的主要职责演变为负责丧葬仪式，寺庙里的"妖怪"传说因此增多，使得圆了"自幼便喜欢听妖怪之事"①。而其后汉学的学习又使得圆了养成了万事思其"理"的思维方式。

1868 年明治维新这一年，圆了开始接受汉学教育，在兰方医石黑忠德（1845～1941）开设的汉学塾学习周易、毛诗、尚书、礼记、文选以及四书。一年后，又进入长冈藩儒学者木村钝叟开设的汉学塾慈光簧里学习汉学，接受了相当于藩校水平的汉学教育。他 15 岁时创作的汉诗可以看出他的汉学教养以及报效祖国的决心。

慈簧杂吟

浦里开簧集小儿，读书终日勤孜孜。

午前共诵支那语，午后相传英米词。

新施罚刑惩堕慢，常穷道理教思痴。

早成内学国家学，要立文明开化基。②

"常穷道理教思痴"，可以看出在汉学塾的学习，使他养成了善于思考

---

① 井上円了『妖怪玄談』、哲学書院、1900 年、第 1 頁。
② 東洋大学編「井上円了先生略伝」、『東洋大学五十年史』、東洋大学出版社、1937 年、第 506 頁。

的习惯。圆了凡事都喜欢刨根问底，穷其道理。"继而想要究其（妖怪——笔者注）理"。不仅是妖怪，凡事他都喜欢思其理。他说："余自幼便与世人的好恶不同。因此，在故乡之时并未与同乡之儿童共同玩耍。儿童的乐趣大致在于饮食、游戏，而我的乐趣却并非如此。外出到山河之间，草木繁茂，见其自身繁茂之状，流水之悠，见其一去不返，心中窃以为怪，便回家思其理。"①

井上圆了的出身与学习经历使得他自幼就喜欢妖怪、关注妖怪，同时汉学的学习又使他养成了对"理"的探究，他年幼时就曾经对自己经历的妖怪现象进行过合理解释。

> 我记得那是大约距今四十五六年前，余十岁前后的事情。一天晚上，就寝后，半夜突然醒来，灯黑着，一片漆黑。躺在枕头上望去，在隔壁拉门的缝隙间看到一张脸，是什么东西在望屋内窥视。我觉得十分不可思议，便坐起来看，还是一样。而且，少时那张脸缩回去看不到了，但马上又探了出来窥视。那时，我想这就是人们所说的幽灵吧。我突然感到很害怕，不敢继续看，用被子蒙上头，蜷缩着睡了。第二天早上天亮后，我还在想那个幽灵的事情，便立刻起床去了隔壁屋子，找到昨天幽灵窥视我的地方。孰料，原来是缝隙间有个地方的纸破了，破损的地方被风刮了进去，从侧面看误以为是人的脸。于是，我下定决心，世上的幽灵都是类似这样的东西，今后看到幽灵就想那是纸破了，就再也不感到害怕恐惧了。②

此外，他还讲述了十五六岁时听到幽灵脚步声的经历，后来发现那是钟表的声音。他从小就试图对妖怪事件进行合理解释，破除迷信思想。这一精神或许也来源于净土真宗派的传统。

净土真宗派创始人亲鸾圣人就十分反对占卜、祭祀等迷信。他在晚年集大成的著作《正像末和赞》中说道："悲哉！道俗之择良辰吉日！崇天神地祇、事占卜祭祀！……悲哉！近来和国之道俗皆以佛教威仪为本，崇

① 井上円了『仏教活論序論：縮刷』、哲学書院、1888 年、第 4 頁。
② 井上円了『おばけの正体』、『妖怪学全集第 5 巻』、柏書房、2000 年、第 17～18 頁。

敬天地之鬼神!"① 由此可见，亲鸾对于外道僧人以及平常百姓迷信鬼神、相信占卜祭祀、选择良辰吉日的做法感到十分悲哀，认为这是进入末法的一种表现。这种反对迷信的精神至今仍在净土真宗派中保持着。

菊地章太指出，在神奈川县茅崎市的本原寺派寺庙来恩寺专门制作了"佛事迷信 Q&A"的网站②，致力于破除佛教活动中的迷信部分。

井上圆了自幼接受宗门教育，同时又接受了相当高水平的儒学教育，这一切使得他养成了合理思维的习惯。他从小喜欢"妖怪"，尝试着合理解释各种妖怪现象。这为他以后开创妖怪学埋下了伏笔。

2. 西学影响下的青年圆了

1871 年日本明治政府派遣了岩仓使节团，对欧美十二国进行了一年零十个月的考察。使节团经过考察，认为"西洋一令一法，皆考虑人民财产生计，以保护人民为主旨，……此乃保其富强之所在"。"西方人注重实学，东方人笃信玄学"，兴办教育为"培养殖富之本源，而使国家兴省崛起"，东方则"耻于研究一草一木"，"所学之物，非高尚之空理，则浮华之辞藻，与民生切实相关之事业，则被视为琐碎小事，而绝不用心于此"。伊藤博文感慨道："欧美各国之政制、制度、风俗、教育、营生、守产，盖超绝于我东洋"，"经此开明之风移入我国，促使我国民速至同等开化之域"。③

在这样的政策指引下，明治新政府积极引入西方的各种制度，对日本的国家体制、政治体制、教育体制等进行了一系列改革，同时积极引进西方文化、艺术、思想、自然科学、社会科学等，全面否定了德川时代的日本。

随着西方近代哲学等合理思想传入日本，日本迎来了任何问题都以近代科学来解释的科学万能主义时代，同时宣扬全知全能耶稣的基督教也涌入日本，于是日本出现了人神与自然科学万能主义的对立、西洋神与日本神的对立等，在思想上、价值观上矛盾重重。在西方科学的价值观下，产生了民众对于宗教、信仰的怀疑与不安。在这样价值观混乱的时代，学习了西方近代科学的人们把那些保持传统生活的人们视为"落后的、迷信

---

① 国訳大蔵経編編輯部編『正像末和賛』、『国訳大蔵経：昭和新纂．宗典部第 4 巻』、東方書院、1928—1932 年、第 12～13 頁。

② 菊地章太『妖怪学の祖井上円了』、株式会社角川学芸出版、2013 年、第 84 頁。

③ 久米邦武『美欧回覧実記第一巻』、岩波書店、1978 年、第 112～113 頁。

的"，对于那些迷信与传统，他们试图用西方的科学方法加以解释、说明，以消除民众的迷妄。

井上圆了 15 岁开始接触西学，他在中学以及大学接受的西方科学、哲学的教育为他创立"妖怪学"打下了坚实的理论基础。16 岁时，他进入长冈洋学校，学习洋学。19 岁时接到东本原寺的命令，进入东本愿寺为培养储备人才而建立的教师教校，学习英语。半年后，接到东本原寺的命令，去东京留学，进入东京大学的预备校，成为第一期学生。

1881 年圆了考入东京大学文学部哲学科，当时东京大学设有法学、文学、医学、理学四个系，而进入文学部哲学科的仅有圆了一人。

大学期间的学习对于圆了后半生的事业与思想有着重要的影响。大学期间，外籍教师用英语讲授西方的近代知识，他学习了以纯正哲学、伦理学、论理学、心理学为主的西洋哲学，以及以儒学、佛教为主的东洋哲学。

大学毕业后他的汉学老师石黑忠德曾力荐他去文部省工作，他坚决拒绝了。他也拒绝了东本原寺请他回本寺教学的邀请，他认为比起为一宗一派服务，留在东京为整个佛教界服务才是自己的使命。

井上圆了一生秉承"护国爱理"的信念，为国家建设、民众智慧与知识的普及做出了巨大贡献。他在 1887 年撰写的《佛教活教序论》中充分地表达了自己的这种信念。

> 人岂有生来而不思虑国家者？人岂有学习而不热爱真理者？余生于鄙贱，长于草莽，且才疏学浅，却也非不具有护国爱理一端之人。
>
> ……本来爱护真理乃学者之务，护卫国家乃国民之任。作为学者而不爱真理之人乃真理之罪人。……作为学者不知护卫国家者，作为国民不知爱护真理者，同样是罪人。
>
> ……产生知者、学者则需要国家之独立生存。故学者即使不知应讲究真理，也必须首先祈祷国家之独立。以此知道护国之任其轻重绝不亚于爱理之责。学者之任务在于兼行护国爱理两大事情。[1]

通过这段文字，我们可以看出井上圆了以捍卫国家独立为己任，在学

---

① 井上円了『仏教活論序論・縮刷』、哲学書院、1888 年、第 1~3 頁。

术上以追求真理为目标的"护国爱理"精神。

此外，圆了的妖怪研究在很大程度上也受到了西方学术的影响。当时，西方国家兴起了对不可思议现象的研究，特别是在英国，1883年成立了心理研究会，专门研究那些不可思议的现象。

西方学术的这一新趋势，受到了日本知识分子的关注。早在1885年，西洋史学家箕作元八（1862～1919）便在《东洋学艺杂志》上发表了题为《奇怪不思议之研究》的文章，介绍了西方关于"奇怪不可思议现象"的研究。他在文中指出："昔日本邦虽宣扬梓巫、神托，幽灵、狐凭、妖幻等其他奇怪不可思议之事颇多，但未闻有深入研究者。西洋此类事亦不少，然有识之士一概排斥之，不闻不问。近来出现研究其之人，甚至有宣扬其未必荒诞无稽之者。其中英国前年创立心理研究会，研究此等之事，严防其欺诳，明白记录最终所得之成绩。"① 他们的研究还刊登在了美国的《理学杂志》以及英国的《知识新闻》上，元八根据这两个报道大概介绍了心理研究会的研究成果。该会的研究委员研究察心、夺感、妖怪、鬼屋以及类似的奇怪事件，详细介绍了对于察心、夺感②的研究方法与过程，并称由于该会会员之名气，以及其研究之精密，渐渐出现了对此事关注并赞助之人。最后他指出，日本此等奇怪之事也极多，或妄信之，不容怀疑，或不语怪力乱神，敬鬼神而远之，没有付之以道理，舍尔不问，取研究之劳者。徒然使得有趣之事实付之暧昧而搁置，实为遗憾。听闻我大学的井上圆了氏试图开展奇怪研究，但未公言，能取得何种成就不得而知。又见本年一月的官报及诸报纸上医学部教师贝尔兹揭示了狐惑之说，这些可谓本邦奇怪研究之首例。都鄙的有志之士，宜发奋能去除妄信妄疑之心，虚心平气研究之，可兴学术上宏大之利益。③

---

① 箕作元八『奇怪不思議ノ研究』、『東洋学芸雑誌第三卷第42号』、明治十八年三月二日、第33～38頁。

② "察心"据元八解释就是不依靠五官，来推断察看他人的心理。"夺感"则是使对方的手指失去感觉，让一人坐于桌前，伸开五指放在桌上，其面前以厚纸板遮挡，施术者背对其，选定其两根手指，用自己的同样的手指不断摩擦，为了避免作弊，先由其他几个人也进行同样的摩擦，之后再由施术者进行。几分钟后，被施术人的两根手指会失去感觉，用针扎，用火烤都感觉不到任何疼痛，被称为"夺感"。

③ 箕作元八『奇怪不思議ノ研究』、『東洋学芸雑誌第三卷第42号』、明治十八年三月二日、第33～38頁。

　　文中提到的贝尔兹全名埃尔温·贝尔兹（1849～1913），于1876年，在东京大学医学部前身东京医学校任教，任期长达27年之久。1905年被授予旭日大绶章，奖励他对于日本社会的贡献。

　　贝尔兹的《狐凭病说》一经发表便被四处转载，受到了社会各界的广泛关注。该文从医学角度对日本流传了数百年的"狐凭病"（又名"犬神病"）进行了科学解释。人们认为狐狸有妖术，会幻化，可以迷惑人，因此那些精神不正常的人被认为是由于狐狸附体引起，患上了"狐凭病"。贝尔兹经过医学观察与分析认为这是一种由于大脑受到撞击而出现的轻度精神障碍症，类似于欧洲的歇斯底里病。他指出患者的两个脑半球各自独立且同时发挥作用，而思虑强大的半球会占领舌体，因此，该病的患者或是表现出自言自语，或是说一些不寻常的言语，仿佛患者的两个脑半球在互相争夺舌体的主导权。同时，他指出该病不会传染，但是"信仰"会导致该病的传染。患者本身并不知道自己患的是"狐凭病"，但是大家都这么认为的话自己也会这么认为。还有诸多类似疾病，通过科学方法都可以很快痊愈。他不会神秘之术，也不会神佛之法，但依据科学方法，病都可以治好。①

　　在这样西方哲学、科学流行的时代，日本的知识分子也逐渐开始学习西方的研究方法，从医学或科学的角度对一些妖怪现象进行合理解释。

　　诸如1886年，日本就出版了《天狗的实验：时堂发明手记》一书，编著者是骏和国沼津城内町时泰瑧阪松本映（18??～?）。该书对于日本的天狗传说进行了合理解释，其目的在于使世人不再畏惧天狗，日本数千年来或浪费钱财供奉天狗，不下百人自称亲眼见到天狗，吓得昏厥过去。作者希望通过该书来去除天狗之害，让世人明白天狗之缘由。文章由当时报纸报道的一则新闻引出，一名少女突然失去了意识，醒来后说自己被天狗掠去，报纸称此乃神经病的一种。但笔者认为这并非神经病，他认为古代天狗之传说是由于世道不开明，穷理之学问不发达导致而成。诸如他对半夜出现的火柱进行了科学实验，发现这是由于马骨或人骨的化学作用而

---

　　① エルヴィン・フォン・ベルツ『狐憑病説』、『衛生通報第13号』、島根県衛生課、1885年、第24～37頁。

产生。此外，还对断发之怪进行了考察。但是，由于该书目前仅存上篇，对于天狗以及断发之怪的结论不得而知，十分遗憾。①

在这样的思想大潮流下，井上圆了可谓顺应时代思潮开展起妖怪学研究。

井上圆了在其妖怪学讲义的开篇中说道：

> 余之发行妖怪学讲义也，世人或以为出于好奇之余，弄无用之闲谈，予虽不肖，亦不屑为也。余所以及此者，实有不得已者在焉。余尝以为吾邦明治之鸿业，一半既成，一半未成。政治上之革新既往，道德上之革新未来。方今天下，法律愈密，而道德日衰……节义之风、廉耻之俗，荡然扫地。是岂可无一大革新耶。而革新之道，舍舍教育宗教将何求。……夫世人之所以亟待教育宗教者，以其心中之迷云，隐智日之光，不去其迷心，则道德革新之功，实无可期。②

圆了认为明治维新虽然在政治改革上取得了巨大成功，但在道德方面却跟不上改革的步伐，出现了种种弊病，他迫切地希望能进行一场道德上的改革，而这场改革的手段是教育与宗教。这也是井上圆了终身投入教育事业与宗教事业的原因所在。同时，他认为，通过教育和宗教可以拂去人们心中的迷雾、困惑，这些迷信思想，遮挡住了人们智慧的光芒，必须要将之去除，否则无法期待道德之革新。

（二）"不可思议研究会"及"哲学馆"的创立

1886 年 1 月 24 日，井上圆了正式宣布成立"不可思议研究会"。不过，研究会仅召开了三次便因圆了久病于床，无法处理事务，最终闭会了。

井上圆了在 4 个月后明治十九年七月，在《令知会杂志》上发出了广告，号召全国的有志之士收集有关妖怪之事实，以书信方式寄给井上。

> 世上称为妖怪不思议者甚多。通俗以此事为神或魔所为。虽然说

---

① 松本映『天狗の実験：時堂発明手記』、松本映出版、1886 年。
② 井上圆了：《妖怪学讲义》，蔡元培译，上海文艺出版社，1992，第 1 页。

难以断定是否如此，神魔一类，至今仍不可知其有无，仅仅将其归结为其所为，而不问妖怪为何，绝不是学者应该所为。因此，余在日课之余，研究其所以，欲阐明其果真是魔神之所为，还是有物理、心理上之道理而出现的。如果由于心理上之原因如此，参照佛教之唯心说，不仅自己获益匪浅，于例证唯识所变之哲理亦有裨益。因此，余期望令知会诸君，如有如左所示诸项中最可信的事实，请尽量详细报道。

幽灵、狐狸、奇梦、再生、偶合、预言、诸怪物、诸幻术、诸精神病等。①

通过此种方式，他收到的书信有 462 件之多。

1887 年，井上圆了创办了哲学馆。他这样阐述创办哲学馆的目的：

创办哲学馆之目的在于文科大学之速成，虽然广泛教授文学、史学、哲学，也在于要培养教育家与宗教家。其方针，在教育方面取日本主义，在宗教方面取佛教主义。余之所以在教育上取日本主义，在于我国已然成为堂堂之独立国，并非泰西诸邦之属国，吾人乃日本国民，非欧美诸邦之臣民，想要维持此国，则必须保存日本固有之精神。故，余与当时我国诸高等学校采用西洋主义相反，采用日本主义，教授时使用口语自不必说，且规定教师绝不采用西洋人。②

这里我们可以看到他想要保持国家独立，保存日本固有精神的这"护国"理念。当时日本大学的哲学系均由外国人以英语授课，而井上创办的哲学馆坚决不聘请西洋人，同时用日语讲授哲学思想课程。井上希望哲学馆可以培养出真正具有"护国爱理"精神的日本自己的教育家与宗教家。

在哲学馆创办第二年，即 1888 年，井上圆了开始了他第一次的欧洲考察，历时近一年，回国后他更加清楚地认识到要想实现日本真正的独立必须改变日本抛弃传统文化、在文明开化的名义下西方文明优先的风潮，并

① 三浦節夫『井上円了と柳田国男の妖怪学』、2013 年、教育評論社、第 36 頁。
② 井上円了『教育宗教関係論』、哲学書院、1893 年、第 31 頁。

改良与保存日本固有的语言、宗教、历史、风俗习惯等。他回国后立刻开始对哲学馆进行改良，并在明治二十三年发表了《哲学馆专门科开设趣意》。当时日本没有以日本固有之学为基础的大学，他在欧洲视察后强烈感到必须要设立"日本主义"之大学。

他在这篇文章中指出，他考察欧美各国，每个国家的大学、中学、小学都是以本国固有之学为基础，他国之学仅仅起辅助作用，必须要维持本国固有思想在人们心中之地位。然而回顾日本，如今尚未有以日本固有之学为基础的大学，甚至很少有人宣传爱护本国之学的必要性。然而何为日本固有之学，井上指出，"支那学"与"印度学"看似他邦之学，但传入日本已有上千年历史，其中融合了诸多日本的固有文化、固有思想，与如今的中国、印度之学性质甚异，因此，"支那学"与"印度学"可谓是日本的固有之学。哲学馆的精神采取日本主义，讲究日本固有之学，辅翼国家独立，所谓固有之学应该包括国学、汉学与佛学。

由此可见，井上圆了在欧洲视察之后意识到日本自明治维新以来那种一味学习西方、抛弃日本传统风潮的危害性，他认为没有本国固有之学为基础的国家发展必定会出现问题。因此，他着手重新树立日本的传统学问，即国学、儒学与佛学。他毕生为日本佛教的复兴呕心沥血，一方面与他出身佛门密不可分，同时也与他想要恢复、弘扬日本的传统学问有关，他希望以此获得真正的国家独立。

井上就是在这样强烈的社会责任感与使命感的驱使下，开展起他的妖怪学研究。

（三）井上圆了的"妖怪学"

圆了并未将"妖怪"纳入日本固有之学的范畴，反而认为它是妨碍民智发展、妨碍国家近代化的"迷信"。他一生除了弘扬佛教，也为消灭"妖怪"、破除迷信倾尽全力。

圆了的妖怪研究开始于明治十九年（1886 年），明治二十年，他发表了第一篇关于妖怪的研究论文《狗狐狸（kokuri）的故事》。

"狗狐狸"是当时风靡日本的一种降灵术，用竹子做成三脚架，上面放置一盆，用手轻轻按住，口中默念欲占卜之事，不一会儿，盆会发生倾斜，根据盆的倾斜方向或次数来占卜结果。

当时，通过"狗狐狸"占卜妻子出轨并因此离婚的事件不在少数，也有不少通过此种方式诈骗钱财的事件，一时间成为一大社会问题。于是，井上圆了开始关注"狗狐狸"，并展开调查。通过他的调查发现，该占卜术起源于西方，最早由下田港传入日本并流行开来，是美国船员玩的一种称为"table–turning"的降灵术。19世纪后半期，在欧美科学技术发达的同时，也出现了关注科学无法解释的"心灵现象"的趋势。日本在引进西方科学技术文化的同时，这些神秘巫术也传入了日本。

圆了通过实验表明，这是人在无意识的情况下出现的行为。人们往往在占卜前预测一个自己想要的答案，于是，在自己无意识的情况下肌肉用力向自己想要答案的方向使劲，使盆出现了晃动。他的此种解释方式可以说受到了西方"心灵研究会"的研究方法的影响。

井上圆了自1884年开始着手准备进行妖怪研究，1886年创设不可思议研究会的同时，开始了有关妖怪事实、事件的收集。1887年12月5日发行的《哲学会杂志》第11号的卷末广告栏中也刊登了井上圆了关于妖怪研究的广告。同年，他在创办的哲学馆将妖怪作为心理学的应用部分开设课程讲授。

他认为"妖怪学"属于心理学的一部分，心理学分为理论部分与应用部分，"妖怪学"属于应用部分。在哲学馆创立之初的课程表中便设有"妖怪说明"这一科目。在第一年级的科目中设有"心理学（应用并妖怪说明）"，1888年2月的文书中记录课程主讲讲师是"文学学士德永满之"，在《哲学馆讲义录》中记载井上圆了担任妖怪说明，德永满之担任心理学课程。1890年第三学年的课程中加入了妖怪学这一门课程。1893年，《妖怪学讲义录》正式发行，"妖怪学"自明治二十七年（1894年）以后仅以通信教育的讲义录的形式存在。①

《妖怪学讲义录》自1893年11月开始发行，每月发行两次，每次发行两号，至1894年10月共发行了48号24册。明治二十九年（1896年）进行再版，将8卷本合为6册。

---

①　三浦節夫『井上円了と柳田国男の妖怪学』、教育評論社、2013年、第51～52頁。

1. 井上圆了的"妖怪"概念与"妖怪学"

井上圆了并非一开始就使用"妖怪""妖怪学"这一概念，他最终确定使用"妖怪"与"妖怪学"是在1893年的《妖怪学讲义》中。1886年他创办不可思议研究会时，首先使用的是"不可思议"一词，此后在同年4月的广告文中使用了"妖怪"一词，内容包括"奇梦、幽灵、狐狸、天狗、犬神、巫觋、神降、相面、预言以及其他相类似之物"，7月的广告中他则使用了"妖怪不可思议"一词，他所指的妖怪不可思议包括"幽灵、狐狸、奇梦、再生、偶合、预言、诸怪物、诸幻术、诸精神病等"，可见妖怪不可思议的范围比妖怪广，精神病等也包含在内。

1887年他发表的《狗狐狸的故事》中把狐、狸称为"一种妖怪物"。1888年1月18日的《心理学（应用并妖怪说明)》之中他对"妖怪不思议"做了定义。

> 何为妖怪？余所谓之妖怪乃指事实现象奇且异，以普通道理不可说明之物。即不能万物万象的通则进行解说的属于所谓理法外之物也。换言之，以普通之道理、思想不可了解之物也。因此，或称之为不思议。余也将两者合称为妖怪不思议。然而，若细密论述此名称，余所使用的妖怪之名，比通俗所使用之名称含义略广，余所使用的不思议之名称，比字义上包含之含义略窄。①

此处，他将"妖怪"与"不可思议"作为两个词语使用，并且可以将两者合称为"妖怪不可思议"。明治二十年的广告文中他虽然使用了"妖怪学"一词，但并未提及什么是"妖怪学"。

1891年发表在《教育报知》上的《妖怪学一斑》中，他第一次将之前属于不思议范围的事项，诸如"偶合、卜筮、相面先生"等全部归为"妖怪"，并指出，之前收集到了关于妖怪的事例大约有六七百件，但大部分局限于幽灵、化物等。所以，他的妖怪研究的事例十分局限，其实诸如偶合、卜筮、相面等，均应该属于妖怪学的范畴，并期待今后有更多更广泛含义的妖怪事例。

---

① 转引自三浦節夫『井上円了と柳田国男の妖怪学』、教育評論社、2013年、第43頁。

1893 年发行的《妖怪学讲义》中，井上圆了对"妖怪"与"妖怪学"进行了全面的阐释。

（1）何为"妖怪"

井上圆了在《妖怪学讲义录》的开篇第一讲就对"妖怪"进行了解释。他通过解释"妖怪"与"不可思议"、"妖怪"与"异常""变态"的关系，对妖怪概念进行了说明。

> 夫通俗所为妖怪者，何义耶？即一切不思议之议。不思议者何耶？人智所不可测者是也。然则妖怪与不思议之意义全同乎？曰否。……凡宇宙间之事，有可知者，有不可知者。不可知者则人智所必不能知，所谓不思议者属之。而可知者，则人智所得而知。其既知者，谓之既知，未知者谓之未知，而未知亦未必为妖怪也。凡人虽或不知水何由生，火何由成，而不以之为妖怪者，日接于吾人之耳目，虽未知其理，亦不妖怪之。……妖怪者异常或变态之义欤。曰：通俗所谓妖怪较近此义。凡世人于平生耳目所不惯接者，多谓之妖怪。……然则妖怪者，异常变态，而其道理不可解，属于所谓不思议者。约言之，见不思议与异常者也。[①]

由此可见，井上圆了认为平时人们很少接触到的不同寻常、不可思议之事物均属于"妖怪"的范畴。且妖怪的标准因人的知识水平、思想而异，妖怪的有无不在于客观上是否存在，而在于人的主观。下等人民中间妖怪就多，这是因为知识浅薄缺乏经验。妖怪又分为假怪与真怪，妖怪通俗所指乃异常、变态、不可思议之物，从学理上讲，乃迷误。换言之，假怪乃异常之义，真怪则为迷误。

妖怪的种类具体来说可以分为三种，即物怪、心怪与理怪，而物怪与心怪属于假怪，理怪属于真怪。之所以如此分类，井上这样解释：

> 盖宇宙之事物，不外有形质与无形质两种。开我目而关于外，为有形质之体，谓之物质。闭我目而动于内，为无形质之体，谓

---

① 井上圆了：《妖怪学讲义》，蔡元培译，上海文艺出版社，1992，第 3～4 页。

之心性。今妖怪亦照此而分之。例如天变地异为物理的妖怪。精神诸病为心理的妖怪是也。若详言之，则由有形的物质之变态异常而生者，名物理的妖怪。由无形的精神之变态异常而生者，名心理的妖怪。虽然，其所谓妖怪者，实非妖怪，而世间误认之为妖怪。予谓之物理的迷误、心理的迷误。是妖怪学所以为解说迷误之学也。①

具体来说，物怪与心怪又分为以下几种②。

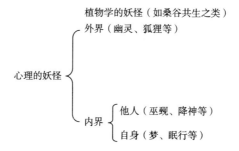

物理与心理的妖怪从学问上讲也可以称为理学的妖怪与哲学的妖怪。

假怪与真怪均属于实怪，除了实怪还有虚怪，虚怪又分为伪怪与误怪。具体分类，井上圆了在《妖怪学讲义序》的结论部分以下图的形式进行了总结。

① 井上圆了：《妖怪学讲义》，蔡元培译，上海文艺出版社，1992，第17页。
② 井上圆了：《妖怪学讲义》，蔡元培译，上海文艺出版社，1992，第18～19页。

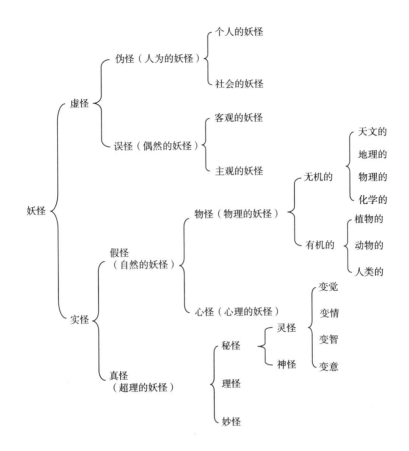

所谓虚怪是指本不属于妖怪之物混在妖怪之中，有误认为是妖怪的，也有偶然成为妖怪的。包括伪怪与误怪两种。

伪怪是指由人制造出来的妖怪。具体又分为个人及社会的两种。个人的又有奇情的与利己的两种。……社会的也有平时与变时之分，平时如政略上的权谋，变时则有天灾与战乱之别。

误怪是指偶然之事误认为妖怪。起因有外界与内界或言客观、主观两种。……

实怪是指除去虚怪部分的妖怪，包括假怪与真怪两种。

假怪是指非人为非偶然而自然发生的。此妖怪有现于物上与现于心上之别。

真怪是指无论人智如何进步终不可知的妖怪，是超理的妖怪。

此所谓真怪之本体，到处遍在，不问物之上或心之上。渐研究之而达其本原实体。达物之本体则可谓真怪。达心之本体亦是真怪也。今欲区别此二者而云一灵怪、一神怪。灵怪者，物之本体之妖怪，神怪者，心之本体之妖怪也。而灵怪及神怪之二者皆神秘不测。在人智以上道理以外者合称为秘怪。若灵怪神怪二者相合而一体，而至与道理一致无二途则谓之理怪。然则真怪虽有三种之别，其实通为一也。①

通过这部分的解释，并不能了解圆了所说的真怪究竟指何物。1887年，井上圆了出版了《真怪》一书。他通过回答 99 个关于妖怪的问题，对世人认为的妖怪一一给予了解释说明。最终，提问者询问是否可以理解为世上没有真怪，圆了给出的答案是否定的。他说：

> 真怪一定存在。宇宙间诸象分为主观、客观，即分为物心两界乃历来之规则。物界有物之规则，心界有心之规则，物的规则可以用物的科学精密力证，心之规则则可以以心的科学详细论明。且两界之关系可以以哲学来明确表示。以此诸说，世间流传之千妖百怪的疑团则可冰释瓦解，成为青天白日。然而，更进一步，其物自身是何？其心自身为何？这恐怕物之科学心之科学皆封笔缄口，冥想其为造化之妙、谷神之玄。这才是真正之妖怪，真正的不可思议之物。又如离心而不识物，离物而不知心一样，若探究两者相关之本源，则又如入幽玄之深云之中，一步不可前进，最终知识道理自灭，结果物心之差别归于空寂。……探索时间之无限，空间之无边亦达如此玄境。这才是正统之真怪。②

虽然井上看似承认妖怪的存在，但实际上他运用各种方法对世间流传的妖怪之说一一击破，使人们科学地认识妖怪现象与妖怪传说，真正打破迷信。而他说世上真正不可思议的真怪，乃是那些用科学、哲学都无法解释的现象，如时空的无限、物心的本质等。

（2）何为"妖怪学"

那么圆了所开创的"妖怪学"又具体指什么呢？

圆了在《妖怪学讲义》的开篇序言中就说道："妖怪学者，论究妖怪

---

① 井上圆了：《妖怪学讲义》，蔡元培译，上海文艺出版社，1992，第 197 页。
② 井上円了『真怪』、丙午出版社、1919 年、第 308～301 頁。

之原理，而说明其现象者也。"①妖怪学的目的在于"拂假怪开真怪"，"为国家拂妖云妄雾，开智德之二光"。妖怪学之所以未设学科，他指出："妖怪学者，有科学之资格者也，而世间固无此一科之学。"② 只是因为学者对妖怪未有研究所以才没有这样的学科，但其实世上关于妖怪的事实很多，考究其原理，本来就是一门学问，他希望开这门学问的端绪，希望日后能成为一门独立的学科。

圆了将妖怪学划归为心理学的一部分："妖怪在第一表属有象哲学中之应用学，在第二表属无形的理学中之应用学。"③ 他认为狭义的妖怪学属于心理学的应用学，而广义的妖怪学则属于百科诸学的应用学。因此，他认为还可以将妖怪学分为"变态学"与社会人类诸学科中之一科。

"变态学"是指"变式变则之学"。妖怪是由于误用了诸学科的原理而造成，因此，阐明它是如何误解了诸学科道理的学问就是"变态学"。他认为当时的教育都是"正式学"，以教育为目的，涉及对象狭窄。若要以广大社会群众为对象，必须要专门设立一门妖怪学来对种种妖怪事实予以说明。

他在讲到妖怪学与史学、人类学的关系时指出它们有密切联系，"人类学为人类全体之学，对照动植物而论人类之性质事实者也"。妖怪学不属于"人种学"，因为妖怪学并非局限于一个人种，人类学则不同，它涉及身心的各种进化之事，因此妖怪学可以算作人类学的一种。关于历史学，他称历史学与人类学性质不同，"历史学与人类学，异其性质，非考究天地间一种之生物的人类之进化而就一国民的发达之人类，即成社会。近文明之人民，而考究其社会外界与思想内部之进化者也。论其内部之进化者，则历史哲学。今妖怪学为测定人智程度之学，当属于内部，虽然亦有所异，盖妖怪学者，就外界所现之风俗习惯上而论人智之程度，非论思想者，故又近于社会学，要之妖怪学，以关于人类社会，与人类学、历史学、若社会学有密接之关系"。④

---

① 井上圆了：《妖怪学讲义》，蔡元培译，上海文艺出版社，1992，第1页。
② 井上圆了：《妖怪学讲义》，蔡元培译，上海文艺出版社，1992，第6页。
③ 井上圆了：《妖怪学讲义》，蔡元培译，上海文艺出版社，1992，第6页。
④ 井上圆了：《妖怪学讲义》，蔡元培译，上海文艺出版社，1992，第6页。

关于妖怪学的历史，圆了指出有三个阶段，即"太古之时代""发达之时期""智力大发达之时代"。

太古时代是妖怪学的起源期，这一时期世间万有皆为妖怪，人智逐渐发达，开始对世间万象进行解释，由此产生了"妖怪学"。

发达时期又可分为三个时期：感觉时代、想象时代、推理时代。

感觉时代是智力较低下的时代，以人的感觉从形质上对万象进行解释。

想象时代是人不仅以有形物质对妖怪解释，也开始以无形物质进行解释，如神灵思想等，这一时期开始以想象对万物进行解释。这一时期又可以称为"鬼神说"时代。

推理时代则以推理来解释妖怪。

到了智力大发达的时代，则既不以有形物质进行解释也不以无形物质进行解释，而是以万物之固有的规则、道理来对其进行解释。即"学理说"时代。[①]

（3）"妖怪学"的研究方法

圆了认为"征伐妖怪"的主要方法是心理学。因为世上的妖怪主要是迷误与异常两种，迷误即客观的妖怪，乃心理学的范畴，而异常属于主观的，即论理的妖怪，论理的也属于心理的一种，所以也属于心理学范畴。因此，破除妖怪的主要方法是心理学的方法。但是，不仅仅是心理学，心理的妖怪如精神病的发病者就需借助生理学、精神病学来说明，关系宗教的及虚想的妖怪就要借助宗教学及纯正哲学来说明。而理学的妖怪或哲学的妖怪就要借助物理学、化学、天文学、地质学、植物学、动物学等学科知识来解释。

由此可见，圆了开创的"妖怪学"虽然属于心理学的一部分，但却是综合了各门学科，需要运用各门学科的知识来研究的综合性学科。

（4）"妖怪学讲义"的内容

圆了的妖怪学在开篇总论里对妖怪及妖怪学进行了说明。其后，分为

---

① 井上圆了：《妖怪学讲义》，蔡元培译，上海文艺出版社，1992，第13页。

理学部门、医学部门、纯正哲学部门、心理学部门、宗教学部门、教育学部门以及杂部门的七大类对274种妖怪进行了说明。具体如下：

第二类　　理学部门

第一种（天象篇）天变、日月蚀、异星、流星、日晕、虹霓、风雨、霜雪、雷电、天鼓、天火、蜃气楼、龙卷

第二种（地妖篇）地妖、地震、地陷、山崩、自倒、地雷、自鸣、潮汐、津浪、须弥山、龙宫、仙境

第三种（草木篇）奇草、异谷、异木

第四种（鸟兽篇）妖鸟、怪兽、鱼虫、火鸟、雷兽、老狐、九尾狐、白狐、古狸、腹鼓、妖獭、猫又、天狗

第五种（异人篇）异人、山男、山女、山姥、雪女、仙人、天人

第六种（怪火篇）怪火、鬼火、龙火、狐火、蓑虫、火车、火柱、龙灯、圣灯、天灯

第七种（异物篇）异物、化石、雷斧、天降异物、月桂、舍利

第八种（变事篇）变化、恙虫、穷奇、河童、釜鸣、七不思议

第三类　　医学部门

第一种（人体篇）人体之奇形变态、尸体之衄血、尸体强直、木乃伊

第二种（疾病篇）疫、痘、疟、卒中、失神、癫痫、诸狂、躁性狂、郁性狂、妄想狂、时发狂、歇斯底里等、髪切病

第三种（疗法篇）仙术、不死药、炼金术、御水、诸毒、妙药、秘方、食合、符咒、咒咀、禁魔、咒术、疗法、信仰疗法

第四类　　纯正哲学部门

第一种（偶合篇）前兆、前知、预言、察知、暗合、偶中

第二种（阴阳篇）河图、洛书、阴阳、八卦、五行、生克、十干、十二支、二十八宿

第三种（占考篇）天气预知法、运气考、占星术、祥瑞、鸦鸣、犬鸣

第四种（卜筮篇）易筮、龟卜、钱卜、歌卜、太占、口占、辻

占、兆占、箸占、御阄、神签

第五种（鉴术篇）九星、天元、淘宫、干支术、方位、本命的杀、八门遁甲

第六种（相法篇）人相、骨相、手相、音相、墨色、相字法、家相、地相、风水

第七种（历日篇）岁德、金神、八将神、鬼门、月建、土公、天一、天上、七曜、九曜、六曜、十二运

第八种（吉凶篇）厄年、厄日、吉日、凶日、愿成就日、不成就日、有卦无卦、知死期、缘起、御弊

第五类　　心理学部门

第一种（心象篇）幻觉、妄想、迷见、谬论、精神作用

第二种（梦想篇）梦、奇梦、梦告、梦合、眠行、魇

第三种（凭付篇）狐凭、人狐、式神、狐遣、饭纲、管狐、犬神、狸凭、蛇持、人凭、神凭、魔凭、天狗凭

第四种（心术篇）动物电气、告理、棒寄、自眠术、察心术、降神术、巫觋、神女

第六类　　宗教学部门

第一种（幽灵篇）幽灵、生灵、死灵、人魂、魂魄、游魂

第二种（鬼神篇）鬼神、魑魅、魍魉、妖神、恶魔、七福神、贫乏神

第三种（冥界篇）前生、死后、六道、再生、天堂、地狱

第四种（触秽篇）祟、障、恼、忌讳、触秽、厄落、厄拂、驱傩、祓除

第五种（咒愿篇）祭祀、镇魂、淫祀、祈祷、御守、御札、加持、御嶽讲、禁厌、咒言、咒咀、修法

第六种（灵验篇）灵验、感应、冥罚、业感、应报、托宣、神告、神通、感通、天启

第七类　　教育学部门

第一种（知德篇）遗传、白痴、神童、伟人、盲哑、盗心、自杀、恶徒

第二种（教养篇）胎教、育儿法、暗记法、记忆术

第八类　　杂部门

第一种（怪事篇）妖怪宅地、枕返、怪事

第二种（怪物篇）化物、舟幽灵、通恶魔、轱辘首

第三种（妖术篇）火渡、不动金缚、魔法、幻术、系引①

（5）"妖怪学"研究的结论

圆了通过对妖怪的一一剖析，最终得出这样的结论：

伪怪、误怪固非妖怪，全出于人之虚构谬误，故谓之妄有。次假怪，虽非道理上之真怪，而事实上现为妖怪，在里面虽非妖怪，而表面则为妖怪，故谓之假怪。至真怪则独为真正之妖怪。除之而无他之真妖怪。故谓之真怪。由此四种者，以伪怪假怪真怪为三大怪，考之世界上，世界者，有无限绝对之世界与有限相对之世界。又别有人间世界。此人间世界，跨在两界之间，能与两界相通。谓之三大世界。今与此大世界相应，而妖怪亦有三大种。即真怪者，所谓绝对世界之大妖怪，假怪者，所谓相对世界之妖怪，伪怪者，所谓人间世界之妖怪，而至误怪，位于自然与人为之间，伪怪及假怪上偶然生者，别无对之之世界，故亦不以之为一大种之妖怪。以是举妖怪之种类，伪怪假怪及真怪之三大种。就其关系于真怪而开示其理于人，又能讲体达之之道者，即宗教也。次研究假怪之道理而明之者，一般之学科也。而关于伪怪而成立者，人情风俗政事等也。故研究伪怪者，得知社会人情之奇智妙用。研究假怪者，得晓万有自然之奇变妙化。研究真怪者，得悟神佛之奇相妙体，是故欲知社会人情之机密，当考究伪怪，欲知物心万有之机密，当考究假怪，欲知人物幽灵之机密，当考究真怪。盖起第一于考治（原文为政治——笔者注）有关系。其第二于教育有关系，其第三于宗教有关系。是余妖怪学研究之顺序，而其目的在于去伪怪拂假怪而开真怪之所以也。②

---

① 井上圆了：《妖怪学讲义》，蔡元培译，上海文艺出版社，1992，第7～11页。

② 井上円了『妖怪學講義』合本第1册、哲学館、1896年、第302页。

圆了依据哲学关于世界的分类方式将妖怪分为三大类，即"绝对世界"的"真怪"，"相对世界"的"假怪"以及"人间世界"的"伪怪"。他认为可以以宗教来研究"真怪"，通过研究真怪"得悟神佛之奇相妙体"，以一般之学科研究"假怪"，通过研究"假怪""得晓万有自然之奇变妙化"，最后"伪怪"的出现是缘于人情风俗政事等，因此研究"伪怪""得知社会人情之奇智妙用"。三者分别与政治、教育、宗教相关，因此，这是他妖怪学研究的顺序，也是他之所以要实现"去伪怪拂假怪而开真怪"这一研究目的的原因所在。

2. 《妖怪学讲义》以后圆了的妖怪研究

如前所述，《妖怪学讲义》最初以讲义录的形式自明治二十六年（1893 年）开始发行，是井上圆了在哲学馆第七年度妖怪学课程的讲义。明治二十九年（1896 年）进行再版，将 8 卷本合为 6 册出版。其后，该讲义在明治、大正、昭和、平成各个时代不断出版，最终于 1999 ~ 2000 年，东洋大学井上圆了纪念学术中心出版了全 6 卷的《妖怪学全集》。

出版了《妖怪学讲义》之后，圆了并没有中断对妖怪的研究，他不断地补充新的内容，补充大家寄给他的有关妖怪的新事实，一一给予回答。同时，为了让妖怪学通俗易懂，使普通百姓了解，他又出版了插画版的《妖怪百谈》《续妖怪百谈》，同时出版了《妖怪学杂志》《妖怪丛书》等。

自 1890 年开始的长达 26 年的全国巡讲中，他也不断地收集有关妖怪的情报，做关于妖怪的讲演。据统计，在他的巡讲中有关妖怪迷信的讲演占到了 24%[①]。可以说圆了终身致力于妖怪学研究，他的《妖怪学讲义》也得到了当时日本文部大臣的肯定。1897 年 2 月 16 日，文部大臣对该书做了如下评价：

> 本书、教材材料收集丰富，论说援引论据详细自不必说，特别在于目前民间依然迷信流行，往往成为妨碍普通教育进步的障碍这一点。
>
> 在学术上，一一对其给予说明，我认为十分有益。

---

① 三浦節夫『井上円了と柳田国男の妖怪学』、教育評論社、2013 年、第 93 頁。

如此著述若普遍发行于市，必然有助于今后迷信旧俗的逐渐减退。

2月22日，宫内大臣将圆了的著作进呈天皇，成为天皇喜爱的读物。[①]在《妖怪学讲义》之后，圆了撰写的著述如下：

1897年《妖怪研究的结果》——一名《妖怪早知道》哲学馆刊。

1898年《（通俗绘入）妖怪百谈》——一名《伪怪百谈》四圣堂刊。

1900～1901年《妖怪学杂志》。

1900年《（通俗绘入）续妖怪百谈)》哲学书院。

1901年《妖怪丛书①哲学占卜》哲学馆。

1903年《妖怪丛书③天狗论》。

1904年《妖怪丛书②改良新案之梦》、《妖怪丛书④迷信解》、《心理疗法》（南江堂发行）[②]。

综上所述，井上圆了的出身成长环境使得他从小就对妖怪产生了兴趣，同时儒学的学习，又让他养成了凡事究其"理"的思维习惯，因此，他从少年时就试图对"妖怪现象"进行合理解释，为他日后开创妖怪学奠定了基础。

他生在江户末，长在明治期，这样一个日本百年来最为动荡的年代，他历经了"废佛毁释"、日本全盘西化的过程。同时，他是东京大学文学系哲学科的第一届也是唯一一个学生，学习了东方哲学与西方哲学，毕业后他立志以"护国爱理"作为他毕生的理念，为国家的发展、文明的进步做出了巨大贡献。

他的"妖怪学"研究也是在"护国爱理"的信念下，为了国家精神文明的进步，为了国民整体素质的提高而开创的。他认识到，国家的物质文明虽然进步了，但是人民的思想、文化等精神文明还远远地落后于西方，要想取得精神文明的进步首先要打破固有旧俗，特别是迷信思想的影响。因此，他毕生致力于"妖怪学"研究，为"去伪怪拂假怪开真怪"做出了巨大努力。

---

① 三浦節夫『井上円了と柳田国男の妖怪学』、教育評論社、2013年、第92頁。

② 井上円了『妖怪学全集第6卷』、柏書房、2000年、第425頁。

他运用各个学科的知识，如哲学、心理学、医学、植物学、动物学、天文学、地理学等，将400余种妖怪一一"铲除殆尽"。他的研究可以认为是在西方"不可思议"研究的影响下展开的，其研究方法也受到了西方研究的影响，特别是其心理学、医学的研究视角可以说是受到了当时西方心灵主义、心灵研究学会的影响。不仅是圆了，当时以心理学、医学对妖怪现象进行解释说明的文章不断发表在各种杂志上，可以说是明治中后期的一个学术潮流。诸如关于"狗狐狸"以及"狐凭"的研究就有很多，基本上认为"狐凭""犬神""天狗凭"等属于精神病的一种。

圆了的《妖怪学讲义》在运用心理学、医学等知识的同时，处处体现着哲学思想的运用，他依据哲学对世界的认识，将妖怪分为绝对世界的真怪、相对世界的假怪以及人间世界的伪怪，并提出，研究真怪可以读懂宗教，了解神佛世界，研究假怪可以知道自然界的各种奇妙，而研究伪怪则可以获知世间的人情世故。

他自1884年开始正式研究"妖怪"，直至1904年的20年间他出版发行有关妖怪学研究的著作多达13部之多。对日本明治社会的思想文明进步起到了不可忽视的作用。

圆了的研究是为了破除迷信，消灭所有"妖怪"，这一点虽然被后来的"妖怪学"研究者，特别是民俗学者所批判。但不得不承认，他在当时的时代背景下所做出的贡献是巨大的，是应当给予肯定的。

圆了在当时业已认识到日本不能一味学习西方，特别是在文化方面，必须要以本国的固有文化为基础，才能真正实现一国的独立。而柳田国男所开创的日本民俗学也是基于这样的认识，只是，圆了所认为的日本固有文化在于国学、汉学与佛学上，而柳田将其定位在民间传承与信仰上。

二 井上圆了影响下的中国"妖怪学"研究

清末，中国经历了鸦片战争、中日甲午战争等一系列战争，受到了外国列强的侵略。而日本则在1868年实现了明治维新，走上了强国之路，成为中国学习的楷模，中国从法律制度、教育、文化等方面开始学习西方并效法日本。以康有为等为代表进行的戊戌维新运动就是效法日本进行改革的一次政治运动。

同时，政府开始大量派遣留学生赴欧美、日本学习。至1910年，北洋政府先后派赴各国留学生共190名。其中日本150名，美国51名，英、比、德、法四国共24名①，赴日留学生的数量远远超过其他国家。这些留学生带来了先进的思想与现代的学术，日本的学术开始影响我国。

井上圆了以及他所提倡的妖怪学自创立起便受到了中国众多知识分子的关注。清末亡国的危机感使得知识分子们急于改造旧中国。而中国百姓愚昧、落后、迷信，如何破除迷信、使百姓觉悟，提高中华民族的国民素质，使中国步入近代化，成为知识分子们迫切想要解决的时代课题。而井上圆了倡导的妖怪学其目的就在于科学合理地解释各种妖怪现象，以科学破除迷信。因此，受到了广大中国知识分子的热烈欢迎。

1899年至1911年的12年间，井上圆了的14部著作被译成中文②，其中关于妖怪学的译著有1902年商务印书馆出版的何琪译《妖怪百谈》、1903年文明书局出版的徐渭臣译《哲学妖怪百谈》和《续哲学妖怪百谈》，以及1906年商务印书馆出版的蔡元培译《妖怪学》。同时，在井上妖怪学的影响下，中国也出现了第一部妖怪学方面的专著——《寻常小学妖怪学教科书》。

（一）《寻常小学妖怪学教科书》

该书出版于1902年，是屠成立（清生卒不详）模仿圆了妖怪学的研究方法编写而成的小学生学习用书。题目模仿井上圆了的妖怪学取名为《寻常小学妖怪学教科书》，书中对诸多妖怪现象进行了科学合理的解释。

该书的序言由爱国文人杜士珍撰写，序言中表达了强烈的亡国危机意识，并以埃及、犹太的亡国为例一针见血地指出封建迷信之祸国殃民，大声疾呼中国破除迷信的必要性。

> 终古而不变者其亡国乎。埃及犹太鸡蛇狗豚奉之如神明，戴之如祖先，胶然鼓瑟祸亡随之，前车后鉴闻而心栗……自嬴刘迄今妖怪丛生，老友妇女习鬼怪如圣经，其结果乃有与埃及犹太同其流者……恫

---

① 援引自张亚群《论清末留学教育的发展》，《华侨大学学报》2000年第4期。
② 邹振环：《影响中国近代社会的一百种译作》，中国对外翻译出版公司，1996，第209页。

哉恫哉艺艺中人其忍埃太而不拔出于荆棘者乎？我其奈斯民何矣。屠君作妖怪书属余为之序，余则曰然哉然哉，是固破妖怪者第一着手处也。①

杜士珍对该书给予了充分肯定，认为破除妖怪是当前的首要任务。该书共40课，每课介绍一种妖怪，共解释了40种妖怪。该书开篇介绍了妖怪学这门学问："何谓妖怪学，发明种种妖怪之原理，以破愚人千载之祸者也。"② 该定义可谓是沿袭了井上圆了妖怪学的定义。

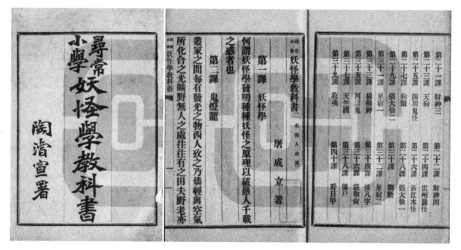

资料来源：该书收藏于中国国家图书馆

通观该书的内容，大部分的妖怪并非我们印象中的《西游记》里的妖怪形象，而更多的是迷信现象，诸如扶乩、巫婆、地动、海市蜃楼、财神、张大仙、排八字等。可见，当时我国已经接受了井上圆了对于"妖怪"的定义，将这些当时流行的迷信现象都归为"妖怪"之范畴。

同时，该书对于这些妖怪都一一加以了合理解释。诸如"天狗"一课的解释：

日何以缺，因月球介于地球与日球之间，一线参直，为月球所遮

---

① 屠成立：《寻常小学妖怪学教科书》，新中国图书社，1902，第1~2页。
② 屠成立：《寻常小学妖怪学教科书》，新中国图书社，1902，第1页。

蔽，在地球之人望之日球之光缺其一区，愚人附会之，以为日为天狗所食，鸣锣击鼓可以救之，可笑甚也。①

诸如此类，屠成立以科学的方式解释种种妖怪，该书从对妖怪学的定义到对妖怪的解释方法可以说完全效仿了井上圆了的妖怪学。

（二）蔡元培的"妖怪学"研究与井上圆了

井上圆了妖怪学的译著中最为著名的是蔡元培（1868～1940）译的《妖怪学讲义录》，至1922年的12年间再版了8次之多。1992年，上海文艺出版社又出版了其影印版，至今仍为大家广泛阅读。

蔡元培并未留学日本，他为何会关注井上圆了？缘何会翻译《妖怪学》？我想原因有两方面：一是出于他对日本的关注；二是出于他对井上圆了的关注。

中国自鸦片战争败给西方国家后就一直处于亡国边缘，而日本，这个长期在中国看来乃夷敌之国家，却通过明治维新，走上了强国道路，这不得不使当时的知识分子们把目光投向日本，积极吸取日本各方面的经验。作为爱国知识分子的蔡元培也不例外。特别是中日甲午战争的爆发，更加显示出日本明治维新之成效。自这一年起蔡元培开始关注日本，1894年，他阅读了《日本新政考》（清顾厚琨著）。1896年他又阅读了《日本史略》（阿波冈本监甫著）、《日本师船考》（清沈敦和、仲礼著），1897年拟设东文书馆，开始学习日文，其目的在于通过日文书籍来"览西书"。1898年他进入刘葆良的日文学习馆学习日文，虽然他"不肯学日语，"但却"硬看日文书"。同年，他开始跟随陶大钧及野口茂温学习日文。1899年他首次尝试翻译了日文书《生理学》。1900年他聘请日本教习至绍兴中西学堂教授日文。1901年他在南洋公学特班开始教学，同时教授学生日文，鼓励学生看日文书并试译。1902年开始教授学生日文的汉读法，"以不习日语而强读日文书之不彻底法授之"（即"和文汉读法"），让学生们"从学习日本翻译中，阅读容易了解的日本书"，并令其"随习随试译"。同一年他

① 屠成立：《寻常小学妖怪学教科书》，新中国图书社，1902，第7页。

首次游历了日本。1903 年他开始为外交报馆翻译日文稿件，同年翻译了日文版的德国科培尔著《哲学要领》一书。① 由此可见，19 世纪末 20 世纪初的十几年间，蔡元培对日本极其关注，大量阅读日文书籍，与日本友人频繁交往，不断向中国介绍日本的各种思想。在他关注日本的这些年中，井上圆了作为当时著名的佛教哲学家、教育家进入了蔡元培的视野，并对蔡元培的思想有很大的影响。

蔡元培对于井上圆了的思想可以说有三方面关注：其一是对其佛教护国理论的关心；其二是对其妖怪学的关心；其三是对其教育学的关心，且其关心顺序也是这样。

蔡元培最早接受井上圆了的思想是在 1900 年，那一年他在井上圆了的《佛教活论》的影响下，撰写了《佛教护国论》一文。井上圆了一生秉承"护国"与"爱理"两大信念，并指出佛教兼具这两者。井上圆了撰写的三部《佛教活论》，从哲学角度揭示了佛教乃"公平无私之大真理"，耶稣教乃"偏僻不全之小真理"②，所以，耶稣教与佛教不可同日而语，他还指出西方数千年来实际研究得来之真理，早在 3000 年前东洋就已具备。

蔡元培深受其启发，他说："然而吾读日本哲学家井上氏之书而始悟。井上氏曰：佛教者，真理也，所以护国者也。又曰：佛教者，因理学、哲学以为宗教者也。小乘义者，理学也，权大乘义者，有像哲学也，实大乘义者，无像哲学也。呜呼！何其似吾夫子与吾夫子之言。"③ 他将井上圆了比作孔夫子，足见对其评价之高。同时，蔡元培试图将儒教与佛教结合起来，指出儒教之"《论语》者小乘也；《孟子》所推，权大乘也；《庄子》所推，实大乘也。《论语》《孟子》《庄子》所未详，余取之佛氏之言而有余矣。且孔与佛，皆以明教为目的者也。教既明矣，何孔何佛，即佛即孔，不界可也"④。蔡元培将儒教与佛教进行类比，希望通过振兴此东方二教来抗衡西方之耶稣教。对于佛教弊端的改革，他提出几点建议，并指出

---

① 参照王世儒《蔡元培先生年谱》，北京大学出版社，1998，第 21～87 页。
② 井上円了『仏教活論序論：縮刷』哲学書院、1888 年、第 7 页。
③ 高平叔编《蔡元培全集》第一卷，中华书局，1984，第 106 页。
④ 高平叔编《蔡元培全集》第一卷，中华书局，1984，第 106 页。

"他将游日本求导师而后从事焉"。① 1902 年，他终于有机会游历了日本。

蔡元培 1911 年出版的《哲学总论》也是《佛教活论本论第二篇显正活论》的节译。

如上所述，蔡元培对于井上的关心始自其佛教哲学、佛教护国之理论。对于妖怪学之关心则是在第二年的 1901 年。这一年 4 月 11 日他请杜亚泉帮其购买井上圆了的《妖怪学讲义》，同年 9 月他译完 6 册并将其付印，然而，仅印出 1 册，其余 5 卷均毁于火灾。②。

蔡先生之所以翻译妖怪学可从其书的序言中窥见一二。其书序言乃杜亚泉（1873～1933）所著。他说："悯家庭之内，社会之间，常窟穴无数之妖怪，思一切扫除之……吾虽常决言其非妖怪，而不能确言其非妖怪之所以然。又不能证明他人所以误为妖怪之故，惟觉妖雾漫空，使人迷眩而不知方向耳。闻日人井上圆了氏，有《妖怪学讲义》之著，甚见重于其国民，甚有益于其民俗。"③ 由此可以看出，翻译及付印《妖怪学讲义》之目的与井上圆了一样，都在于扑灭社会上家庭中流行的各种迷信活动、迷信风俗，提高国民素质，开化民智。蔡元培主张真正的道德不可无健全的知识，振兴教育以推进社会道德，反对迷惘。④

《妖怪学讲义》总论部分自 1906 年 4 月起刊登在了《雁来红丛报》上，该报每月 4 期，《妖怪学讲义》分 7 次刊登在第 1 期至第 7 期上。⑤ 同年，商务印书馆印刷出版了该书，此后，多次再版。

蔡元培一直致力于破除迷信、改良风俗，这一点从他与杜亚泉合办的《普通学报》中也可以看出。杜亚泉也是我国著名的爱国学人，他 1899 年执教于中西学堂，任理科教师，此时的蔡元培是中西学堂的学校监督。杜亚泉当时也学习日语，曾购买大量上海制造局出版的译著进行学习。1900 年，由于不满中西学堂之旧派，他与蔡元培辞职来到上海，创办了《亚泉杂志》，1901 年改为《普通学报》。该刊主张破除迷信、改良风俗。以自

---

① 高平叔编《蔡元培全集》第一卷，中华书局，1984，第 107 页。
② 王世儒编《蔡元培日记上》，北京大学出版社，2010，第 186 页。
③ 井上圆了：《妖怪学》，蔡元培译，上海文艺出版社，1992，第 1 页。
④ 丁守和：《辛亥革命时期期刊介绍》第三集，1983，人民出版社，第 256 页。
⑤ 井上圆了：《妖怪学》，蔡元培译，上海文艺出版社，1992，第 1 页。

然科学与社会科学并重，分为经学科、史学科、文学科、算学科、格物学科、博物科、外国语学科、学务杂志八栏。对于清朝统治阶级的醉生梦死、抱残守缺、不图振作，表示强烈不满。认为中国危在旦夕，必须加以拯救，而改造途径是实行君主立宪制，为了实现这一目标必须要"兴教育""办学堂""育人才"。①

蔡元培曾在该刊上发表过《论孔氏祖先教》一文，对灵魂不灭问题进行了独特解释，他指出人有灵魂，而人死后的灵魂则在其子孙与其党徒。他以物质不灭的观点指出："人死而体魄化为土壤，为植物所吸收，其植物或为人食，或为鸟兽食，而鸟兽又为人所食，此轮回之义而物质不灭也。"关于"魂附体"问题，他更是见解独特，他说："魂是道义。自古皆有死，人无信不立，言行洁白而能范一世，虽极卑贱者，亦灿有光辉。"②

蔡元培谈到灵魂不灭问题的实质时称：并非人死灵魂不灭，灵魂之所以"不灭"在于逝者的亲属或其朋友。以此批判了世上流传的所谓"灵魂不灭"这一迷信思想。

由此可见，蔡元培一方面致力于科学知识之普及，以此扑灭迷信；另一方面也十分重视"兴教育"。这一点恰恰与井上圆了的观点十分一致。井上圆了在取得东京大学的学士学位之后，并未回到佛寺中，而是创办了"哲学馆"，培养人才，将东方哲学与西方哲学一同纳入课程体系，并全部聘用日本本国之学者，试图培养本国之哲学人才。井上圆了终身致力于教育事业，希望通过振兴教育事业来提高国民素质，完善国民道德，使日本的精神文明与物质文明同步发展，为了更多的人能够接受教育，他还以"通信教授"的形式向全国发行哲学馆的讲义录。而蔡元培也曾拜托前往日本的友人帮助其调查哲学馆的"通信教授法"。

正是基于两人共同的认识、共同关心的课题，为了解决同样的时代课题，有着对于国家建设、国家发展的共同认识，使得这个清末的青年翰林对于井上圆了有了极大的关心，将其《妖怪学讲义》译成中文介绍到中国，并给予了极高的评价。

---

① 井上圆了：《妖怪学》，蔡元培译，上海文艺出版社，1992，第2~3页。
② 井上圆了：《妖怪学》，蔡元培译，上海文艺出版社，1992，第4页。

　　诚然，如王青指出的那样，井上圆了研究"妖怪学"一方面是破除迷信，而另一方面却是要开"真怪"，"引导人进入'真怪'即宗教的世界"，"而蔡元培翻译井上妖怪学的目的却是昌明'科学'，视'宗教'为'迷信'"。①

　　蔡元培在1920年就写过《理信与迷信》一书，指出事物都有因果关系，迷信的人就是因为不明白这种因果关系，因此产生了"迷信"。而"理智的信仰则不是这样，他们所认为的因果关系，常常是积累无数的经验而归纳出来的，所以能够打破以往的迷信。例如日食、月食，这是古人所说的上天的警告，今天我们知道这是月球或地球的影子偶然遮住太阳，而且可以预测再次出现日食、月食的时间。传染病，古人认为这是神的惩罚，现在则知道这是微生物的传染，而且可以预防。人类之所以超过万物，古人认为天神在创造万物的时候，给予人的特别多，现在则知道人类是生物进化中的一个环节，只是由于人类观察自然的能力，以及同类互助的感情，均比其他生物进步，所以进化的程度就特别高。这都是理智信仰的证明。人类如果能破除迷信而坚持理智的信仰，那就可以省去毫无意义的祈求和希望，专心致力于有意义的社会事业，而且天天会有所进步了"。② 由此可见，蔡元培始终持无神论的观点，揭示迷信、破除迷信。

　　蔡元培译的《妖怪学讲义》也被认为是早期介绍到中国的心理学著作。井上圆了开创的妖怪学在日本也是作为心理学课程的一部分，即应用心理学部分在哲学馆讲授。从心理学角度破除迷信的研究方法，此后在中国也被继承下来。这将在下一部分详细介绍。

　　如上所述，在清末民国初年，中国在日本学者井上圆了的影响下，开始了妖怪学研究，出现了妖怪学研究的著作及译本。

（三）迷信研究与圆了的妖怪学

1. 五四运动前后中国"妖怪学"研究的新趋势

　　五四运动前后，西方科学思想介绍到中国的同时，西方的"灵学"思

---

①　王青：《井上圆了与蔡元培宗教思想的比较研究》，《世界哲学》2013年第3期。
②　蔡元培：《蔡元培中国人道德修养读本》，吉林人民出版社，2012，第22页。

想也被介绍到中国。1918 年，易以玄、俞复等人在上海成立了灵学会，还创办了《灵学丛志》，易以玄等力图证明鬼神的存在，并把其与国家命运联系起来。① 于是，中国出现了科学与灵学的大论战。特别是陈独秀创办的《新青年》杂志，更是成为双方论战的阵地。陈独秀与易以玄就"有鬼"还是"无鬼"的问题展开了激烈争论。陈独秀发表了《有鬼论质疑》，易以玄便答复陈独秀之质疑，双方展开了激烈的论战。这一论战的直接影响就是导致这一时期中国破除迷信风潮的兴起。

在这样的思潮背景下，"妖怪"成为封建迷信的代名词，频频出现在各种报纸、杂志上，用来讽刺旧中国、旧社会。当时不少杂志通过描写"妖怪"来呼吁群众改造旧社会、打破旧的封建制度、礼仪习俗。诸如 1924 年第 1 卷第 22 期的《红玫瑰》杂志上就刊登了《妖怪杂志》的宣言书，文中的作者署名均采用《西游记》中妖怪之名称。该杂志的方针就是要用金箍棒打破阶级制度，摆脱几千年来封建思想的束缚。②

此外，我国著名教育家陶行知（1891～1946）在 1934 年第 8～9 期《生活教育》上发表了题为《一对妖怪》的诗歌，以妖怪讽刺自私、自利之人，自私自利之人生出了守财奴与守知奴，导致了中华民族的大失败，并配上了漫画版的《自私先生与自利太太》。

井上圆了的妖怪学在当时是被作为科学介绍到中国的，中国学者在接受井上圆了妖怪学的同时也传承了其心理学视角的妖怪研究方法，中国心理学先驱陈大奇（1886～1983）是运用心理学方式解释"妖怪"的代表性人物之一。陈大奇早年留学日本，就读于东京帝国大学文科哲学门主攻心理学。他也在《新青年》上发表过论述，同时他在 1918 年撰写了《辟"灵学"》一文，批判了灵学会设坛扶乩之迷信活动。从医学、心理学角度科学解释了扶乩现象，指出"人手能发无意识之运动，方运动之，不能自知……今更转而论扶乩之必出于此运动"。③ 同时，他还列举了西方诸多科学实验来例证这一点。1920 年陈大奇出版了《迷信与心理》一书。这些都

① 李振霞等编《中国现代哲学史资料选辑（1919～1949）》，红旗出版社，1984，第 209 页。
② 程瞻庐：《妖怪杂志》，《红玫瑰》1924 年第 1 卷第 22 期。
③ 陈大奇：《辟"灵学"》，刊登于陈独秀李大钊编撰《新青年精粹 2》，中国画报出版社，2013，第 108 页。

是从心理学角度阐释"妖怪"现象。①

关于扶乩的研究，1946年许地山也出版了《扶箕迷信底研究》一书，书中科学地分析了扶箕这种占卜术。他通过文献资料考察了扶箕的起源、形式与所要达到的目的，继而从心理学的角度揭示这一迷信活动的面纱，最终得出"扶箕并不是什么神灵的降示，只是自己心灵的作怪而已"② 的结论。

值得注意的是，"扶乩"现象在《寻常小学妖怪学教科书》中被列为"妖怪"的一种，而在这里，无论是陈大奇还是许地山都不采用"妖怪"一词，而将其称为"迷信"，可见，这时我国已经出现了对"妖怪"的重新认识。

无论是陈大奇还是许地山的研究都与井上圆了的妖怪学研究目的、研究方法相类似，可以说是井上妖怪学在中国的继承与发展。

此外，周建人与他人合著过《迷信与科学》，1923年由商务印书馆发

① 陶行知：《一对妖怪》，《生活教育》第8～9期，1934年，第198、202页。
② 许地山：《扶箕迷信底研究》，岳麓书院，2011，第85页。

行，将"无哲学上的根据又与科学的结果冲突"① 的所有事物都称为"迷信"。对于"迷信"的产生认为是"由于病态"与"由于错误"两种，这与井上圆了所指出的"假怪"与"误怪"相类似。

同时，中国也随时留意日本妖怪学研究的最新成果，及时将其介绍到中国来。1942 年 2 月 1 日的《时与潮副刊》第 1 卷第 5 期上就刊登了《精神失常与妖怪现象》一文，该文章是 1939 年 8 月日本中央公论 8 月号上刊登的小峯茂之（1883～1942）的文章，由李春霖译为中文。在大标题的前方醒目地写着："一切妖怪现象完全由幻觉及错觉造成的，而幻觉与错觉则由直觉失常而产生。"② 这与井上圆了的认识也十分接近，都是从科学的角度对妖怪现象予以阐明。

2. 江绍原的迷信学与井上圆了

第一次以"迷信"一词代替圆了的"妖怪"，开创了"迷信学"的是我国著名的民俗学家、宗教学家江绍原（1898～1983）。民俗学家叶德均在 1931 年 4 月 25 日《草野》5 卷 3 号"民俗学专号"上发表之《中国民借学研究的过去及现在》一文中，把他列为民俗学研究有成就学者之首位。③

《迷信研究》是江绍原在中山大学以及北京大学的课程讲义。"在中山大学开始特辟一个从没人敢讲的《迷信研究》一课，编了一百多页的《迷信研究》讲义，十八年秋天又在北京大学开辟了《礼俗迷信研究》课，根据了《迷信研究》又增加许多材料，改为《礼俗迷信之研究》讲义。"④

王文宝于 1989 年将江绍原的迷信课程讲义整理编辑，出版了《中国礼俗迷信》一书，该书对于迷信的定义、影响、研究、分类等进行了详细阐述，并陈述了对于"迷信学"课程的设想。

通观此书，几乎每个章节都提及了井上圆了的"妖怪学"，并直言不讳地指出，自己所说的"迷信"就几乎等同于井上所说的"妖怪"，针对

---

① 东方杂志社编《迷信与科学》，商务印书馆，1923，第 2 页。
② 小峯茂之著、李春霖译：《精神失常与妖怪现象》，《时与潮副刊》第 1 卷第 5 期，1942 年 2 月 1 日，第 29～33 页。
③ 江绍原：《中国礼俗迷信》，渤海湾出版公司，1989，第 269 页。
④ 江绍原：《中国礼俗迷信》，渤海湾出版公司，1989，第 269 页。

井上的"妖怪学"，他将自己的研究称为"迷信学"，并指出在大学开设这门课程的必要性。"这个课程似乎有很多好处：帮助生徒将科学原理积学知识应用于日常生活，促起他们的生活和行动之理智化，唤醒他们勿为成说成见及相传的风俗习惯所误，和使他们明了非科学的思想致误之由——这些都是。而且若能一面讲解迷信，一面指陈与该迷信有关的科学研究的结果，……必能加添生徒与科学知识科学方法相接触之机会。……上述迷信研究之一门功课，不啻一场思想健全与否的检查，不啻一剂有效的防毒散，或早期注射的一管血清或预防液。民众及普通学校添设迷信研究一门功课的提议，井上若还活着，必表赞同。"①

由此可见，江绍原开设这门课程的目的也与井上圆了有相通之处。值得注意的是，在《寻常小学妖怪学教科书》中被列入"妖怪"范围的"扶乩"现象，在江绍原这里被纳入"迷信"范畴，成为"迷信学"研究的对象。因此，可以认为，我国从这一时期起，结合本土文化与国情，放弃了"妖怪学"这一概念，转而以"迷信学"这一名义开展起"妖怪"研究。

不过，江绍原并未全盘接受井上圆了的妖怪学，而是辩证地看待他，并大量援引西方人类学著作，一方面肯定圆了的功绩，一方面也指出了其局限性。对于井上圆了的妖怪学著作他评价其为"代表的是三四十年前日本维新时（要建设资本主义式工商文明和社会国家时）所感到的'妖怪'或云迷信的流弊"②。充分肯定了井上圆了妖怪学在破除迷信方面发挥的作用。同时，他也指出了井卜妖怪学的某些局限性。

关于迷信的定义，江绍原认为简单定义之即为"鬼话"，详细定义则为"一切和近代科学相冲突的意念，信念以及与它们并存的行止，我们皆呼为迷信，其中有一部分（或许是一大部分）普通常用'宗教''法术'两个名词去包括"③。并指出，他所说的迷信基本等同于井上圆了所说的"妖怪"。他说："从序言（蔡译《妖怪学讲义录》——笔者注）头一段中这几句话以及其后所举的妖怪种类（见下）看来，我们可以知道他所谓妖

① 江绍原：《中国礼俗迷信》，渤海湾出版公司，1989，第43~44页。
② 江绍原：《中国礼俗迷信》，渤海湾出版公司，1989，第10页。
③ 江绍原：《中国礼俗迷信》，渤海湾出版公司，1989，第3~4页。

怪大致与我们所谓迷信同义。"①

江绍原的迷信学研究可以认为很大程度上受到了井上圆了妖怪学的影响。但是二者又有不同之处。

首先,他们对待"妖怪"或称"迷信"的态度不同。井上圆了的妖怪学是全面否定妖怪,把它作为束缚社会前进的桎梏,但江绍原认为"迷信"也有它的功绩,应该辩证看待它的功与过。

江绍原指出井上没有意识到"迷信"也有其"用途",并把宗教与迷信区别对待。在江绍原看来,"宗教"就是"迷信"的一种。他抄录了井上圆了有关"妖怪"在宗教、教育、医术、实业、风俗等方面的弊害,又大量引用中国以及西方学者的观点,试图辩证地看待"妖怪"的功与过。

江绍原指出很多宗教在起初都是"先进"的、"进步"的,并包含"科学"的,例如僧侣曾在某个时期内就起到过进步作用,天文学、几何学的发达都有僧侣的功绩。宗教在原始社会、氏族社会时期都是进步因子。"迷信有时让善人占到便宜而引恶人上当吃亏,故迷信可说有功,又有时它害善人上当吃亏而让恶人占到便宜,故迷信可说有罪。""将若干罪恶认为掩秽或罪罚可说是迷信之功,教人以陈秽消罪之法则是迷信之罪。""富者强者及上流社会中人可因迷信而无意中减少——或者有意用迷信去减少——穷者弱者及下层社会中人的不安分的心思。""贫者弱者和压迫者有时也幸亏因为有迷信作保障,少受一点官者强者压迫征服者的欺负并多得到他们的一点恩惠。易言之,迷信那麻醉剂和精神警察有时还可以把富者强者也多少制伏着,使他们因而对于不幸者和下级人民少使用几次刀棒而多布施些衣食。"②

其次,对于"妖怪"或"迷信"这门学科的看法有所不同。井上圆了认为应该设立一专门学科来研究妖怪;而江绍原则认为,这项工程过于浩大,因为它与各个学科均有密不可分的联系,单凭一门学科是很难完成的,因此应该由各个学科的学者在各自领域努力完成。但是,应该在学校设立一门有关迷信的通论与分析解说的课程。

① 江绍原:《中国礼俗迷信》,渤海湾出版公司,1989,第33页。
② 江绍原:《中国礼俗迷信》,渤海湾出版公司,1989,第18~31页。

井上圆了曾设想在他创立妖怪学后不久的将来各个国家都会设立"妖怪学"这门学科，然而到江绍原撰写此书为止，并未出现此种状况。针对这一点江绍原指出："世界何以没有妖怪学或迷信学一个学科，是很难回答的。'妖怪''迷信'都是贬词；故世界上有一部分属于这个区域的东西，不甘自居为迷信。或因为怕动摇了'backward minds'（落后精神）的信仰；不敢宣呼为迷信，以迷信研究之眼光研究之。……而且迷信既多，它们的起源，变迁，流转，混合，变相，盛衰，复活和影响等项，涉及无数物学和人学。这些物学和人学都正在发展中，而且成为专精的，综合其所得的结果而组织一迷信学，不是易事。"①

但是，他指出虽然没有一门专门的学科，迷信学研究却在各个领域得以展开。诸如现代物质科学者、应用物质科学者、生物学者、民俗学者都开展过迷信研究。而"近代研究各种学（如医学，化学，法学），各种制度（如婚制，政法），各种技艺（如农耕，河工），各种文化活动（如文学，戏剧）及其他各种大小事物之历史者，当然多少须提到以往的关于本物的迷信言行——宗教的，法术的，及其他伪科学非科学的"②。

迷信与各个学科相关，江绍原指出井上圆了也认识到了这一点，但是他与井上有一个基本的不同点：即井上主张成立一个妖怪学科，而江绍原认为贸然设立这一学科不如让诸如心理学、人类学、民俗学、史学等各学科的专家去各自领域开展研究。但是，他提议在学校开设关于迷信通论以及关于迷信分析说明的课程。

尽管如此，他对于井上还是给予了极高评价。他说："对于宗教与社会主义二者所持的意见虽然和他（井上圆了）的相左仍乐于表扬他之研究和传播'妖怪学'。从林语堂、张友松合译的《新俄学生日记》看来，俄国学校似乎也颇提倡学生们实地调查并记录民间的一切习俗和民间迷信。教育上的这件创举其旨趣或与井上圆了之讲授妖怪学和我们之拟设迷信研究科与学校多少有几分相同。"③ 由此可见井上妖怪学的影响之深。

再次，二者都主张运用文献学与田野调查相结合的研究方法，但是其

① 江绍原：《中国礼俗迷信》，渤海湾出版公司，1989，第33～34页。
② 江绍原：《中国礼俗迷信》，渤海湾出版公司，1989，第39页。
③ 江绍原：《中国礼俗迷信》，渤海湾出版公司，1989，第45页。

研究目的略有不同。井上圆了的妖怪学主要以心理学配以其他学科之方法科学合理解释各种妖怪现象，旨在扫除妖怪。而江绍原认为"迷信"是"人"创造出来的，而迷信研究就是研究人类文化进程中黑暗错误的一方面，可以以此来考察人类的言行与情念。这一点可以说是受到了西方人类学的影响。

江绍原指出，所谓迷信研究就是指"观察，采撷记录，兼从或仅从文献文物中搜寻考查，并说明，某地，某民，某时代，或全人类之迷信的言，行，情，念是也"。① 江绍原对井上"妖怪学"的定义表示赞同，但指出迷信研究具体要说明的内容有三点："（甲）各个迷信的自然史或生活史，（乙）使它们能够生起和继存的自然环境和心理的社会的原因，和（丙）它们在迷信者本人和旁人以及社会生活上的影响。若研究人类迷信的全体亦须说明这三点。第一点所想查考的是各迷信起于何时何地，何种人，传至何时何地何种人，内容有无增减改变，曾否与旁的迷信混合或被旁的迷信压倒。第二点查考何时何地某种人何故产生，承受，保持各迷信：观察错误欤，推论错误欤，情感所迫欤，有意造作以欺人并自欺欤。……迷信研究是人类文化演进程途中黑暗错误方面的研究。"②

可见，江绍原不仅仅局限于井上圆了妖怪学的研究目的，他明显受到了西方人类学的影响，指出"迷信"研究要以文献与田野调查为基础，不仅科学合理解释迷信，更要从自然环境、心理因素、社会环境等方面的原因对其加以分析，从而考察一个民族、一个地区、某个年代，甚至是整个人类的言、行、情、念。这一点颇和现代日本妖怪学的研究目的有相通之处。

最后，江绍原对于"迷信"的分类与井上圆了的分类稍有不同，他对井上圆了的分类方法给予了补充。

> 可能的迷信分类法，除井上氏所用者外，至少还有三个：（1）按照迷信所涉及的自然界的事物（如世界，天体，大地，动植物，无生物，人身，疾病……）或人造物（如房屋，城堡，钟鼓，器皿……）

---

① 江绍原：《中国礼俗迷信》，渤海湾出版公司，1989，第45页。
② 江绍原：《中国礼俗迷信》，渤海湾出版公司，1989，第39~40页。

而分者；（2）按照迷信事物自身的性质和种类（如占卜，符咒，拔除，鬼神凭附……）而分者；（3）按照人群或个人之种种"生活欲"（如克敌，驱温，求雨，止雨，催生求子，保康，延年）乃至关于死后或来生的希冀（如享生人祭招，上天堂，出轮回）而分的。而且这三个分类法，不消说，是可以同时并用，以一为主为经，而以另一或二为从为纬的（例如采用第二法者可将占卜术析分为关于各种人事的占卜；采用第一法者讲关于动植物的迷信时可连类而及渔猎农桑业的迷信；和第三法采用者叙述求雨止雨术时可谈到关于气象的一般迷信，并按照诺术自身的性质而分类）。至于究竟采用哪个分类法为主，恐须视研究者之兴趣与便利而定。[1]

综上所述，可以看出江绍原的迷信学受到了井上圆了妖怪学的极大影响，虽然二者的研究略有不同，但无论在概念界定、研究内容与研究方法上，江绍原都受到了井上极大的影响，并给予了井上圆了极高的评价。

江绍原的迷信研究可以认为是我国"妖怪学"研究的鼻祖。他不仅仅运用井上妖怪学的原理，更指出了其时代局限性，他把井上圆了的妖怪学与西方的人类学相结合提出了"迷信学"这一我国自己的"妖怪学"，并在大学开设课程讲授，对其进行了系统而全面的阐述。他的研究在现代看来都是极其先进的，甚至可以说与现代日本的妖怪学研究颇有相通之处，是值得我们借鉴的重要成果。

第二节　20 世纪前半期日本的"妖怪学"研究与中国

一　日本 20 世纪前半期的"妖怪学"研究

（一）肯定"妖怪"之潮流的出现

井上圆了终生致力于"妖怪学"的普及，使得"妖怪"一词为普通大

---

① 江绍原：《中国礼俗迷信》，渤海湾出版公司，1989，第 55 页。

众广泛熟知，而妖怪学更是作为一门学问，主要被心理学、心灵学、医学以及人类学等方面的研究者所继承。继井上圆了之后还有诸多论述妖怪的研究，但大多数继承了井上所提出的妖怪概念。在当时提到"妖怪"就一定会提到井上圆了的妖怪研究。可见，井上圆了的妖怪学在当时已经深入人心。

当时，除了井上圆了之外，心理学视角的妖怪研究还有高岛平三郎（1865～1946）的《心理漫笔录》。本书大部分是他刊登在《教育时论》上的文章，对其进行增补改订，印刷而成。该书出版于1898年，恰巧是井上圆了的《妖怪学讲义》被日本文部大臣赞许并进呈给天皇的第二年。其中就收录了《妖怪》一文。高岛平三郎是心理学者，他曾经跟随日本近代第一位心理学者元良勇次郎（1858～1912）学习心理学。而他其后也在井上圆了开设的哲学馆执教，主讲心理学。他在《妖怪》一文中首先就提到了圆了的研究，并且说他并未通读井上的妖怪学一书，但他认为所谓妖怪大部分都可以由心理学上的"幻影"与"幻象"二作用来解释。这可以说继承了井上的观点。①

日本在医学方面的妖怪研究也一直没有停止。诸如1902年，门胁真枝出版了《狐凭病新论》一书，门胁真枝乃王子精神病医院院长，该书是为了纪念他的恩师，帝国医科大学教授精神病科主任榊俶而著，由东京帝国大学医科大学教授片山国嘉校阅。

该书开篇便指出在文明开化的今天，"妖怪的迷信"逐渐消失的时代，狐凭病还在人们中间流传，深信不疑的人很多。这里所说的"妖怪的迷信"便是井上圆了所说的妖怪，这些妖怪的迷信正在消失，可见井上的妖怪学对于当时社会的进步，民智的发达起到了重要作用。

该书并非纯医学理论的著作，在该书的前篇，他引用了20余部中国以及日本的古籍，介绍了狐凭病的来龙去脉。在后篇中才从医学角度对该病进行了解释。他指出，狐凭病乃精神病的一种，并分析了其发病原理。②狐凭病一直是医学领域研究的重要对象。

---

① 高島平三郎『心理漫筆録』、開発社、1898年、第29～35頁。
② 門脇真枝『狐憑病新論』、博文館、1902年。

这些研究基本都是继承了井上圆了"妖怪即迷信"的认识，立足于科学，对妖怪进行科学合理解释。这也是明治时期知识分子普遍的研究态度与方法。

对井上圆了的妖怪研究有所打破的可以说是明治四十四年（1911年）三月发行的《新公论·妖怪号》。《新公论》是从《中央公论》分离出来的综合杂志。1911年3月发行的《新公论》第4号发行了题为妖怪的特辑号。香川雅信指出这表示"妖怪"一词已经成为日常用语固定下来，并且受到了大家的极大关注才有妖怪特辑号的出现。[①]正如京极夏彦指出的那样，这本杂志的内容突破了井上所提出的"妖怪"概念，使其含义更为广泛。诸如其中有许多社会讽刺的报道文章。如《百鬼昼行的实业界》《一寸法师无大人道的教育界》《政界妖怪片影》等，妖怪成了借以揶揄讽刺对象的代名词。

在该杂志中还有三篇值得注意的文章，它们是：平井金三的《妖怪论》、坪井正五郎的《所罗门岛的幽灵》和石桥卧波的《妖怪的种类》。

平井金三（1859～1916）是宗教学者，他本是佛教学者，但他和井上圆了不同，并不排斥基督教，而是提倡基督教与佛教的融合。在佛教认识方面，平井与井上的观点有分歧。平井的《妖怪论》也与井上不同，并非要否定妖怪，而是肯定妖怪的存在。他认为"化物"有健全与不健全之分，不健全的"化物"是指那些恶魔、妖怪，健全的"化物"则指最为崇高的神、佛。所谓子不语怪力乱神，乃至那些不健全的妖怪之事。平井认为，要打破不健全的妖怪并不需要物质、理论等之力，而是必须要迎来退治不健全的恶魔妖怪的健全的"化物"，即神佛。[②]平井还致力于心灵学的研究，于明治四十一年与松村介石、高岛平三郎的老师元良博士等成立了心灵学研究会——心象会。他指出："在欧美各国都有心灵现象的研究会，而在我国，却把它作为迷信，不加以研究而全部消灭，这并不对。"[③]由此可见，平井的妖怪研究乃至心灵学研究都是在批判井上对待妖怪的态度的

---

① 香川雅信『解説——人文科学的妖怪学の誕生』、『日本妖怪変化史』、中央公論新社、2004年、第170頁。

② 京極夏彦『妖怪の理　妖怪の檻』、角川書店、2011年、第154～155頁。

③ 伊藤銀月『科学新潮』、日高有倫堂、1908年、第108頁。

基础上开展的。

坪井正五郎被称为日本人类学的先驱者，曾经加入了井上的不可思议研究会。同时，在明治四十五年，与石桥卧波一起创建了"日本民俗学会"，此"民俗"并非柳田国男所倡导的民俗。

石桥卧波在《妖怪的种类》一文，首先突破了井上圆了的妖怪概念。他并没有分析妖怪的存在与否，而是对妖怪进行了分类，他把妖怪分为七种，即幽灵、鬼、天狗、光物、其他的化物、百鬼夜行、付丧神。他认为鬼与天狗乃一种怪物，光物是指那些无形、无声、发光之物，其他的化物包括"动物、植物、金石、草木、器物"等，付丧神是指家内器物经过百年后变化之物，百鬼夜行是那些成群在夜间游行的妖怪。其次，他也打破了井上妖怪学的研究方法，他主要以历史上文献资料为依据对妖怪的种类进行了归纳整理。

石桥在 1909 年出版的《鬼》一书中就已经打破了自井上圆了以来以讨论妖怪存在与否为目的的妖怪学的研究方法，他采用了更接近人类学、民俗学、风俗史学的方式，以史料为基础，不仅包括正史的史料，也包括怪谈、稗史小说、谣曲以及绘画雕刻等图像资料。他在序言中以孔子与弟子问答的形式阐述了他研究鬼的目的，他指出：研究国民之文化，民族之心理的方式有很多，通过自古以来的从政治、经济、文学、美术等正面角度的研究，已经逐步清晰，但是从其反面诸如宗教、习俗乃至一般民间思想的研究却没有开展起来。然而，恰恰是这隐藏在背面的思想才是正面活动的背景、文化的精髓所在。在泰西之国已经有了这方面的精细研究，而我国却没有。梦、鬼都是我国国民思想的一部分，想要阐明我国国民思想的由来、民间思想的全貌乃是我毕生的志愿。[①]

关于是否有鬼的存在，他认为，鬼并不存在，但是以鬼为有形之怪物的思想却源远流长，且东西方皆有。

同时他还将日本的鬼与西方的神话进行了比较，认为日本由于神话的历史比较短，因此出现了神话与史实混淆在一起的情况。其后，中国、印度思想传入后，日本也几乎全盘接受了外来思想；这大半是缘于日本国土

---

① 石橋臥波『鬼の研究に就きて』、『鬼』、裳華房、1909 年、第 2～3 頁。

气候温和，人心纯良。

从石桥的阐述中可以明显地看出他受到了西方文化人类学的影响，他尝试从比较文化、比较神话的角度阐明本国文化、思想的由来。在开篇中，坪井正五郎与富士川游也对该书进行了评价，认为其从人类研究的角度来看极有贡献。坪井认为"鬼"并不存在，鬼的形象是由人想象出来的，一种是由于看到了没有看惯的人而误认为鬼，一种是为了让大家看起来恐怖而创造出来的。在考察第一种时，可以考定异人种漂流之事实，在推究第二种时，可以让我们悟出鬼这个东西是多么难以从人心中消除。鬼的问题与人的问题关系密切，从人类研究的角度看，此书极具价值。富士川游也指出，此书在研究人类问题，以及研究人的精神发达的问题上有重要意义。[1]

石桥在人类学的影响下，从近似于人类学、民俗学以及风俗史学的视角，自 1909 年就开始了对"鬼"的研究。他并未使用妖怪一词，而是将书名命名为了《鬼》。以时间顺序，即上古、中古、中世、近世为时间段，对鬼的种类、形象、举动等进行了归纳整理，最后与西洋的恶魔进行了对比，分析了日本文化与西方文化的异同点。

石桥的研究可以说是江马务妖怪研究的先驱，彻底突破了井上圆了妖怪学的研究目的与研究方法，开创了全新的妖怪研究。但是，他并未将该书冠名为"妖怪"，当时正是井上妖怪学风靡的时代，石桥的研究并未引起大的轰动，没有得到太多的关注。但他的研究可以说是妖怪研究史上的一大转折点。

继石桥之后，江马务的妖怪研究要等到时隔 14 年后的 1923 年了。

（二）风俗史学家江马务及其"妖怪学"研究

风俗史学家江马务（1884~1979）于 1923 年出版了题为《日本妖怪变化史》一书，该书与井上圆了的妖怪学并称为柳田国男民俗学以前的先驱性研究。[2] 直至今日，仍然作为妖怪学研究的先行研究被妖怪研究者广

---

① 　石橋臥波『鬼』、裳華房、1909 年、第 1~10 頁。
② 　香川雅信『解説——人文科学的妖怪学の誕生』、『日本妖怪変化史』、中央公論新社、2004 年、第 162 頁。

泛阅读。

何谓风俗史学？江马务指出，"风俗"一词来自中国，最早的记录载于汉朝应劭撰写的《风俗通》以及《汉书》等古籍中，概括而言，"风"是指风气水土，即受到自然感化的人性；"俗"是指受到政治家、圣贤感化而产生的人类的行为。广义泛指人类的行为习惯。人类的行为是基于其精神现象，其精神现象又是基于其土地的风土气候、为政者的感化。这乃中国史家之说，此说并不错，但是，他认为日本的解说更为直接，容易明白。即，人类的行动是由其精神运动进而实行的，实行之时往往伴随某种物象，风俗研究就是基于抽象精神现象的"事"，以及具象的"物"的研究，这里包含个人的以及社会的两方面，其研究对象社会现象在先，个人在后。①

日本近代最初的风俗史研究一般认为开始于 1885 年刊行的平出铿二郎（1869～1911）与藤冈作太郎（1870～1910）共著的《日本风俗史》。该书开篇对风俗史进行了概述，指出了风俗史与一般史学的关系，"研究历史则必须要知其时之人心倾向，日常生活之状态。锦绣只有熟察其里，才得悟其表之灿烂之所以，风俗史与一般历史互为表里"。② 由此可见，他们认为风俗史学是史学的一部分，与史学是互为补充之表里关系。"知古来风俗之变迁后，将其与大势之进化并思，当时社会方可跃然眼前。"③ 风俗史包括"宗教、思想、人情道德、衣食住、冠婚葬祭、年中节日以及歌舞游戏"。④ 它涵盖了文化史、社会史、精神史、文艺史在内的广泛的有关风俗的历史。

在该书的前三章首先对日本的地势、气候、产物，人民的体质、言语、心性，以及日本人种的起源进行了阐述。由此可见，日本风俗史学也是在当时流行的西方人类学、人种学的影响下诞生的。在最初的风俗史学研究中并没有"妖怪"这一项，是江马务首次将"妖怪"列入了风俗史研究的范围。

---

① 江馬務『江馬務著作集　第一巻　風俗文化史』、中央公論社、1988 年、第 7 頁。
② 藤岡作太郎、平出鏗二郎『日本風俗史』、東陽堂、1885 年、第 1 頁。
③ 藤岡作太郎、平出鏗二郎『日本風俗史』、東陽堂、1885 年、第 1 頁。
④ 藤岡作太郎、平出鏗二郎『日本風俗史』、東陽堂、1885 年、第 1 頁。

　　江马务风俗史学研究的特点在于常常使用实物、古绘画、古雕刻等等，让大家对其有视觉上的认识。这也许因为江马务自幼喜欢绘画。他从京都帝国大学史学科毕业后，还曾执教于市立绘画专门学校教授风俗史。江马务的"妖怪"研究也常常采用文字附上绘画加以说明的方法。这可谓是江马务的一大特色。

　　在井上圆了妖怪学盛行于世的明治时期，妖怪并没有进入风俗史研究的领域，而当人文科学的人类学、人种学逐渐发达的时期，江马务重新赋予了被消灭的"妖怪"新的生命与使命。他的研究也是在充分意识到井上圆了妖怪学的基础上展开的。并且，妖怪是在他开始风俗史学研究的13年后，在把"人世间"的风俗考察完毕后才开始着手做的一件事。可见，当时井上的妖怪学影响极大，一直占有着统治地位。

　　该书在《妖怪史的研究》一文的基础上修改增补而成。文章于1919年发表在《风俗研究》第20号上。1911年，江马务在执教于京都市立绘画专门学校期间创办了风俗研究会，《风俗研究》是该研究会的机关杂志。作为风俗研究会的活动之一，江马务还于1919年收集了有关妖怪的书籍、绘画等，举办了题为"妖怪变化书记绘画展"的展览会。会上展出了100多件与妖怪相关的资料。在展会后他发表了该文章。在这篇文章的基础上，江马务又增补了很多事例，最终完成了《日本妖怪变化史》这本书的撰写。

　　他在该书的一开篇，就提到"目睹妖怪变化，断定它是产生于主观的幻觉、错觉之心理现象，这是近世学者常常皆为认同的倾向"。但是，他认为："从风俗史的角度看妖怪变化的现象，刨根问底去追究其存在与否毫无意义。过去我们的祖先如何看待它，看到后对其采取了何种态度，收集不掺入任何伪作之材料，将其有组织地编纂。这应该就是风俗史学家能做的事情。然而，近来之学界，虽然感觉到此种研究在某种程度上的必要性，但我孤陋寡闻，还未听闻有此种研究问世。我自幼喜欢妖怪变化之故事，在三高上学之时，已经手工制作了名为文学上所见之幽灵的小册子"①。

---

　　①　江馬務『日本妖怪変化史』、中央公論新社、2004年、第5頁。

　　江马务认为世人看到妖怪便把它归结为心理因素，去讨论它存在与否，这都是犹如枝叶的无用之事。而把它作为风俗的一部分，把古代人如何看待它如何对应它的历史描绘清楚才有助于人们更清楚地认识历史。这和石桥卧波的想法有近似之处。江马务并没有全部否定井上圆了的研究，他说："妖怪学泰斗井上圆了博士关于妖怪变化的著述多是详细记载明治以后之事，如若读完本书之后再看（圆了的著作），则上下三千年妖怪变化的沿革一目了然。"①

　　由此可见，江马务认为他的著作可以弥补井上圆了妖怪学的不足，将两本著作一并阅读，可以了解日本整个妖怪演变的历史。江马务的妖怪学中没有涵盖明治时期的妖怪，他称这主要是因为明治期的妖怪事例急剧减少。因此，他建议读者阅读井上圆了的妖怪学著作去了解明治时期的妖怪。

　　江马务不仅在研究目的上突破了井上圆了的妖怪学，在研究内容、研究方法以及妖怪概念上都打破了井上圆了妖怪学的理论体系。

　　首先，他并没有继承井上圆了的妖怪定义，而是把妖怪分为"妖怪"与"变化"两种。他认为这两种概念截然不同。"妖怪"应该指那些不知道其真正面目的不可思议之物，"变化"则指那些在外观上改变了其本来面目的东西。他认为"妖怪""变化"的本体有六种，即人、动物、植物、器物与自然物，以及不能准确划定在这五种之内的不知其本体如何的东西。与这五种类似，但又不能准确划定为这五种之中，所以才取名为"妖怪"，例如"河童""海坊主"等。而属于"变化"的东西，其特点是会"变形"。关于"变形"，可以分为四种，即现世的、轮回的、精神的与实体的。在现世，是指那些自身具有一种能力、魔力，可以完全改变其外形变为其他样子的东西，如狐、狸就属于此种。而轮回的变化，是由宗教思想而产生的，是指那些死后在来世变为了其他样子的东西，幽灵就属于这一类。"变化"的变形方式又有两种，即"精神的"与"实体的"，"精神的"是指只有精神从事妖怪活动，本体不出现的事物，如人的"生灵"。"实体的"则与此相反，会现出其实体进行活动。且"妖怪"与"变化"

---

① 江馬務『日本妖怪変化史』、中央公論新社、2004 年、第 8 頁。

相比，大多不懂得变通，碰到勇士最终会被斩首降伏而死去。但"妖怪"与"变化"的界限，也不十分明显，有时兼具两者的性质。①

江马务彻底打破了井上圆了有关"妖怪"的概念，将"妖怪"分为"妖怪"与"变化"两种，并以是否变形为其分界点。他依据年代顺序，从太古时期直到江户时期，对每个时代的妖怪变化的沿革进行了考察。他全面剖析了妖怪出现的原因、时期、场所、景物、妖怪的样子、言语、性别、年龄、职业、能力、弱点等。所引资料不仅包括文献记录，还囊括了绘画、雕刻、文艺等各个方面的史料，对妖怪变化进行了全方位考察。

最后他指出"妖怪""变化"自开天辟地以来就与我们的祖先有着密切联系，通过"妖怪""变化"可以进行各种德育教育，"妖怪""变化"的出现对于人心也有极大影响。明治以后，学术进步，"妖怪""变化"在人们的胁迫下，开始畏惧人类。但"妖怪""变化"的世界不会与我们的世界绝缘，"妖怪""变化"的王国会与天地一起永存。神秘的世界会超越科学与我们接近。

江马务大胆地批判了自井上圆了以来学术界对于"妖怪"的态度，并指出"妖怪"的世界永远不会消失。他重新界定了"妖怪"的概念，重新赋予了"妖怪"使命，使用新的研究方法开展了不同于井上圆了妖怪学的妖怪研究，可谓是妖怪学研究的一个里程碑。

该书在昭和二十六年，即1951年改题为『お化けの歴史』进行了再版。此外，他在昭和二年的1927年还在《风俗研究》的第87号上发表了《出现在文艺上的鬼》以及《火之玉》两篇文章。

（三）民俗学者柳田国男及其"妖怪学"研究

柳田国男（1875～1962）是日本著名的民俗学者，他开创了有别于西方人类学的日本独特的民俗学。妖怪作为他民俗研究的一部分，一直是他致力研究的对象。他在1956年出版的《妖怪谈义》被认为是妖怪学研究的先驱，是妖怪学研究的基础性读物。

在妖怪学研究领域中，江马务的妖怪学研究被认为是柳田妖怪学的先

---

① 江馬務『日本妖怪変化史』、中央公論新社、2004年、第12～15頁。

驱。小松和彦指出，柳田"转向妖怪研究的直接契机是风俗史学家江马务的《日本妖怪变化史》的刊行。……在这本书发行前后开始，柳田花大精力开始进行妖怪研究"。①

1. 柳田国男开展"妖怪学"研究的动机

（1）出身环境与教育背景

柳田国男在《妖怪谈义》中说："我生来就喜欢妖怪故事，且以谦虚之态度一直收集这方面的知识。"② 而柳田自幼便喜欢妖怪与他的家庭环境分不开。

柳田国男 1875 年出生于现在的兵库县神崎郡福崎町辻川的一个医生世家中。他本姓松冈。他的父亲 19 岁继承家业从医。但是后来放弃了家业，开始学习儒学。同时，他又非常沉醉于本居宣长以及平田笃胤的国学，甚至从 1871 年起担任了荒田神社的宫司。柳田国男的父亲兼修汉学、国学与医学，十分喜爱读书，他的敬神之念颇深，十分喜欢神秘思想。在父亲的影响下，柳田国男从小也喜欢读国学书籍，深受平田笃胤、本居宣长等国学者思想的影响，他甚至将自己开创的民俗学定位为"新国学"。

15 岁时他搬到了二哥通泰家住，在哥哥的介绍下他结识了森欧外、田山花袋、国木田独步、岛崎藤村等诸多文学家，开启了他对于文学的热爱。特别是在森欧外的影响下，柳田国男接触到了西方的文学、文化，其中对他日后思想形成巨大影响的是阿纳托尔·法兰西（1844～1924）的《在白石上》，这是田山花袋以从军记者身份参加日俄战争时从战场带回到日本的"战果"。③

1897 年，柳田国男考入了东京帝国大学法科大学政治科，主攻农政学。毕业后就职于农商务省农务局，同时在早稻田大学讲授"农政学"课程。

工作期间，他并没有间断对文学的追求，大量阅读了江户时期以及同时代的文学作品，同时还阅读了诸多西方的文学书。

（2）怪谈复兴潮流中的柳田

1897 年开始，在井上圆了对"妖怪"的大力宣传中，日本出现了一股

---

① 小松和彦『妖怪学新考』、小学館、1994 年、第 14 頁。
② 柳田国男『妖怪談義』、『定本柳田国男集第四巻』、筑摩書房、1963 年、第 291 頁。
③ 後藤総一郎『柳田國男論』、恒文社、1987 年、第 167 頁。

逆流，即怪谈的复兴。"圆了的妖怪扑灭运动为世人熟知后，犹如对其的反抗似的，怪谈会开始在街头巷尾流行起来。讽刺的是结果掀起了明治后半期怪谈的复兴。"[1] 1897 年，春风子的《小说妖怪好》在面向少年发行的杂志《少国民》上连载。1902 年，长田偶得发行了《妖怪奇谈》一书。1907 年前后，出现了以水野叶舟、泉镜花等为中心的怪谈文学的复兴。

柳田国男与这些文学家一直有着深交，在这一怪谈文学复兴的潮流中，他与田山花袋于 1903 年出版了《近世奇谈全集》一书，收录了 5 篇江户时期的怪异小说。1905 年，他在国木田独步编辑的杂志《新古文林》上发表了《幽冥谈》一文，第一次展示了他对妖怪的认识。

柳田国男首先指出，与佛教、基督教并列，还有"幽冥"一教。"幽冥教"被认为是有害于公益的，因此，传道困难，不被公开承认。这里暗指井上圆了以"消灭妖怪"为目的的妖怪学十分盛行，但是他却指出了不同的研究方向。"即使其他人觉得恐怖的故事，我总是不由得以听古代传说的心情去听。我试图从根本上去研究其来源。""哪国的国民都有他们各自特殊的不可思议。现在虽然出现了很多相似的部分，但是一定有他们各自特殊的不可思议。因此，比人的能力强大或弱小，或者可以完成人类所不能完成的事情等，虽然大体上哪个国家都差不多，但是他们皆有不同的特色，如果研究这些的话，我想可以全面地研究各国国民的历史。我想或许特别是国民的性质这个东西可以以一种方法测定出来。"[2]

可见，柳田国男在此时就已经对"幽冥"研究有了设想，即通过它去研究一国的历史与国民性。他认为"幽冥教"的重要课题是"天狗"。指出天狗研究多从名字入手进行研究，殊不知很多事物都是先有东西，后加名字，其名字的意义很弱，研究应该研究其本质而并非其名称。他认为天狗信仰是日本自古流传的一种不同于人为创造的佛教、基督教的信仰。通过研究这种信仰才能了解日本这个通过"杂婚"而产生的"血液"中的本质的东西，即日本固有的国民性。这里已经可以看出柳田民俗学的萌芽。

他自述受到了海因里希·海涅（1797～1856）以及平田笃胤的影响。

① 菊地章太『妖怪学の祖 井上円了』、角川学芸出版、2013 年、第 116 頁。
② 柳田国男『幽冥談』、『柳田國男全集 31』、筑摩書房、1991 年、第 599～600 頁。

海涅的《诸神流窜记》中记录了希腊诸神被基督教打败后逃入山中，被基督教徒视为恶魔。而柳田的"神沦落说"正是受到了他的影响。

同时，他对平田笃胤一派的神道学者大加赞扬，他认为平田等神道学者的最大贡献在于研究了幽冥之事，而他们的幽冥论的价值在于它是大量通读了日本有关神道的古代传说、书籍之后，从自己内心迸发出的意见。但是，他不能认同他们把天狗置于幽冥教之外，认为所谓天狗现象都是恶僧所为。天狗被幽冥教的信徒称为祸神，但是柳田看来，天狗喜欢正确之事，侠义心极强，可以说极具日本武士道的风范，与武士道同源。这样的性质是其他国家的神所不具有的，也就是说这是日本的一大国民性。他指出日本人与其他国家相比复仇心强，与天狗类似，并称不是时代思想产生出天狗爱争斗的性格，而是时代思想受到了这样的感化才形成。

最后，他对井上圆了提出了批判：

> 我不得不表明我对井上圆了彻头彻尾的反对之意。最近有妖怪学讲义一类的东西，妖怪说明并非始自井上圆了。
>
> 井上圆了虽然制造了各种理由，但是恐怕这是在未来需要改良的学说，另一方面，我想不可思议说会在将来的一百年、二百年后仍然留存。①

在井上圆了的妖怪学最为流行的时候，柳田大胆批判了井上的学说，并赋予了妖怪新的意义。但是，在这篇文章中并未使用"妖怪"二字，而一直使用"幽冥""不可思议"等词语，这或许是考虑到井上圆了的妖怪学而故意避免使用同样的表达方式。

柳田在1905年时就已经指出了妖怪研究新的可能性，对于妖怪存在的意义给予肯定，重新赋予了妖怪新的价值。这里也可以看出柳田民俗学的萌芽。

2. 柳田国男的"妖怪学"

柳田"妖怪学"研究的集大成之作是1956年出版的《妖怪谈义》一书。书中收录了30篇有关妖怪研究的文章，最早的文章写于1909年，近

---

① 柳田国男『幽冥谈』、『柳田國男全集31』、筑摩书房、1991年、第613～614页。

一半的作品早于江马务的《妖怪的史的研究》。因此,可以说柳田对妖怪的重新认识早于江马务,对井上圆了的批判也早于江马务,开展对妖怪的调查更是早于江马务。只是他系统地阐述妖怪的定义、妖怪学的研究意义、研究方法等是在江马务之后。

柳田的《妖怪谈义》收录了自1909年至1939年的30年撰写发表的文章。该书的出版比最后一篇文章的撰写完成的时间还晚了17年,为何要等到17年后才把这些文章集结成书付之出版呢?柳田在开篇序言中给出了答案:"我本指望对于我最初的疑问,只要问就一定会有人给我解释,这是我对这种指望的一种失望。"① 柳田称在当时一提到妖怪,便会被人笑问:"妖怪这种东西有吗?"② 在偏僻的乡村,如果问到这样的问题,甚至会有人生气,认为这是对乡下人的鄙视,因为他们相信妖怪的存在。足以见得井上圆了妖怪学在当时的影响之大。

(1) 研究"妖怪"的意义

柳田说,虽然世上的妖怪"变坏"了,但是必须思考的是,"在这样闪闪发光的新文化中,仍然相信或畏惧极其古老的妖怪,虽然知道是偶尔的夸大其词或误解,仍然把其作为流言说给别人听,或者想会不会自己也遇到这样的情况,更有巧妙之人把此重新改编流传到世上,只有这些是没有人想要用经常舶来的更为精妙之物去替代的东西。……令我们恐惧的这些东西,其最初的原始形态是什么样的?是什么东西经过了何种途径最终与复杂的人类的失误、戏谑结合在一起?幸或不幸,从邻里的大国我们长久以来借来了各种文化。但是,我想仅以此还不能说明日本的天狗、川童以及幽灵等东西的本质。我们似乎只能耐心地等待国家具备自我认识能力的一天的到来"。③

> 一个民族试图进行新的自我反省之时,它(妖怪)是能够给我们提供特别意外多的暗示的资源。我的目的是以此来窥见平常人的人生观,特别是信仰的推移。而且如果把这个方法稍加延伸,或者承认眼

① 柳田国男『妖怪談義』、『定本柳田国男集第四卷』、筑摩書房、1963年、第287頁。
② 柳田国男『妖怪談義』、『定本柳田国男集第四卷』、筑摩書房、1963年、第287頁。
③ 柳田国男『妖怪談義』、『定本柳田国男集第四卷』、筑摩書房、1963年、第289～290頁。

前的世相具有历史性，或许可以逐渐养成探究其因由的风习，理出使那些不迷不悟的俗物改宗的线索。①

日本的新旧宗教特别混杂，近日我们不通过妖怪传说无法窥知以前国民的自然观。②

这样，柳田赋予了"妖怪"新的生命、新的意义与价值。柳田认为只有在妖怪传说中才保存着没有被外来文化所取代的日本固有的文化与信仰。通过妖怪可以窥见普通民众的人生观、自然观以及信仰的变迁，是一个民族进行自我反省时的有力工具。

（2）柳田"妖怪学"的特点

柳田国男在 1938 年至 1939 年，收集各地的妖怪名称，依据其出现的场所以及信仰度，对 78 条妖怪进行了记录。其成果集合为《妖怪名汇》一文。柳田的"妖怪学"与前人最大的不同之处，如小松和彦指出的那样，柳田在他的妖怪研究中重点强调以下三点：第一，采集日本各地的妖怪种类，了解其分布；第二，界定了"妖怪"与"幽灵"；第三，把"妖怪"的产生看作"神"的信仰的衰退，以这样的理论解释"妖怪"。③

确实如小松教授指出的，这三点是柳田"妖怪学"与井上圆了、江马务的妖怪学最大的区别，是柳田妖怪学的特点。除此之外，笔者认为还有两点是柳田的巨大贡献，也是他妖怪学的特点。首先，如上一节所述，柳田赋予了妖怪新的价值与意义，以妖怪来探索日本古代人的人生观、自然观、信仰的变迁，以此来寻找日本的国民性与固有信仰。此外，柳田国男使用了不同于井上心理学、江马史学的研究方法，开创了独特的民俗学研究方法。简言之，便是"重出立证法"与"方言周圈论"的研究方法。

下面，将对柳田妖怪学的这些特点一一阐述。

①"妖怪"与"幽灵"

他在 1936 年发表的《妖怪谈义》一文中，对"妖怪"与"幽灵"进

---

① 柳田国男『妖怪談義』、『定本柳田国男集第四卷』、筑摩書房、1963 年、第 291 頁。
② 柳田国男『盆過ぎメドチ談』、『定本柳田国男集第四卷』、筑摩書房、1963 年、第 352 頁。
③ 小松和彦『妖怪学新考』、小学館、1994 年、第 15 頁。

行了重新界定。指出世人现在常常把幽灵与"obake"混淆在一起。但是，在近世之时，这两个是完全不同的东西。

"幽灵"属于寺庙的管辖范围，有人把它叫作"obake"，但如果叫作"化物"听起来就很怪。"变化"是特指那些"原形一开始不清楚，最后遇到勇士被看破之物"。

"obake"（妖怪）与幽灵的区别在于：第一，前者出现的场所基本固定。避开那些地方不走，一生可能都不会碰到。与此相反，虽然传说中幽灵没有脚，但会从对面一步步地走来。如果被他盯上，即使逃出百里之外还是会被追上。但是，可以说这样的事情绝不会出现在"obake"身上。第二，"bakemono"（妖怪）不会选择对象，似乎会向任何平凡的大多数人展开交涉。与此相反，另一者则只会让选定的目标知道自己的存在。最后，还有一个重要区别，就是出现的时间不同。幽灵一般出现在丑时，而另一者则可能出现在任何时刻。甚至大胆的妖怪，还会在大白天利用法术使天色暗下来出现，但是最佳时刻是黄昏或黎明。

柳田打破了江马务把妖怪分为"妖怪"与"变化"的分类方式，从出现场所、出现对象以及出现时间三个方面界定了"妖怪"与"幽灵"。柳田的这一定义直到20世纪70年代才被宫田登与小松和彦打破。那期间的几十年中它一直是妖怪学研究领域的权威定义。

②"妖怪"="神"信仰沦落后的状态

柳田的"神沦落后成为妖怪"这一学说也一直主宰着妖怪学研究。柳田在1936年发表的《妖怪谈义》一文中指出："妖怪乃前代信仰沦落后的末期现象。"[1]

在1932年发表的《盆过河童谈》以及1937年发表的《川童祭怀古》中，柳田分析了日本河童的由来，并指出河童就是水神信仰沦落后，由神变为妖怪的一个典型事例。通过比较各地的方言，他指出，河童本来是水神，是水中之灵物，它喜欢和人角力，最初应该是和那些所谓"关取"的大力士比力气。因为川童或山人，他们一定要和这样的人比力气，让他们承认自己的威力。各地还流传着各种有关河童的传说，那是因为那些宣传并必须要证

---

[1] 柳田国男『妖怪談義』、株式会社講談社、2001年第35刷、第35頁。

明水神信仰的旧家，仍然与那些古老的由来之说有着密切联系，不能立刻抛掉这个传说所导致的。他说："妖怪是古代信仰的残留，人们逐步转移到下一个信仰之时，它就会出现，去托（新信仰的）后腿。"①

而失去信仰者的水中之灵物仍然能打败"关取"②，这对于人类来说是一件不可容忍的事情。想办法最终制服他们最简单的手段就是偷听他们的秘密。这其实可以说是人类知识的进步，想要逐渐驾驭自然这一理想的具体表现。

通过对河童的分析，柳田指出妖怪中残留着古老的信仰。他提出了"妖怪学的初步原理"即"妖怪思想的进化过程"。他称人对妖怪的态度有三个阶段：第一阶段是所谓的敬而远之；第二阶段是积极地想要试试其实力，而且内心仍然是一种十分不快的态度。也就是人们虽然有各种想法，但作为社会对其半信半疑的时代；再进一步发展到第三阶段便会出现很多这样的故事，即妖怪在神的威德、佛的慈悲或者富有智谋之人面前现出原形，于是妖怪发誓再也不做类似的坏事，或者被打败后彻底被消灭。作为更进一步的发展，或许会出现第四阶段，也就是进一步夸大这样的故事，最终把愚蠢的弱小的东西归结为妖怪，妖怪从"说话"世界逐步消失。

现在传说中仅存的妖怪，是这三种交错在一起，顺序不明，因此有时出现错误的解释。

③"重出立证法"与"方言周圈论"的运用

关于"重出立证法"，柳田在《民间传承论》中有详细阐述。他指出："我们重视直接观察到的事实，而把它当作第一手资料。……历史发展至今的过程、历史发展的顺序都可以通过对这个横断面的全面观察得以了解。即使是同样的事象，剖开现代生活的一个切面来观察的话，可知各地是千差万别的。把这些事例集中起来加以观察，即使不能了解其起源或原始的状态，也至少可以很容易推测出其变化的过程。……我们的所谓重出立证法，类似于重叠照相的手法。"③

---

① 柳田国男『妖怪談義』、株式会社講談社、2001 年第 35 刷、第 94 頁。
② 相扑中的级别，指"幕内""十两"的力士。
③ 柳田国男：《民间传承论与乡土生活研究法》，王晓葵等译，学苑出版社，2010，第 49～50 页。

　　自 1927 年发表《山姥的奇闻》开始，柳田便不再过多倚重文献资料，而是将重点放在民间传说的收集上。通过对各地的妖怪传说进行比对，发现某个信仰的演变过程。

　　此外，柳田也十分重视语言的采集。他在 1930 年的《蜗牛考》中，提出了"方言周圈论"。《乡土生活研究法》中他阐述了语言收集的目的：一是体会前代人玩味并自由驾驭日语的能力；二是思考是何种人或社会的因素导致了口碑的产生，引起了各地各时代的变迁。……除此之外别无他途可知的某种潜藏的事实，有时却能据此得以推测。①

　　柳田在 1930 年发表的《黄昏时刻》、1931 年发表的《妖怪的声音》、1934 年发表的《妖怪古意》都收集了诸多妖怪的方言，通过语言的对比来发现妖怪的由来与演变。

　　在《妖怪古意》中柳田分析了东北秋田县著名节日"迎神节 namahage"的名称，并与岩手县下闭伊郡的岩泉地区以及其他地区与之相类似的节日进行比对。他发现岩手县闭伊郡把小正月里来访的妖怪称为"mou""mouko"，当时的文字解释者将这一名称的由来归结为"蒙古"。他认为，"蒙古说"应该是比较新的传说。当地人认为"mou"这一妖怪会来剥人的火斑，他称这一信仰也绝不是最初的信仰，而是当这个节日逐渐形式化以后，人们逐渐对它的言语行动表示出戏剧性的兴趣。

　　他又分析了把妖怪称为"gago"的地区的方言。有传说称这一名称的发音来自"元兴寺"。但是，柳田通过对比十个地区的类似方言，指出最早应该取自"咬"一词，并认为这与把妖怪称为"mouko"的地区的信仰不无关联。

　　他认为这些方言，"从我国语言学角度来看，这里包含着许多其他地方得不到的好的史料"。"东北各地的农村大年夜里的访问者……是即将沦落的前代神的样子。"②如果把这些方言立刻还原成标准语的话，则相当于忽略了从常民信仰史的眼中看不到的东西。方言记录早晚要消失，它们现在还能够为我们提供若干的参考。

　　柳田的民俗学十分重视民间传说以及方言的采集与对比，通过这样的

　　①　柳田国男：《民间传承论与乡土生活研究法》，王晓葵等译，学苑出版社，2010，第 235 页。

　　②　柳田国男『妖怪談義』、株式会社講談社、2001 年第 35 刷、第 53～55 頁。

对比还原信仰的演变过程是柳田独特的特点。

3. 柳田"妖怪"研究的轨迹

为何柳田要执着地区分"妖怪"与"幽灵"？这在妖怪学研究领域一直没有一个明确的答案。京极夏彦指出，这是为了使江马务的《日本妖怪变化史》无效化，试图与江马务只以过去为研究对象的研究形式诀别。①确实，可以说柳田的妖怪定义是在继承并扬弃井上圆了与江马务的妖怪学的基础上提出的。然而，简单地把它归结为瓦解江马务的妖怪研究虽有一定的道理，但缺乏说服力。从结论来讲，笔者认为：首先，如柳田自己解释说明的那样，当时世人头脑中关于"幽灵"的概念已经偏离了原义，产生了与妖怪的混同，因此，当柳田进行实地采访之时，得到的答案往往不是他所需要的，影响了资料的采集。所以，为了让大家明确两者的不同，他从出现场所、选择对象与出现时间三方面对两者进行了区别。

此外，"妖怪"与"幽灵"虽然都是柳田关心的对象，但这两者可以说是柳田在不同的研究目的下展开的。小松和彦曾经批判了柳田"神沦落后成为妖怪"这一观点，指出，并不是"神"早于"妖怪"出现，两者应该是同时存在于日本文化中的。虽然柳田的定义适用于个别案例，如天狗的盛衰史、鬼的盛衰史等，但是，妖怪并不是一个与信仰盛衰史有直接关系的东西。位于信仰盛衰史上最前端的现代社会中幽灵依然活跃着。也就是说，虽然中世时期，势力庞大的天狗到了近世没有了"精神"，但是，中世时不惹人注目的河童到了近世却以农村为中心势力大增。此外，即使是每一个妖怪的个体史，也可以看到其盛衰、属性的变化。也就是说，给人带来灾害的"妖怪"或者可以通过被人们祭祀变为"神"，或者被人们追逐流放、被打败。这可以称作妖怪的个别史，即使在个别史这个层面上，"神沦落为妖怪"这一假说也不过只把握了其个别史的一部分。②

确实，如小松教授指出的那样，二者具有互相转化的可能性。但是，如大内山祥子指出的那样，我们必须要思考柳田是否一贯持有妖怪＝神沦落后的形态这种观点。他指出，通观《妖怪谈义》，柳田并非一直持有

---

① 京極夏彦『妖怪の理　妖怪の檻』、角川書店、2011 年、第 215 頁。
② 小松和彦『妖怪学新考』、小学館、1994 年、第 19 頁。

"妖怪 = 神沦落"说，柳田只是比起小松指出的其他可能性，更加重视神到妖怪这一变化过程。①

　　关于这一点大内山也明确指出，柳田的思想并非一成不变，柳田确切定义"妖怪"与"幽灵"是在 1951 年出版的《民俗学词典》一书中，这距离柳田的第一篇妖怪论文《幽冥谈》已经过去了 46 年，在此期间，柳田的研究方向有过巨大转变。以大正十五年《山的人生》为分水岭，柳田放弃了对"山"的追求，那之后他再也没有研究过热衷的"山"的问题。关于这一点，宫田登指出，柳田"想要把山人与农耕民相对比进行思考，认定山中还残存着山人，在此基础上展开了山村生活的调查。然而，实际上山村的民俗很贫乏，都不过是模仿稻作的平地人民，最终他所追究的，无法以想定另一种族来论述民俗文化。结果，走向稻作全部都以农耕民的形式来理解这样一种方向"②。对于柳田研究的这一断层，永池健二指出，柳田的思想是逐步演变的，他一开始是在"山人实在说"的基础上展开研究的，大正五、六年时，出现了"山人研究"与"心意研究"的混杂时期，后来逐步演变为了"里人"研究。③ 永池的分析十分具有说服力，仔细分析柳田的《妖怪谈义》一书，确实柳田是沿着这样轨迹展开研究。

　　柳田在《幽冥谈》中已经展示了对于妖怪的认识，然而，他并没有立刻开始妖怪研究。关于妖怪的记录，最早呈现于 5 年后的《远野物语》中，该书的诞生一定程度上来说与井上圆了有关。

　　明治四十二年（1909 年）二月，他在作家水野叶舟的介绍下，见到了岩手县远野出身的文学青年佐佐木喜善（1886～1933）。佐佐木喜善喜欢"妖怪"，在他的故乡远野也流传着很多妖怪传说，明治三十六年他离开了就读的岩手医学校，来到东京。当他听说东京的哲学馆开设了妖怪学这一门课程时，他兴冲冲地赶到东京，聆听了妖怪学的课程。然而，令他失望的是妖怪学并不是他想象的讲述妖怪故事之学，而是"消灭"妖怪之学。

①　大内山祥子『神と妖怪：柳田國男「妖怪談義」の中で語られるお化け（第 3 回国際日本学コンソーシアム）』、『大学院教育改革支援プログラム「日本文化研究の国際的情報伝達スキルの育成」活動報告書』、2009 年 3 月 31 日、第 322 頁。

②　後藤総一郎編『討論・柳田國男の学問と思想』、『人と思想・柳田國男』、三一書房、1972 年、第 73 頁。

③　永池健二『柳田國男——物語作者の肖像』、株式会社新泉社、2010 年。

于是，他失望地放弃了妖怪学的学习。就在此时，他遇到了柳田国男，柳田非常热情地倾听并记录下了他的讲述。通过如实记录佐佐木讲述的远野地区流传的故事，柳田著成了《远野物语》。该书被认为是柳田民俗学的开端，其中也记录了不少有关"妖怪"的事项。诸如"天狗""雪女""川童""山男""山女"等。

阅读该书中关于妖怪的记录，让我们不免感受到它是真实存在的。诸如第29条，有关天狗的记录，记载了早池峰前有座山峰被称为鸡头山，传说里面住着天狗，没人敢攀登此山。而佐佐木祖父自幼的挚友，天不怕地不怕，与人打赌攀登此山。回来后，讲述他在山顶看到了三个身形巨大的男人，眼露寒光极其恐怖。他在山上迷路后，这些巨人送他回来，让他闭上眼睛，之后这些"异人"就不见了。① 这里的记述让我们感觉到天狗的真实存在，不仅是天狗，关于川童等记述也是如此。

正是佐佐木的这些陈述，触发了柳田关于"山人"研究的渴望，开启了柳田的民俗学研究。

此后直到大正六年左右，他抛开了《幽冥谈》中通过幽冥探索一国国民性的研究方法，改而专心探寻"山人"的痕迹。他坚信"山人"是日本岛上的先住民，被后来的天孙族逼到走投无路，逃到山中，过起了"山人"生活。他认为这些"山人"很可能是日本人的祖先，他们至今仍然存在，且一直生活在山中。这就是柳田提出的"山人 = 先住民"说。

1913 年，柳田编著了《山人外传资料》。开篇他便写道："拙者相信，山人乃此岛国昔日繁荣的先住民的子孙。其文明大大退步，古今三千年间，没有一册为他们而记载的历史。在我们以为他们的种族已近乎消亡的今天，企图由他们不共戴天的仇人拙者之手来书写。即便如此他们是应当被怜悯的人民。然而如此说的拙者十分不确定十余代前的祖先。也不能断言和他们全然没有血缘关系。"②

通过其记述可以明显地看出柳田坚信山人的存在，并且与当时的日本人有着某种血缘联系。他这一时期的研究可以说是与那时人类学、人种学

---

① 柳田國男『遠野物語』、『定本　柳田國男集第四卷』、筑摩書房、1963 年、第 20 頁。
② 柳田國男『山人外傳資料』、『定本　柳田國男集第四卷』、筑摩書房、1963 年、第 449 頁。

的流行是分不开的。当时探索日本人人种起源的著作很多。日本的先住民一般被认为是阿依努族人，然而，日本人类学的先驱者坪井正五郎则提出了新的学说，这就是著名的"石器时代的人＝克鲁波克鲁"① 说。柳田的研究也可以说是一种探寻民族起源的研究。

在这样一种研究目的的驱使下，他初期的妖怪研究最终的结论也几乎都归结为"山人实在"说。如1909 年 3 月他发表在《珍世界三号》上的《天狗的话》一文中指出：天狗具有武士的风范，它的四大特征是没有受到儒教熏染的武士道的典型特征。他认为天狗正是日本国民性的代表，犹如北欧的精灵代表了其发祥地凯尔特族的民族特性。前者如果是海洋性民族特性，那天狗则是山地形民族特性。日本是个超乎外人想象的山国。平原与山地并行，居住在平原的人即使忘却了天狗传说，另一半日本魔道的威力也绝不会削弱。

探讨了天狗的性格与日本国民性的关联之后，在结语处他得出了山人真实存在的结论。他说："综合这些故事，虽然是极少数，但是在山中各处都有山男。分布很广且除了海路以外往来十分自由。许多日本人把他们列为'妖怪'，其恐惧超出了其真正的恐惧程度。于是我想，在今天也常常在乡间听到神隐之类的事情，至少其中一部分是这些先生之举，而天狗蒙受了冤罪。"②

不仅是天狗论，柳田初期的妖怪论几乎都立足于"妖怪＝异人，它们是真实存在的"这一观点之上展开论述的。

早期柳田所采用的研究方法也多是文献学的方法，重点在于对文献资料的考察。

如大正三年发表的《山神狆》，他考察了山神狆的由来，指出"被称为山神某某的动物植物很多。这或许也是先有名字其后人们才对其感到害怕，总之，它是居住在山人居住的深山中，所以也许更是有深刻来历的名称"。③ 通过古代文献的记载，他指出狆与骏河的山神、《本草纲目》中提

---

① 阿依努族传说中的小人族。详细请参照坪井正五朗『日本旧土人コロボックル石斧ヲ研き獣肉ヲ煮ル図』、真誠堂、1893 年。

② 柳田國男『天狗の話』、『定本　柳田國男集第四卷』、筑摩書房、1963 年、第 422 頁。

③ 柳田國男『山の神のチンコロ』、『定本　柳田國男集第四卷』、筑摩書房、1963 年、第 395 頁。

到的雷兽属于同一物，并指出木狗、"kuronbou 黑坊"也就是本草中俗称的雷兽，应该是山人族的外称。通过《和汉三才图会》的记载，他推断，这本是一个关于山男的记载，依据此记载出现了"satori"这样的别名，而《骏台杂话》基于此改编成为一个教训谭。"我虽然不是说这个黑坊与纪州 kuronbou 是同一东西，但我想一定是一方的名字被另一方所转用，所以雷兽也与山神有某种关系吧。"①

由此可见，柳田研究妖怪的目的是追溯山人的存在，他所关心的妖怪也多是与山人有关的妖怪。同时，早年的柳田，其研究方法尚未形成其独特的民俗学研究方法之时，多倚重文献资料，通过文献史料来研究"妖怪"。

柳田对于山的问题的研究一般认为结束于大正十四年（1925 年）的《山的人生》，如前所述，宫田登指出柳田一直想要把山人与农耕民进行对比，基于山中还有山人存在这样设定的基础上，对山村生活展开了调查研究。但是实际发现山村的民俗很少，不过都是模仿稻作的平地人的所为，结果那样的研究，最终没能设定另一个种族的存在而去论民俗文化。最终稻作全部都归结为农耕民的形式一个方向。

但是，如永池健二所述，柳田的转变并非大正十四年那一年突然放弃了对山的研究，他的研究视角是不断摸索，逐步转变的。大正五、六年（1916 年、1917 年）时，柳田的研究视角有了微妙的转变，即出现了"实在的探索"与"心意的探索"两个视点混合在一起的"过渡期"。柳田立足于山人真实存在的基础上，想要阐明山人的生活形态，从而解答"山的问题"。同时，他也试图把山的神秘、怪异现象作为"里人"对"山"的信仰的问题，从人们心灵的体验中去把握。前者永池称之为"山人实在说"或"实在的探索"，后者称之为"心意说"或"心意的探索"。② 诚如永池指出的那样，柳田的妖怪研究确实具有这样的倾向。

大正五年的《小豆洗》以及大正六年的《大人弥五郎》就是过渡期的作品。在《小豆洗》一文中，他首先记述了各地关于"小豆洗"这一妖怪的传说，指出有的地方是水神说，有的地区则是山神说。需要进行比较研

---

① 柳田國男『山の神のチンコロ』、『定本　柳田國男集第四卷』、筑摩書房、1963 年、第 395 頁。

② 永池健二『柳田國男——物語作者の肖像』、株式会社新泉社、2010 年、第 50～51 頁。

究进一步确定小豆洗出现的场所。柳田指出，小豆洗有可能是鼬或貉所为，"实际上或许不仅仅是我邦，我们对于鸟兽的生活状态，特别是那些与寻找食物无直接关系的习性还有很多不了解的地方"。但后半部分话锋一转，指出："音响之怪无论是山中还是深夜都是一样的，都一定发生在孤独寂寥之时。把怪声音归结为妖怪所为在于人事先对其抱有一种恐惧心理。重点妖怪之中，与看得到的妖怪相比，袭击耳朵的妖怪更多，这点不用聘请井上圆了也可以知道。至于为何把那个怪声听为洗小豆的声音，就需要从我国民间对于小豆这个东西的俗信去寻找答案了。"① 但结论部分他说现在小豆已经不仅仅在土桥下洗了，也活跃在了人家的天井上。由此看来，仅仅用鼬貉无法解释清楚天下的"小豆洗"。这将在以后收集同类型故事的基础上再进一步考察。

《大人弥五郎》一篇也是过渡期的代表作品。该篇首先阐述了各地关于弥五郎的传说，认为弥五郎是巨人，是先住民的代表。日本各地都有"五郎"神社，柳田指出这是"坚信御灵即人的亡魂一定需要抚慰，并且送还的人们的善良的心情留存至今。弥五郎御灵思想中，包含着对于国魂也就是先住民的代表者——'大人'的追怀，如果这是一例的话，我们可以看出我邦民间这种信仰由来已久"②。

然而，1919 年发表的《座敷童子》一文可以明显地看出柳田对于妖怪认识的变化。该文是柳田为佐佐木喜善的新著《话说奥州的座敷童子》一书写的类似于评论的文章。柳田一改"妖怪实在说"的立场，从民众的心理分析了座敷童子。他指出根据明治大正时期的经验，老人应该是最为贤明的，然而为何住在"座敷"里的都是"童子"呢？

　　会不会是未开时代的人的想法，不认为人品会因为教育或修养而得到改良，所谓的若叶之魂，对于那些没有被污染、褶皱的新东西特别地珍重，去利用它们。佛教的轮回思想中也认为魂即使寄生在了虫鸟身上，也是同一个魂，到了人这里也不会成长。这与其他亚洲民族中让孩子成为家屋等的守护者这些说起来都很恐怖的仪式在远古时期

① 柳田國男『妖怪談義』、株式会社講談社、2001 年第 35 刷、第 103～104 頁。
② 柳田國男『大人弥五郎』、『定本　柳田國男集第四巻』、筑摩書房、1963 年、第 404 頁。

或许有着某种联系。①

可见，柳田已经开始思考这些妖怪的产生与平民信仰之间的关系了。同时，他在文章接近末尾之时说道："终于开始撕开国民这个东西的时候，回头看这些书意外地具有深刻的意义。可以成为我们了解平民历史的手段。"最后，他对佐佐木的工作给予了高度评价，提出希望通过不断的积累，"使隐藏于世的东北文明尊贵的起源得以阐明，在我们的灵魂改变宿主之前，像照镜子那样找出我们国民的真面目"②。在 1919 年，柳田就已经认识到，通过妖怪可以看出普通平民的历史，看出一国国民的真面目，并希望今后多多开展这样的研究。此后，柳田的妖怪研究从"山人实在说"转为了"心意研究"，主要目的在于了解平民的信仰与历史。

另外，柳田的"幽灵"研究也是始自这一时期。《幽灵思想的变迁》一文发表于 1917 年。这正是柳田思想的转折期，柳田已经把投入到"山的问题"的热情逐步转移到普通常民的问题上。柳田的"幽灵"研究主要考察常民的葬制，考察常民对于祖先的认识。这一考察最终集大成为《先祖的话》。《幽灵思想的变迁》就以内乡村的丧葬仪式——空葬为引子，分析了内乡村葬礼使用的"竹串"的来历与演变，最终延伸到日本人对于逝去的祖先的认识。他指出中国被称为"木主"的牌位，是为了让祖先的灵魂依托在那里。这一思想传入日本后逐渐发生了演变，变为了欢迎亡灵的真宗佛教的信仰。对于死去的祖先的认识，却以单纯的竹串的形式保留了下来。

日本的竹串是为了让逝去的祖先的灵魂不能回到自己家中而准备的，因此，常常被放置在最四通八达的大街的巷口。甚至还有的地区为了运送棺材，特意破坏掉墙壁或窗户，使用不同的家的出口。这些都是为了避免祖先的灵魂再回到家中。这与中国的思想具有极大的差异。文末柳田说到如果不出现有同情心且观察细致的学者的话，我们的国民性就不会有弄清楚的一天。可见，柳田并不是要研究"幽灵"的存在与否，而主要是为了研究普通民众对于死去的祖先的认识，以此来阐明日本这个民族的国民

---

① 柳田國男『妖怪談義』、株式会社講談社、2001 年第 35 刷、第 120 頁。
② 柳田國男『妖怪談義』、株式会社講談社、2001 年第 35 刷、第 122 頁。

性。因此，柳田的妖怪研究与幽灵研究虽然都是为了了解普通民众的国民性，但一个是为了追寻"山人"的足迹，而另一个则是为了考察日本常民对于"逝去祖先"的认识。

对于逝去的祖先无论如何也不可能将其归类为"妖怪"，因为柳田所认为的妖怪就是那些真实生活在山中的"山人"或不被人们所熟悉的"动物"。而幽灵则是逝去的祖先们。基于这样的考察目的，柳田执拗地将妖怪与幽灵划清了界限。

柳田把研究重心从山人实在说转变为心意研究是在1926年的《山姥奇闻》中。柳田时刻透露出考察低地人思想的重要性。他指出："我们大和民族渡来前的异俗人，躲避到幽闲之地继续生活下去的话，生子分居在各地，这是丝毫不需要奇怪的理所当然之事。问题是文明进步的低地人，为何把他们看作神似的去敬畏这一点。""日本的固有宗教中有神的血脉这一思想。"[①]通过这些记述可以看出，柳田虽然还认为山人是真实存在的，但他已经不再关心山人的存在、生活状态，而是试图揭开平地人对于山神的信仰。

综上所述，柳田由于家庭环境、自身兴趣以及周围文学家的影响，跟随怪谈文学复兴的潮流，对妖怪产生了极大兴趣。同时不满足于井上圆了与江马务的妖怪研究，在批判二者的基础上开展起了自己独特的妖怪学研究。

柳田在妖怪的定位、妖怪的研究内容、研究方法上与先行研究相比都有了颠覆性的突破。他所提出的"妖怪与幽灵的区别"以及"神沦落说"虽然现在遭到了批判，但在他之后的几十年中，这些都是妖怪研究的权威学说。他所提倡的民俗学的研究方法至今仍然被沿用，仍然是日本民俗学区别于西方甚至中国的一个独特特点。但是，柳田的记录比较杂乱，文章的结尾大多没有明确的结论。正如他自己所说，记录的目的在于在这些传说消失前将其记录保存下来，留待后人研究。

柳田对于"妖怪"与"幽灵"的研究也不是一步到位的，他的思想也经历了一个摸索、发展、定型的过程。理解了这个过程也就不难理解柳田提出的那些关于妖怪的著名学说了。

---

① 柳田國男『妖怪談義』、株式会社講談社、2001年第35刷、第131～132頁。

柳田的研究十分具有价值，但是，柳田并不愿将日本文化与中国联系在一起，他说："不知道幸还是不幸，我们的国家自古从旁边的大国输入了很多文化。"这里不难看出是指中国文化对日本的影响。同时，他很反对一提到日本文化就把其根源追溯到中国。他说："把川童记录为水虎、蝠的那些人，是从日本有的所有东西中国也有这一谬论出发的，因此没法交流。"① 虽然，这样的认识基于柳田想要研究日本特有的国民性、固有文化，但是缺少了异文化交流的视点。此后日本民俗学领域的妖怪研究也多继承了柳田的思想，仅仅集中在对日本的考察上。尽管如此，柳田民俗学以及妖怪学的研究视角对我国近代妖怪研究起到了重要的启示与借鉴作用。

二　柳田国男影响下的中国"妖怪学"研究

五四运动前后，中国出现了介绍吸收西方与日本新思想的新高潮，西方人类学与柳田民俗学作为最新思想被介绍到中国。1918 年在北京大学成立了"北大歌谣征收所"，这被认为是我国民俗学的开端。此后，众多人类学与民俗学的著作被译成中文，介绍到中国来。中国出现了以顾颉刚（1893～1980）为代表的古史辨派，以周作人、鲁迅、茅盾、闻一多等为代表的文学人类学派，其中包括神话学在内。以郑振铎、赵景深为代表的俗文学派，以蔡元培、凌纯声为代表的社会民族学派，以周作人、顾颉刚、江绍原、钟敬文为代表的民俗学派，以及以吴文藻、费孝通、李景汉、林耀华为代表的社会学派。"妖怪"作为古代思想、文化的重要组成部分，成为这些学派的研究对象之一。

1923 年以江绍原为首在北京大学成立了"风俗调查会"，开始了第一次有组织的集体进行的"田野调查"，对于北京周边的妙峰山、东岳庙等进行了实地考察与记录，并从民众的心理分析了风俗的成因以及鬼神存在的原因。诸如顾颉刚将东岳庙中的七十二司进行了记录，后改为七十六司，并指出"这七十六司乃是人类贪生恶死的心理的表现"②。同时该调查

① 柳田國男『妖怪談義』、株式会社講談社、2001 年第 35 刷、第 80 頁。
② 顾颉刚：《东岳庙游记》，《顾颉刚民俗论文集二》，2011，中华书局，第 485 页。

会还收集了大量诸如春联、年画等物品近 300 件。

中国此时也出现了民俗学、人类学视角的妖怪研究，对妖怪的研究价值加以肯定。其代表性人物是周作人、鲁迅。

（一）周作人的"妖怪"研究与柳田国男

周作人（1885～1967）在早年留学日本期间便对西方的文化人类学产生兴趣。1907 年周作人在日本留学时就曾翻译过安特路·阑的《习俗与神话》《神话、仪式与宗教》等著作。

不仅如此，周作人还深受柳田国男民俗学的影响。[①] 他在文章中多次提到柳田国男及其民俗学的研究方法对他的影响。在《我的杂学十四》中他写道："柳田国男氏的主张逐渐确立，成为国民生活史的研究……柳田氏的学识与文章很是钦佩，从他的许多著书里得到不少的利益和悦乐。""《远野物语》（柳田国男著，1910 年初版——引用者）给我的印象很深，除文章外，他又指示我民俗学里的丰富的趣味。……实在是柳田氏，使这种学问发达起来。"[②]

周作人在 1935 年时几乎已经收集齐了所有柳田民俗学的书籍，他在《幼小者之声》中说道："柳田国男的著述，我平时留心搜求，差不多都已得到，除早年绝版的《后狩祠记》终于未能入手外，自一九六九年的限定出版的《远野物语》以至今年新出的增补版《远野物语》，大抵关于民俗学的总算有了。"[③]

周作人认为柳田国男的民俗学与西方民俗学不同，开创了日本特有的民俗学研究方法，是一种国民生活史之研究，对于了解本民族的固有文化、固有信仰大有裨益，通过柳田民俗学的启发，他认为研究中国人的国民性应该把重点放在以"鬼"为核心的礼俗研究上。他指出："民俗学上研究礼俗，……它的目的是在贯通古今，明其变迁，比较内外，考其异

---

① 关于柳田国男对周作人的影响可参考赵京华《周作人与柳田国男》（《鲁迅研究月刊》2002 年第 9 期）、〔日〕今村与志雄、赵京华译《鲁迅、周作人与柳田国男》（《中国现代文学研究丛刊》1986 年第 1 期）。

② 周作人著，张丽华编《我的杂学》，北京出版社，2004，第 29、30、221 页。

③ 钟叔河编订《周作人散文全集 6》，广西师范大学出版社，2009，第 818 页。

同，而于其中发见礼俗之本意，使以前觉得荒唐古怪不可究诘的仪式传说现在都能明了，人类文化之发达与其遗留之迹也都可知道了。"① 因此，自1922年起周作人写了一系列关于"妖怪"的文章。② 从1922年至1964年的42年间，各种妖怪鬼神一直是周作人十分关注的问题。

周作人对于研究妖怪鬼神的目的在其文章中也常有提及，在《说鬼》（1936年）一文中他这样写道："鬼确实是极有趣味也极有意义的东西。我们喜欢知道鬼的情状与生活，从文献从风俗上各方面去搜求，为的可以了解一点平常不易知道的人情……值得当博士学位的论文，但亦极有趣味与实益，盖此等处反可以见中国民族的真心实意，比空口叫喊固有道德如何的好还要可信凭也。"③

在《水里的东西》（1930年）中他说道："河水鬼大可不谈，但是河水鬼的信仰以及有这信仰的人却是值得注意的。……社会人类学与民俗学是这一角落的明灯。"④我"从妖精打架上想出道德来"。⑤

周作人曾经不止一次地指出中国历史上的鬼故事多了些世俗，鬼事犹如人事，鬼的世界也犹如人的一般，因此推看鬼的世界反映出的情况可知人的世界之情形。除此之外，通过研究鬼可以看到中华民族的固有信仰，固有道德，此种方法远比空喊口号要可信得多。

周作人喜欢研究鬼神精怪，并常常与他国文化进行比较。《水里的东西》中讲述了中国的水鬼与日本的河童之间的关系。他指出日本的河童，与中国的河水鬼一样都拉人下水，但日本的河童也拉马，喜欢和人角力。日本的河童与河水鬼的一个极大的不同在于河童是一种生物。他指出河水

---

① 周作人：《鸦片祭灶考》，《谈虎集》，河北教育出版社，2002。
② 如《文艺上的异物》（1922），《关于僵尸》、《虐鬼》（1926），《关于妖术》（1929），《水里的东西》（1930），《鬼的生长》（1934），《说鬼》、《关于雷公》、《谈鬼论》（1936），《赋得猫——猫与巫术》（1937），《列仙传》（1941），《列仙图赞》（1942），《独脚魈》、《妄妄录》、《读〈鬼神论〉》（1944），《奇鬿四志》、《无生老母的信息》（1945），《河伯与龙王》、《谈报应》、《怕鬼》、《神仙的无聊》、《鬼头》、《人变虎》、《小鬼》、《活无常与女吊》、《头世人》、《迷信的鞭子》、《田螺精》、《四大门》（1950），《翼宿与奎宿》（1951），《无鬼论》（1964）。
③ 钟叔河编《说鬼》，《周作人文类编·花煞》，湖南文艺出版社，1998，第401页。
④ 钟叔河编《水里的东西》，《周作人文类编·花煞》，湖南文艺出版社，1998，第373页。
⑤ 周作人著，张丽华编《我的杂学》，北京出版社，2005，第23页。

鬼特别不像鬼，"仿佛也另有意义，即使与日本河童的迷信没有什么关系，或者也有水中怪物的分子混在里边，未必纯粹是关于鬼的迷信了罢"。①

《关于雷公》一篇中，他将中国的雷公与日本的雷公进行了比较。中国的雷公常与报应、阴谴说相关联。而日本的雷公则不然，虽然日本也很怕雷，但"不会附会上道德的意义。在文学美术上雷公""可是不大庄严，或者反多有喜剧色彩"。对比中日之雷公，周作人指出："中国人重实际的功利，宗教心很淡泊，本来也是一种特点，可是关于水火风雷都充满那些恐怖，所有记载与说明又都那么惨酷刻薄，正是一种病态心理，即可见精神之不健全。"②

除此之外还有诸多论述鬼神精怪的文章，在此不一一赘述。周作人在西方文化人类学，特别是柳田民俗学的影响下，从民俗学的视角，对中国的鬼怪加以论述，通过研究中国妖魔鬼怪方面的礼俗，最初目的是揭露传统文化、封建礼制之腐朽，批判国民性之落后，促使国民觉醒为目标，发展到后来透过鬼神解读民族的固有文化、固有信仰，重新构筑民族的文化传统，这期间，柳田国男的民俗学起到了不容忽视之作用。

（二）鲁迅的妖怪研究与柳田国男

鲁迅（1881～1936）与周作人一样，关心民俗学，关心柳田国男。③鲁迅在文学上取得了辉煌成就，但是，他也同样关心民俗学。他常常记录自己家乡绍兴的各种民俗，特别是常常出现在绍兴目连戏中的"无常"与"女吊"是鲁迅最为喜欢的，并有以此为题的文章。甚至，他在《玉历》、南京李光明庄刻本以及绍兴许广记刻本手绘了"无常"的图像。④

鲁迅指出："研究这一类三魂渺渺，七魄茫茫，'死无对证'的学问，是很新颖，也极占便宜的。"⑤他通过分析各个版本的"无常"形象，指出："《玉历》式的思想是很粗浅的：'活无常'和'死有分'，合起来是

① 钟叔河编《水里的东西》，《周作人文类编·花煞》，湖南文艺出版社，1998，第372页。
② 钟叔河编《周作人文类编·花煞》，湖南文艺出版社，1998，第408页。
③ 可参考〔日〕今村与志雄、赵京华译《鲁迅、周作人与柳田国男》，《中国现代文学研究丛刊》1986年第1期。
④ 插图见鲁迅《朝花夕拾》，延边人民出版社，2004，第93～94页。
⑤ 鲁迅：《朝花夕拾》，延边人民出版社，2004，第95页。

人生的象征。人将死时本只须死有分来到。因为他一到,这时候,也就可见'活无常'。但民间又有一种自称'走阴'或'阴差'的,是生人暂时入冥,帮办公事的脚色。因为他帮同勾魂摄魄,大家也就称之为'无常';又以其本是生魂也,则别之曰'阳',但从此便和'活无常'隐然相混了。如第四图版之 A,题为'阳无常'的,是平常人的普通装束,足见明明是阴差,他的职务只在领鬼卒进门,所以站在阶下。既有了生魂入冥的'阳无常',使以'阴无常'来称职务相似而并非生魂的死有分了。做目连戏和迎神赛会虽说是祷祈,同时也等于娱乐,扮演出来的应该是阴差,而普通状态太无趣——无所谓扮演——木如奇待些好,于是就将'那——个无常'的衣装给他穿上了——自然原也没有知道得很清楚。然而从此也更传诒下去。所以南京人和我之所谓活无常,是阴差而穿着死有分的衣冠,顶着真的活无常的名号,大背经典,荒谬得很的。"①

鲁迅在《朝花夕拾》的后记中对于"活无常"与"死有分"的来历进行了追溯,阐明了被称为"走阴"的生人,被称为"阳无常",尔后逐渐与"活无常"相混淆,出现了不同的"无常"的形象,其实原本是阳间与阴间的不同"鬼"。

鲁迅以民俗学的视角,通过考察比较各种文献以及进行田野调查对"无常"进行了考察,最终阐明了其起源与演变。这样的研究视角与方法,可以说受到了柳田民俗学以及人类学的影响。

同时,鲁迅在民俗学考察的基础上,仍不忘将其作为揭露国民性的工具。他喜欢无常,他说:无常"爽直,爱发议论,有人情"可以做朋友,中国人喜欢无常还因为在阴间可以找到"公理","想到生的苦趣,无常也不一定是恶客",不过中国人虽然想在阴间寻求公理,却总想着能再寻一点人情,"我们的活无常先生便见的可亲爱了,利中取大,害中取小"②。揭露了中国人那种利于己时想要寻公理,不利于己时想要讨人情的国民性。

除了"无常","女吊"也是鲁迅喜欢的"妖怪"之一,甚至比起"无常"来,他更喜欢"女吊"。因为无常反映的是中国人对于死那种"无可奈

① 鲁迅:《朝花夕拾》,延边人民出版社,2004,第97页。
② 鲁迅:《朝花夕拾》,《鲁迅全集》第二卷,人民文学出版社,1973,第378页。

何”“随随便便”的态度，而女吊则是具有复仇精神，“比别的一切鬼魂更美，更强的鬼魂”。① 他喜欢无常的近人情，却更赞美女吊那种勇于反抗、敢于复仇的精神，而中国人恰恰就缺乏“女吊”的这种复仇精神。

可见，鲁迅的民俗研究，紧紧围绕着解决时代课题，在阐明民俗信仰的基础上，以揭露封建社会、封建礼制的弊病、抨击当时愚昧落后的中国国民，揭露国民的劣根性，反对封建迷信，促使国民觉醒，站起来反抗压迫、反对礼制为最终目的。这一点也反映在鲁迅的文学作品中。

《论雷峰塔的倒掉》（1924 年发表于《语丝》周刊第一期）也是一篇典型作品。全文旨在揭露封建统治阶级压迫人民的本质，鼓励妇女学习白蛇那种反抗封建礼制的精神。

鲁迅“妖怪”研究的另一大成果便是妖怪小说史的整理。他编写的《中国小说史略》中对于中国古代的志怪传奇、神魔小说进行了详细整理阐述。他指出：“自晋讫隋，特多鬼神志怪之书。”② 然而，文人并非有意为小说，“六朝人视一切东西都可成妖怪，这就正是巫底思想，即所谓‘万有神教’”③。他认为中国一切宗教的根源在于巫底思想，直至现在也没有打破。而唐代则为之一变，开始了神怪小说的创作。“尤显者乃在是时则始有意为小说。”④

明朝神魔小说中他对《西游记》的评价甚高。他说：“承恩本善于滑稽，他讲妖怪的喜，怒，哀，乐，都近于人情，……《西游记》上所讲的都是妖怪，我们看了，但觉好玩，所谓忘怀得失，独存赏鉴了。”⑤

鲁迅整理中国小说史，不仅具有文学史的意义，也具有社会史的意义。从小说史中发掘中国文化之根底，发现中国国民性之变化。鲁迅呼吁，“我们目下的当务之急，是：一要生存，二要温饱，三要发展。苟有阻碍这前途者，无论是古是今，是人是鬼，是《三坟》《五典》，百宋千

---

① 鲁迅：《且介亭杂文附集》，《鲁迅全集》第六卷，人民文学出版社，1973，第 617 页。
② 鲁迅：《中国小说史略》，上海古籍出版社，2001，第 24 页。
③ 鲁迅：《中国小说史略》，上海古籍出版社，2001，第 24 页。
④ 鲁迅：《中国小说史略》，上海古籍出版社，2001，第 43 页。
⑤ 鲁迅：《中国小说的历史的变迁》，《鲁迅全集》第九卷，人民文学出版社，2005，第 337～339页。

元，天球河图，金人玉佛，祖传丸散，秘制膏丹，全都踏倒他"。①

鲁迅无论是民俗学研究、文学创作还是对中国文学史的整理，其中都贯穿着他一贯的主题，即揭示中国封建礼制的弊病，揭露中国国民的劣根性，透过妖怪鬼神看世间丑陋之事，用科学打破迷信，促使国民觉醒、使国民树立勇于反抗、争取自由之精神。鲁迅的妖怪研究既继承了柳田民俗学的研究视角，又与我国社会情况相结合，既有学术意义又有现实意义，对于今日之研究仍然具有重要的方法论与研究思路方面的借鉴价值。

"妖怪学"产生于日本，而中国早在 20 世纪初便将日本的妖怪学引入中国，出现了妖怪学的翻译及研究，发展到五四运动时期，知识分子们利用全新的西方和日本的学术理论和方法，从各个角度对中国的文学、民俗、宗教、历史等进行整理与分析，而中国古代思想文学中最重要的主题之一"妖怪"也自然而然地成为他们研究的对象。直到新中国成立的几十年间取得的研究成果可谓硕果累累。

这其中，日本"妖怪学"研究对我国的影响最为深远，透过"妖怪学"研究我们看到一幅中日思想文化交流史。

---

① 鲁迅：《华盖集》，《鲁迅全集》第三卷，人民文学出版社，1973，第 47 页。

第四章 中日『天狗』的异同——从形象与功能的角度

　　"天狗"是中日两国均为人熟知的妖怪，中国现代的天狗形象是生活在天上的狗，而日本的天狗则是半人半鸟或长着长鼻子红脸的狰狞形象。同称作"天狗"，缘何形象差距如此之大？究竟历史上中日两国的天狗形象如何？两者之间是否有着影响关系呢？

第一节　日本的天狗研究

　　中国尚未有对天狗进行系统整理的研究。不过，天狗在日本一直是个热门的妖怪，特别是到了江户时期，有不少学者对天狗进行过论述。

　　日本江户时期的天狗论应该始自朱子学者林罗山（1583～1657）。林罗山在《本朝神社考·僧正谷》中称日本古代的部分天皇以及佛教各派的各大高僧由于慢心以及怨怒，死后均沦为天狗。包括后鸟羽院、后醍醐院，以及弘法、慈觉、智证、法然、日莲等，日本历史上著名的高僧均被列入天狗的行列。林罗山的主要目的在于批判佛教，并无任何根据。[1]

　　而国学者平田笃胤（1776～1843）在林罗山的启发下，将其主张进一步延伸与夸大，撰写了《古今妖魅考》，重点论述天狗。但是，他的写作目的同样在于批判佛教，他指出很多佛教的高僧死后并没有转世成佛，而是沦为了天狗，进入了天狗道。在天狗道中他们每日都要承受三次如同在热油中被煎烤般的痛苦。包括天台宗始祖最澄在内的诸多高僧都进入了天狗道。平田笃胤借此来抨击佛教，揭露其轮回转世的欺骗性。[2]

　　日本民俗学开创者柳田国男的妖怪学研究也始自天狗。柳田虽然继承了国学的研究方法，并自称受到平田笃胤的影响，但是，柳田的天狗研究却并非以抨击佛教为目的，而是立足于天狗真实存在的基础上，将其作为

① 鹫尾顺敬编『日本思想闘諍史料』第1卷、名著刊行会、1969、第552～555页。
② 鹫尾顺敬编、平田篤胤著『古今妖魅考』、『日本思想闘諍史料』第9卷、名著刊行会、1969—1970年。

"山人"的一种。柳田认为"天狗"是被后来的民族驱赶到山中去的异人，是日本人的祖先。柳田认为天狗的品质极具武士道风格，爱清洁、很执着、好复仇、具有仁侠气质，这些品格处于中庸状态就是武士道，若走向极端便是天狗道。柳田通过列举西方的例子，指出在山中会有不为人知的另一种人生存，而日本的山人很可能是天狗，他可能是日本人的祖先，他具有的品质也是不被儒教所熏染的日本人特有的品质。[①] 柳田的研究是基于他所处的时代背景与时代课题，并在西方人类学、人种学的影响下开始进行的，他试图通过"山人"研究来寻找日本人的祖先、日本的固有信仰。

继柳田之后，知切光岁的《天狗的研究》是一本详细介绍日本天狗的著作。在这本著作中，他辑录了诸多作者实地调查的资料与历史文献，阐明了日本天狗信仰的现状及演变过程，并辑录了江户至明治时期日本学者关于天狗的研究。作者最终将日本全国各地的天狗以相扑的等级排名分别命名，制作了"日本大天狗排序"表。知切指出："只有天狗才是日本人创造、育成的纯粹的日本种的魔妖。"[②] 然而，事实真的如此吗？日本的天狗究竟是否受到了中国的影响？中日古代的天狗都有怎样的形象呢？

先行研究中对日本的天狗有较详细的阐述，对中国的天狗形象虽然有所涉及，但并不全面。因此，本章将在先行研究的基础上，以文献资料为依据，首先对中日古代的天狗形象与功能进行整理。

第二节　中日天狗的形象与功能考

一　中国天狗的形象与功能考

中国古代的天狗概括来说大约有以下几种形象。

---

① 柳田國男『天狗の話』、『妖怪談義』、講談社、2001 年、第 187～195 頁。
② 知切光歳『天狗の研究』、原書房、2004 年、第 100 頁。

（一）"星辰状"天狗

1. 流星、彗星之天狗

"星辰状"天狗是中国古代较早出现的天狗形象。房玄龄在《晋书》中这样描述："天狗，状如犬奔星，色黄，有声，其止地，类狗。所坠，望之如火光，炎炎冲天，其上锐，其下员，如数顷田处。或曰，星有毛，旁有短彗，下有狗形者。或曰，星出，其状赤白有光，下即为天狗。一曰，流星有光，见人面，坠无音，若有足者，名曰天狗。其色白，其中黄，黄如遗火状。"① 即划过天空中之流星、彗星等星辰，其色白或黄，形状似狗，伴随火光出现。

《史记》中记载："天狗本是星辰，或曰彗星、或曰流星。"孟康在解释《史记》之时指出天狗也是"太白之精"②。所谓"太白之精"，《御定星历考原》中记载："金神者，太白之精，白首之神，主兵戈，丧乱，水旱，淫疫。"③ 即金星，也被称为太白之精。

可见，天狗被认为是流星、彗星等星辰的代名词，其特点是形状似狗，身带火光，颜色黄白，或曰"有声""其声如雷"，或曰"无音"，总之都因为星辰的形状似狗，因此被称为"天狗"。据记录，天狗星坠地后的陨石多呈红色："宋端平乙未，天狗星坠淮安军金堂县境，其声如雷。六州之人皆闻之，及相与观看，皆为碎石，其色红亦。"④

天狗的出现，大部分的史书记载是兵乱发生的征兆。如《山海经·大荒西经》中记载："有巫山者。……有赤犬，名曰天犬，其所下者有兵。"⑤晋朝郭璞在对其进行校注时指出，"周书云：'天狗所止地尽倾，余光烛天为流星，长数十丈，其疾如风，其声如雷，其光如电。'吴楚七国反时吠

① （唐）房玄龄等：《晋书》卷十二，《景印文渊阁四库全书》，台湾商务印书馆，1986，第16页。
② （汉）司马迁：《史记》卷二十七，《景印文渊阁四库全书》，台湾商务印书馆，1986，第39页。
③ 谢路军主编《四库全书术数二集 第3册 太乙金镜式经 御定星历考原 禽星易见》，华龄出版社，2007，第195页。
④ （金）元好问撰《续夷坚志·湖海新闻夷坚续志》，中华书局，2006，第61页。
⑤ 伯益：《山海经全书》，内蒙古人民出版社，2010，第318页。

过梁国者是也"。①

《史记》记载，天狗出现"千里破军杀将"②，《文献通考》中记载："十三年闰月戊辰天狗东北下有声，占曰有大战流血。"③ 类似的记载在古代文献中频频出现，可以说是古时对天狗的普遍认识。

2. 天狼星之天狗

除了形状似狗的流星、彗星被认为是天狗以外，天狼星在古代也常常被称为"天狗"，不过，无论在形象还是功能上都与流星、彗星状天狗有所不同。

《开元占经》记载："荧惑守狼星，狗大贵，不即多死，狼，天狗也。石氏曰：'荧惑入守狼，野兽死'。"④ 此处的"狼"指天狼星，天狼星也被称为天狗星。

宋郑樵著《通志略》中载："天狗七星，在鬼西南狼之北，横河中，以守贼也。移徙则兵起。"⑤ 这里的天狗，指天狼星。随着占星术的发展，特别是道教引入了《易经》中的占星术，通过观测天体、星座的变化来占卜人的命运，指导人的行为。道教经典中多将天狼星称为天狗星，并认为若夫妇婚合之时触犯了天狗则"三刑六害，隔角交加，孤阴寡阳，天罗地网，艰于嗣息，多是孤独"⑥。可见，如果所选时辰触犯了天狗星，就会阴阳两隔，难有子嗣。不过，该经指出通过诵读道教经书可以获得子嗣。"若欲求男，即诵此经，当有九天监生大神，招神摄风，遂生贤子。"⑦

通过宋朝道士白玉蟾的记载，我们不难看出道教通过占星将星辰运动与人的命运结合在一起，以此预测人们结婚、生子等人生重大问题。当通

---

① （清）郝懿行：《山海经笺疏》，巴蜀书社，1985，第 26 页。
② （汉）司马迁：《史记》卷二十七，《景印文渊阁四库全书》，台湾商务印书馆，1986，第 39 页。
③ （元）马端临：《文献通考》卷二百九十一，《景印文渊阁四库全书》，台湾商务印书馆，1986，第 15 页。
④ （唐）瞿昙悉达撰《开元占经》上，中央编译出版社，2006，第 288 页。
⑤ （宋）郑樵：《通志略》2，山东画报出版社，2004，第 20 页。
⑥ （宋）白玉蟾：《九天应元雷声普化天尊玉枢宝经集注》，《正统道藏》第 1～24 册，艺文印书馆，1977，第 1139 页。
⑦ （宋）白玉蟾：《九天应元雷声普化天尊玉枢宝经集注》，《正统道藏》第 1～24 册，艺文印书馆，1977，第 1139 页。

过占卜预测其婚合的时辰触犯天狗之时，就会有不吉利的事情发生，如夫妇阴阳两隔或难于怀上子嗣。

这一说法到了明朝时出现了新变化，演变成新婚妇人不宜夜晚出门，否则会犯天狗星，不利于子嗣，并称天狗在晚上会吃小儿，因此，妇女、婴儿忌讳。《五杂俎》中记载："今闽中新妇不戴星行，云'恐犯天狗星，则损子嗣'，闺女间亦忌之。"[1] 可见，这样的习俗在福建一带十分流行，天狗星变为了可以吃小儿的天狗。《五杂俎》中还引用了《周书》中关于天狗的记载："《周书》谓天狗所止地尽倾，余光烛天为流星，长数十丈，其疾如风，其声如雷，其光如电。吴、楚七国反时，吠过梁者是也。"[2] 然而，话锋一转："然梁虽被围，未有陷军败将之衄、略地屠城之惨，而七国不旋踵以亡，则天狗亦恶能为祸福？"[3] 他指出虽然天狗出现在梁国，但梁国未陷入战败、被屠城的境地，倒是其他七国灭亡了。那么，天狗是能为祸福之物吗？"俗云：'天狗所止，辄夜食人家小儿。'故妇女、婴儿多忌之。"[4] 这样一来，谢肇淛把天狗从战乱征兆的星象转变成为啖食小儿之物，从而淡化了其政治色彩，将其演变为与百姓日常生活密切相关之事。

到了清朝，此故事更进一步演化，将天狗星变为了天上的狗，并认为道教神仙张仙可以射天狗保护孕妇、婴儿的平安，因此多在家中悬挂《张仙射天狗》之图。这一习俗在今天的福建地区依然存在。

那么，张仙是何方神圣？清长白浩歌子在《萤窗异草》初编卷二中有所记载：

> 人之艰于嗣者，多绘张仙以奉之，以其能卫厥子孙也。其像为美丈夫，锦袍角带，广颐丰髭，左挟弹，左摄丸，飘飘乎有霞举之势。仰视云中，一犬叫噪而去，盖即俗所谓天狗也。某县一画师，尤善于此。所作者眉目如生，勃勃有神气，且遇小儿惊啼，祷之辄应，人以

---

① （明）谢肇淛：《五杂俎》，上海书店出版社，2001，第5页。

② （明）谢肇淛：《五杂俎》，上海书店出版社，2001，第15页。

③ （明）谢肇淛：《五杂俎》，上海书店出版社，2001，第15页。

④ （明）谢肇淛：《五杂俎》，上海书店出版社，2001，第15页。

是神之，远近数百里奔走相求，其门若市，画师遂因是致富。[①]

通过这则记录可以看出那时张仙射天狗的传说已十分流行。张仙被描绘成一个气度不凡的美男子，手持弹弓，仰视云中。天狗则被描绘成一只在云中咆哮奔跑的狗。据称某县的一个画师十分擅长画此像。有小儿的人家若小儿半夜啼哭就常常将此画像请回家，挂在家中，十分有效。画师家每日求画之人络绎不绝，画师也因此变得富有。

关于张仙可以保佑子嗣平安的传说在明朝已有记载。《山堂肆考》中记载了当时流传的两种传说：

> 蜀苏洵天圣中至玉局观见一画像云是张仙神也，无子者祷之辄应。洵尚无子，因解玉环易之。每露香以告乃生。轼辙皆成大儒。洵自为像赞。一说世所传张仙像者，乃蜀王孟昶挟弹图也。初花蕊夫人入宋宫，念其故主，偶携此图，遂悬于壁，且祀之谨。一日，太祖幸而见之，致诘焉。夫人跪答之曰此我蜀中张仙神也，祀之能令人有子。此夫人一时欺宋祖之言，非实有所谓张仙也。[②]

可见，当时关于张仙可以保佑子嗣的传说有二：一是说著名的北宋文学家苏洵一直没有子嗣，偶尔看到了张仙的画像，传说能够给人来带子嗣，于是，他用自己的玉镯换回了此像，每日供奉，不久便得子，且两个儿子苏轼苏辙均成为大儒，苏洵便亲自为此画像作了赞词。

另一种说法称张仙射天狗一图本是后蜀皇帝孟昶的挟弹图，其夫人花蕊夫人被掠到宋宫之后，携带此图入宫，被太祖发现，情急之下，将孟昶的肖像说成是张仙，并称张仙可以保佑人平安怀上子嗣。此后，蜀王孟昶挟弹图便成了张仙射天狗图。

可见，至少在北宋时期便已有了关于张仙的记载。张仙被认为可以保佑子嗣。其后又与天狗食小儿的传说联系在一起，把《蜀王孟昶挟弹图》中天上的怪兽与天狗结合在一起，使天狗由星辰变为了怪兽。

---

① （清）长白浩歌子：《萤窗异草》，陈果标点，重庆出版社，1996，第63页。
② （明）张幼学、彭大翼：《山堂肆考》卷一百四十二，《景印文渊阁四库全书》，台湾商务印书馆，1986，第17～18页。

（二）"云气状"天狗

除了有将星体称为"天狗"的记载外，也有将云、气称为天狗的记载。

如宋朝徐天麟编著的《西汉会要》中就记载在汉朝哀帝的建平元年之时，天空中出现了巨大的白气，发出如雷般的响声，持续了十几日。这白气便是天狗。

> 哀帝建平元年正月丁未，日出时，有著天白气，广如一匹布，长十余丈，西南行，软如雷，一刻而止，名曰天狗，十二月，白气出西南，从地上至天，出参下，贯天厕，广如一匹布，长十余丈。[①]

《文献通考》中记载的天狗或是气或是祥云，呈天狗状。"梁武帝天监十年九月丙申，天西北隆隆有声，赤气下至地。占曰'天狗也，所往之乡有流血，其君失地'"[②]，"乙酉，祥云如狗，赤色，长尾三枚，夹汉西行。"[③] 这样的天狗出现同样是流血、战乱的征兆。

（三）"怪兽状"天狗

《山海经》中除了有"天犬"的记载外，还有关于"天狗"的记载。

> 又西三百里，曰阴山。浊浴之水出焉，而南流注于蕃泽，其中多文贝。有兽焉，其状如狸而白首，名曰天狗，其音如榴榴，可以御凶。[④]

此天狗不同于星辰的天狗，乃居住在阴山中的怪兽，长相似狸，头部有白毛，其声音似猫。在《古本山海经》中有不同年代描绘的天狗的图像。

---

① （宋）徐天麟：《西汉会要》卷二十八，《景印文渊阁四库全书》，台湾商务印书馆，1986，第 7 页。
② （元）马端临：《文献通考》卷二百九十一，《景印文渊阁四库全书》，台湾商务印书馆，1986，第 16 页。
③ （元）马端临：《文献通考》卷二百九十一，《景印文渊阁四库全书》，台湾商务印书馆，1986，第 3 页。
④ 袁珂：《山海经校注》，巴蜀书社，1993，第 63 页。

天狗　明·蒋应镐绘图本

天狗　明·胡文焕图本

天狗　上海锦章图本

天狗　清·四川成或因绘图本

天狗　清·汪绂图本

天狗　清·吴任臣近文堂图本

这些图本多为明清时期所绘，虽然天狗的形态各异，但几乎都是形状似狸猫的怪兽。同时，不少图中的天狗口中都含有一物。胡文焕图说："阴山有兽，状如狸，白首，名曰天狗，食蛇。其音如猫，佩之可以御凶。"① 因此，可以得知天狗口中所含之物乃蛇。关于天狗食蛇的记载在古代文献中也有记载，明朝《山堂肆考》中就记载："山海经阴山有兽如狸白首曰天狗食蛇音如猫。"②

此外，《古本山海经图说》中还收录了一幅日本所描绘的中国天狗图本。上面的文字记载，阴山中有天狗，佩之可以御凶。与山海经中的描述相类似，其图本也与中国的较为接近，是白首如狸猫的怪兽。③

唐代著名诗人杜甫曾做过一首《天狗赋》来赞美天狗。

> 天宝中，上冬幸华清宫，甫因至兽坊，怪天狗院列在诸兽院之上，胡人云：此其兽猛健无与比者。甫壮而赋之，尚恨其与凡兽相近。瞻华清之莘莘漠漠，而出殿戍削，缥焉天风，崛乎回薄。上扬云旓兮，下列猛兽。夫何天狗嶙峋兮，气独神秀。色似狻猊，小如猿狄。忽不乐，虽万夫不敢前兮，非胡人焉能知其去就。④

文中提到的阴山，东起河北省西至内蒙古。"胡人"自秦汉时起主要用来称呼匈奴等游牧民族。可见，天狗是一种匈奴民族熟悉的兽类，主要生活在阴山。杜甫虽以此赋隐喻安禄山，将安禄山比喻为"天狗"，并指

① 马昌仪：《古本山海经图说》下增订珍藏本，广西师范大学出版社，2007，第224页。
② （明）张幼学、彭大翼：《山堂肆考》卷二百三十七，《景印文渊阁四库全书》，台湾商务印书馆，1986，第39页。
③ 所有图本均引自马昌仪《古本山海经图说》下增订珍藏本，广西师范大学出版社，2007，第224~227页。
④ 仇兆鳌：《杜诗详注》卷二十四，中华书局，1979，第2183页。

出皇帝对其恩宠有加，使得一般人不敢靠近，提醒皇帝应对其警惕，然而并未引起皇帝的戒心①，最终导致了安史之乱的发生。但是，通过杜甫的描述我们可以得知，天狗乃颜色似狮子，大小如猿猴，由胡人饲养的一种兽类。此怪兽可以"御凶"。《水经注释》中记载白鹿原的天狗有贼来时便会叫，保证了狗枷堡的平安。

> 川东亦曰白鹿原也，上有狗枷堡，三秦记曰骊山西有白鹿原，原上有狗枷堡，秦襄公时有天狗来，下有贼则狗吠之，故一堡无患。②

可见，天狗可以守护庄院，防御盗贼。

清朝之时，怪兽天狗又与星辰天狗出现了新的融合。《述异记》中有这样一则记载：

> 康熙壬子四月廿二日，黎明，钱塘西北乡有孙姓者，家方育蚕，门尚未启。邻人蚤起采桑，过其居，见孙屋脊上，有一物似狗而人立，头锐喙长，上半身赤色，腰以下青如靛，尾如彗，长数尺。惊呼孙告之。甫开门，其物腾上云际，忽声发如霹雳，委蛇屈曲，向西南而去。尾上火光迸裂，如彗之扫天。移时乃息，数十里内，皆闻其声，亦有仰见其光者。所谓天狗堕地，声如雷也。甲寅，有逆藩之乱。③

此天狗虽长相似狗，却可如人般站立，尖尖的头，长长的嘴，上身呈红色，下身呈青色，尾巴如彗星般，有数尺之长。且此物可以飞上云际，发出霹雳之声，尾巴发出火光。此物的出现也是战乱的象征。

此则故事将原本为流星、彗星等星辰代名词的天狗描述为如狗般可以站立的怪兽。此怪兽又具有星辰天狗的形态与性质，将抽象化的天狗形象化了。

除了有将地上的怪兽称为天狗的记载之外，也有将在天上生活的似狗

---

① 何香久：《中国历代名家散文大系·隋唐五代卷》，人民日报出版社，1999，第300页。
② （清）赵一清：《水经注释》，《景印文渊阁四库全书》，台湾商务印书馆，1986，第20页。
③ 《古今说部丛书》1，上海文艺出版社，1991，第19页。

的天兽称为天狗的记录。此记录多见于道教经典当中。唐朝著名道士李淳风注释的《金锁流珠引》中就记载了诸多生活在天上的天兽，天狗也是其中之一。

> 天兽目，有天虎、天狗、天牛、天豹、天狐等兽之目。后圣君曰：天兽麒麟、师子、纲风骑置十二尘，世谕百六尘。[①]

李淳风记载天上生活的天兽不计其数，天狗也是其中之一。这些天兽可以附在人身上，使人生病。附在人身上妖气散不去时就需要道士实施法术，令患者吞服纸符，将其制服。

> 诀刀支等，一切兽皆被禁即断，不来注病于人。人身中有此精妖注气不散，事须先与吞治邪病符，二七日，或三七，四七日，服符带檄，无不永差断者，此法大验。[②]

记载宋元至明初符箓派道法的《道法会元》中也有神兽天狗的记录。

> 书犬咒：太上皓凶，长颅巨兽。天狗之神，赴吾门下，收捉鬼神。疾速报应，施威见形。急急如天蓬元帅律令。[③]

此处记载的是道士法术的咒语之一。天狗被形容成"长颅巨兽"，乃天神之一，是道士驱使的神兽，用它来捉妖降鬼。

可见，道教中的天狗或附身于人，使之生病，或被道士所驱使，用来降伏鬼神。

此外，明朝多记载有道法可令小儿上天偷仙桃。上了天的小儿多被守护天庭的天狗所伤。诸如宋懋澄《九籥集》卷十中"蟠桃宴"的故事，就记载了一个道士使一童子升天偷仙桃，被大狗追逐咬伤的故事。

> 项双溪为广中藩伯，时冬月生辰，宴诸寮十六人，阍者传有术士携童子至门，称献蟠桃，主人大喜，延入，见桃子一枝止十六枚，鲜

---

① 《金锁流珠引》，《正统道藏》第25~34册，艺文印书馆，1977，第27285页。
② 《金锁流珠引》，《正统道藏》第25~34册，艺文印书馆，1977，第27285页。
③ 《道藏》第30册，天津古籍出版社，1988，第16页。

艳异于人间，惟恨少一，主客不得分有。术士云：顷使小儿偷桃，下天门，忽被天狗所逐，遂不得如数。诸官力强，术士不得已，吹气于井口，须臾出云，童子乘之而上，食顷，闻云中犬吠声，少顷，见云冉冉下，童子携桃五枚，胫下血淋淋，云为天狗所吠。宾主大悦，各赠所有，逾百金。①

童子是被道士驱使的工具，道士令童子上天偷桃，不幸被守护天庭的天狗咬伤。此处的天狗已然完全脱离了星辰的形象而成为生活在天上的天兽的形象。类似的记录在明冯梦龙撰的《古今谈概》中也有记载，其中记录了"方朔偷桃法"。

戏术有方朔偷桃法。以小梯植于手中，一小儿腾之而上，更以梯累承之。儿深入云表，人不能见。顷之，摘桃掷下，鲜硕异常。最后儿不返，忽空中有血数点坠下。术者哭曰"吾儿为天狗所杀矣"。顷之，头足零星而坠。术者悲益甚，乞施棺殓之资。众厚给之，乃收泪荷担而去。至明日，此小儿复在前市摘桃矣。②

此处的方朔指东方朔。方朔偷桃法也是民间道术之一，命小儿顺梯而上天庭摘桃，不过往往都会被天狗所伤。

东方朔偷桃的故事在很多文献中均有记载，诸如前蜀杜光庭撰《墉城集仙录》就记载，西王母称东方朔乃其邻家小儿，曾三次偷桃。

与上元夫人命车言去，从官玄集，将欲登天，因笑指方朔曰："此我邻家小儿，性多滑稽，曾三来偷桃矣。昔为太上仙官，因沉湎玉酒，失部御之和，谪佐于汝，非流俗之夫也。"③

类似的记录还有很多，但这些记录中都没有天狗登场。到了明朝，此故事被道教所利用，编入了道术之中，将其中的东方朔改编为小儿或童子。道士使用法术令小儿上天偷桃，其小儿多被天狗所伤，天狗被描绘成

---

① 转引自赵兴勤《中国古典戏曲小说考论》，吉林教育出版社，2004，第 312 页。
② （明）冯梦龙纂，王江等译《古今谈概》，黑龙江人民出版社，1988，第 826 页。
③ （宋）张君房纂辑，蒋力生等校注《云笈七签》，华夏出版社，1996，第 721 页。

生活在天上的狗的形象。

《本草纲目》卷五十一兽二中记载："狗獾（音欢）、天狗。时珍曰：獾又作狟，亦状其肥钝之貌。蜀人呼为天狗。"[1] 可以得知在四川地区獾被称为"天狗"。

《清朝探事》是日本江户时期，由狄生北溪（1673～1754）撰写的一部记录中国清朝风俗的书籍，是在德川幕府将军吉宗的命令下，通过咨询去日经商的清朝商人而记录下来的一部书。其中便有《云天狗说》一节：

> 考山海经，阴山有天狗，其貌如狸。白首其声如猫，云其食蛇。与日本之天狗说相异。不知何时，江南有山魈恼人。知县乃豪侠之人，欲抵御之，率众人，往山中发弓、铁炮。或手答、遮目者。其后，此山绝山魈之所为。数年后，有道士来知县门，知县见其言语举止甚伶俐，问答如流水，道士玩一长两三寸之小猿。此猿会种种戏艺，知县也为其吸引。道士云若所望此，则进之，知县便收下此猿。此后知县甚爱玩此猿，可不久化为大虎，蹂躏县衙之内。诸人惊恐周章。蒙伤者多。总算将虎逐出门外，不知其所踪。云此怪乃先年之祟。[2]

此故事应该是清朝商人讲述的有关中国天狗的传闻。狄生首先指

---

[1] （明）李时珍：《本草纲目》卷五十一下，《景印文渊阁四库全书》，台湾商务印书馆，1986，第 6 页。

[2] 大庭修『享保年代の日中関係資料二　朱氏三兄弟集』『近世日中交渉史料集三』、『関西大学東西学術研究所集刊』九一三、関西大学出版部、平成七年、第136頁。　原文如下：

山海経ヲ考ルニ、陰山ニ天狗アリ、其貌狸ノ如。白首ニして聲猫ノ如ク、蛇ヲ食フト云トモ。日本ノ天狗ノ説ト異リ。何レノ世ノコトニカ、江南ニ山魈アリテ、人ヲ悩ス。知縣官豪侠ノ人ニテ、是ヲ禦キ止シして、大勢ヲ催シ、山中ニ弓鐵砲ヲ發ス。或いは手答セシカトモ、目に遮ル者ナシ。其後、此山ニ絶ヤ山魈ノ所為ナシ。数年ヲヘテ、知縣ノ門ニ、道士来テ、知縣ニ見ル、言語動止、甚伶悧ニして、問答流水ノ如シ、道士、長ニ三寸ノ小猿ヲ玩興ス。此猿、種々ノ戯藝ヲナセリ。知縣もコレニ見トレテ居タリシニ道士、モシ此ヲ所望ナラハ、進スヘシト云リ、知縣此猿ヲモラヒタリ。夫ヨリ知縣、此猿ヲ玩愛セシニ、俄ニ大虎ニ化して衙門ノ内ヲ蹂躪ス。諸人驚キ周章ス。傷ヲ蒙ル者多シ。兎角して、虎ヲ門外ニ追出スニ、其行方ヲ知ラス。此怪先年ノ祟ナルヘシト云。

出中国的天狗应该是生活在阴山的兽类，与日本的天狗不同。而江南某地的山中有山魈作祟，此山魈被称为天狗。当地知县通过射箭、发炮制服了天狗。若干年后，此山魈化身为道士，携带一小猴去知县府上复仇。小猴变为老虎伤害了很多府衙内之人，世人都认为这是先前被制服的山魈作祟。

（四）"鸟状"天狗

《说文解字注》中记载："鸱，天狗也。……青似翠。食鱼。江东呼为水狗。按今所在园池有之。谓之鱼狗。亦谓之鱼虎。"① 《清稗类钞·动物·鱼狗》中称："鱼狗，《尔雅》谓之鸱，又曰天狗，大如燕，喙尖长，足短色红，能在水面捕食小鱼，如猎狗然，故名。"② 《本草纲目·禽一·鱼狗》也记载："鱼虎、鱼师，翠碧鸟。狗、虎、师；皆兽之噬物者。此鸟害鱼，故得此类命名。"③

鸱乃一种体形如燕子般大小的翠鸟，此鸟嘴巴又尖又长，以水中之鱼为食，捕食时从天而降，似猎狗一般，因此也被称为"天狗"。

鸱＝天狗说，到了清朝出现了变异，把鸟直接置换为"天狗"，也就是说下水捕鱼的并非鸟而是长相似狗的"天狗"。天狗被描述为天黑后下水捕鱼食用的怪兽。这则故事出现在清朝钱泳《履园丛话》"丛话十六·精怪"天狗条中：

> 苏州宋文恪公墓在沙河口，乾隆中，有坟旁老妪陆姓，月下见一物如狗者从空而下，跃水中攫鱼食之，如是者旬余，不解其故。一日，守墓者遥见华表上少一天狗，过数日天狗如旧，或疑此物为怪，击碎之。④

这里记载的天狗每当入夜便会跃入水中捕食鱼类。最终守墓者发现是华表上成精后的天狗所为。狗一般不以鱼为食，而这里天狗捕鱼的习性或

---

① （汉）许慎撰，（清）段玉裁注《说文解字注》，上海书店，1986，第473页。
② 罗竹风：《汉语大辞典》12，汉语大辞典出版社，1993，第1188页。
③ 《辞源》，商务印书馆，1989，第1906页。
④ （清）钱泳：《履园丛话》上下，中华书局，1979，第430页。

许来自于"鸩",将"翠鸟＝天狗"直接置换为天狗,且此天狗乃华表上的怪兽。

通过此则故事可以得知,华表上的怪兽在当时被称为天狗,此天狗有着翠鸟的习性,以鱼为食。北京天安门前的华表上现在仍然蹲着一只怪兽,而此怪兽的名字为"犼",乃龙的9个儿子之一。观其形状,确实似龙。而依据此处记载,华表上的怪兽为天狗,乃狗的样子。此华表位于宋文恪公的墓前,宋文恪公即宋讷,明朝初年任文渊阁大学士,颇受朱元璋的赏识。宋讷的墓地至今仍在河南省郑州市滑县牛屯镇宋林村。墓前有两块石碑,分别为蛟龙碑与四棱柱石碑,石碑上并无怪兽,而石碑前却有两只神兽,长相似狗。但此神兽是否是当年华表上的天狗已不得而知。

除了有将"鸩"称为天狗的记载之外,还有将"九头鸟"称为"天狗"的记载。所谓九头鸟又被称为"鹳"、"鸫"以及"鬼车"。在清李汝珍撰写的小说《镜花缘》第二十一回中称此九头鸟又名天狗。虽然是鸟,却常学狗叫。它的血滴到人家很不吉利。这时,可以让家里养的狗吠叫,将其吓走。

> 九头鸟鸣了几声,宛如狗吠。九头鸟一闻此声,早已抱头鼠窜,腾空而去。此鸟退入西林,林之洋道:"这鸟为甚不是禽鸣,倒学狗叫。俺看他油嘴滑舌,南腔北调,到底算个什么。可笑这九头鸟枉自又高又大,听得一声狗叫,它就跑了,原来小鸟这等厉害。"多九公道:"此禽名叫鸧鸟。义名天狗。这九头鸟本有十首,不知何时被犬咬去一个,其项至今流血。血滴人家,最为不祥。如闻其声,须令狗叫,他即逃走。因其畏犬,所以古人有掩狗耳禳之之法。"[1]

到底什么是九头鸟? 它又缘何会学狗叫,并畏惧狗? 其实关于九头鸟的记载在元朝之时就已经出现,元俞希鲁撰《至顺镇江志》卷四中记载:

> 鬼车
> 人莫识其状,遇阴晦则飞鸣,云此鸟有十首,一为犬所断,闻其

---

[1] (清)李汝珍:《镜花缘》,岳麓书社,1989,第81页。

鸣，则嗾犬使吠以厌之。欧阳文忠公有《鬼车诗》，其略云"此鸟十头有十口，口插一舌连一喉。一口出一声，千声百响更相酬。昔时周公居东周，恶闻此鸟憎若雠。夜呼庭氏帅其属，弯弧射逐出九州。射之三发不能中，天遣天狗从空投。自从狗啮一头落，断颈至今清血流。每逢阴黑天外过，乍见火光辄惊堕。有时余血下点涴，所遭之家家必破"，其言必有所自。①

此处提到的欧阳文忠公指宋朝的欧阳修，他曾著有《鬼车诗》一首，指出九头鸟本有十个头，春秋时期被楚国人打败的周公十分憎恨此鸟，想要射它，将它逐出九州，无奈三发皆不中，于是上天派天狗来俘获此鸟，将它的一个头咬掉。它的伤口至今仍在滴血，其血滴在人家被认为是大不吉，家会破败。因此，听到此鸟的叫声，人们便让狗叫，以此来驱逐它。

可以看出九头鸟乃楚国的隐喻，周公希望能将之逐出九州，无奈被其打败，因此盼望着天降天谴天狗于它，使其战败。此处的天狗其实仍然是星辰天狗的代名词，星辰天狗的出现预示着战乱的出现，破军杀将的出现。此处，将其形容为天上的一只狗，出现了星辰天狗与怪兽天狗的混同。

到了清朝，这则故事进一步被改编，出现了怪兽天狗与鸟天狗的混同。九头鸟与天狗本乃不共戴天的仇敌，可到了清朝，两者混为一谈，九头鸟也被称为天狗。

二　日本天狗的形象与功能考

日本的天狗最为大众所熟悉的形象是长着红红的鼻子，赤面，穿着如山伏一般的服装，手持团扇或铁杖。不过，这种天狗的形象却是到了中世末期才出现的。那么，日本历史上的天狗都有怎样的形象与功能呢？

（一）"星辰状"天狗

日本关于天狗最早的记录出现在《日本书纪》的舒明天皇条中：

---

① （元）俞希鲁编纂《至顺镇江志》，江苏古籍出版社，1990，第173页。

舒明天皇记，九年二月戊寅，大星从东流西，便有音似雷。时人曰流星之音亦曰地雷，于是僧旻曰，非流星，是天狗也。其吠声似雷耳。①

鞍马山天狗（摄于京都）

舒明天皇之时，日本天空出现了如流星般滑过天空的星辰，并伴有雷声。当时人们都认为是流星，或称其为地雷，但是僧旻说这并非流星，而是天狗，天狗的叫声似雷。这一认识符合中国天狗的特征，如前所述，中国的天狗也是流星的代名词，其特征是它的出现伴随着巨大的雷声。

僧旻（？～653）是日本奈良时期的僧人，是归化日本的中国人的后裔，被称为新汉人。推古天皇之时来中国学习佛教，632年返回日本。据管宁在《僧旻法师考略》中考察，僧旻回国后曾经开设讲堂专讲《周易》。

尝群公子咸集于旻法师之堂，讲周易焉。大臣后至，皆作起立，抗礼俱坐。讲讫将散，旻法师击目留矣。因语大臣云：入吾堂者，无如宗我大郎。但公神识奇相，实胜此人，愿深自爱。②

由此可知，僧旻不仅对佛教十分精通，对于中国的《周易》也甚是了解，因此，他知道中国的天狗乃星辰的代名词是情理之中的事情。中国天狗的星辰说通过僧旻传入了日本。然而，在此之后直到平安时期的200多年间再没有任何关于天狗的记录。再次出现在文献中的天狗与中国星辰天狗的形象大相径庭。

不过，到了中世之时，又有了天狗乃流星的记载。1488年左右成书的《应仁记》是以1467年至1477年持续发生的应仁、文明之乱为主题的军记。其中"乱前御晴之事"一节中记载大乱发生之时会有天象预示。1466

① 経済雑誌社編『国史大系第1巻　日本書紀』、経済雑誌社、1897年、第405頁。
② 管宁：《僧旻法师考略》，《日本研究》2008年第3期。

年 9 月 13 日晚亥时，坤方与艮方有光物飞过，天地鸣动，只觉乾坤忽折，世界震裂。翌年，文正改元之 9 月 13 日同刻，飞归本来之方向，不可思议也，云天狗流星之物，有否。① 此处，将滑过夜空的流星称为天狗，其出现之时，天鸣地动，预示着第二年战乱的发生。这与中国的天狗相同。

（二）"狐状"天狗

《日本书纪》于 720 年编纂完成，完成之后的第二年立刻开始了对其内容解读研究的日本纪讲筵，由纪传道的博士对其内容进行解释讲读。其后又分别于 812 年、843 年、878 年、904 年、936 年、965 年进行了 6 次，共进行了 7 次讲读。诸博士将研究解释的内容以"私记"的形式记录下来。这些私记被整理为《日本书纪私记》保存下来，常常被镰仓时期成书的《日本书纪》注释书《释日本纪》引用。

在《日本书纪》释讲之时，纪传道的博士们将"天狗"的日语发音标注为"AMATUKITUNE"，与天狐的发音相同。

10 世纪以后的文献中有不少将"天狗"称为"天狐"的记载。《释日本纪》中"天狗"的训读也被标记为"天狐"，并解释称："流星地雷天狗也。"②

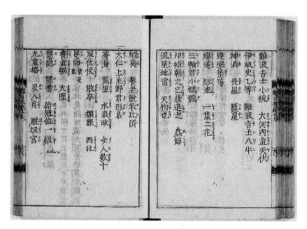

《释日本纪》

① 黒川真道编『応仁記』、『日本歴史文庫〔8〕』、集文館、1912 年、第 24~25 頁。
② 『釈日本紀』第四卷、第 118 頁。

平安中期由紫式部（生卒不详）撰写的《源氏物语》中也有天狗的记载。《手习》一卷中讲到浮舟被不明之物掠走，失去意识长达数月，最终经过僧都的护持，将"物怪"从浮舟体内赶出，使其恢复了意识。通过询问得知此"物怪"乃一法师，由于对世间心存怨恨未能成佛，在世间游荡之时，碰巧遇到浮舟心存死念，于是，他凭附到浮舟体内，使她失去了意识。

但是，在荒废了的宇治院寝殿的树荫下发现浮舟之时，寺庙的僧人认为她是被"狐"或"木灵"一类的东西摄了魂魄掠来的。看护院子的老人也肯定地说是狐狸所为。因为，狐狸常常在这树下作怪。前一年秋天也曾掠来过一个两岁左右的孩童。[①] 最后一卷的《梦浮桥》中，僧都向前来寻找浮舟的熏讲述了自己救护浮舟的过程。他称浮舟有可能是被天狗、木灵一类的东西摄了魂掠到那里，乃"魔物"。[②] 这里，作者将前文中的"狐""木灵"置换成为"天狗""木灵"，可见，她把"天狗"与"狐"视为同一物。

《今昔物语集》中也有类似记载。在卷二十中讲到"染殿后被天狗侵扰"一则故事时指出，通过法师实施法术，最终发现凭附在皇后身上的天狗是一只老狐。此处也可看出，天狗与狐的混淆。[③]

可见，日本曾一度把"天狗"与"狐"视为同一物。

（三）"气状"天狗

《日本书纪》以后，天狗便从日本的文献中消失了。直到平安时期才再次出现关于天狗的记载。这之间的 200 多年间，在现存的文献中没有任何关于天狗的记录。

天狗的再次登场是在成书于平安中期的《宇津保物语》中。其中记录的天狗已然从中国天狗"星辰"的形象中完全脱离出来，将山中发出的不可思议的琴声视作天狗所为。

---

① 阿部秋生等校注訳『新編日本古典文学全集源氏物語』6、小学館、1998 年、第 281～297 頁。

② 阿部秋生等校注訳『新編日本古典文学全集源氏物語』6、小学館、1998 年、第 376～377 頁。

③ 《今昔物语集》下，北京编译社译、张龙妹校注，人民文学出版社，2008，第 624 页。

在"俊阴"一节第三五的"北野行幸兼雅、寻琴音入山"一段中记载：一日，朱雀帝去北野山行幸，在参观此山之时忽闻琴声。似古琴之声，却如同诸多乐器合奏一般。右大臣说："在这样人烟稀少的山中，谁会奏乐娱乐呢？一定是天狗所为。不能去。"而右大将则说："也许是仙人等也说不定呢。那么我一个人去。"右大将翻山越岭来到了一山峰的最高处，发现这琴声是一个年轻美貌的少年所弹奏。通过询问少年的出身，最终确认这个孩子是自己与俊阴女儿所生之子，而因为无人照顾这母子俩，又不知道这孩子的父亲是谁，两人无奈躲到山中，靠猴子、熊等野兽猎食，养活他们，说不定某天就会被野兽吃掉。右大将当天匆匆下了山，并向天皇报称并未找到弹琴之人，一定是天狗所为。之后，右大将将母子俩接下山，入住到自己的一处府邸，万般宠爱。[①] 再次登场的天狗已然完全脱离了星辰的形象，成为居住在山中，发出不可思议的琴音的似野兽或似仙人的存在。

江户时期的儒学者、担任过德川家宣侍讲的新井白石（1657～1725）在《鬼神论》一书中，对天狗进行过论述。新井白石说道：鬼神之事实难言、难闻、难信。礼中称礼乃养生、送死、侍鬼神之处也。又明有礼乐、幽有鬼神，幽冥看似为二，其理实则为一。新井试图从三礼开始，将参考古之圣贤所遗之言、世之儒之格言，通过其名称来辨别其义。

关于天狗的来源，新井白石指出，夫子曾说："吾闻物老，则群精依之夫六畜之物，及龟蛇鱼鳖草木之属，久者神皆凭依，能为妖怪，故谓之'五酉'。'五酉'者，五行之方，皆有其物，酉者，老也，物老则为怪，杀之则已，夫何患焉。"因此，凡受五行之气者老后皆为怪。不仅物老，人老后也为妖。古代神仙不老不死之说虽说是道行者的荒诞之说，即使有也应该是人化为妖。本朝自古流传人变为天狗等传说，有人称此等岂非鬼仙之类？正如世间流传，天狗之物多乃修验之高僧也，佛经云佛教上属鬼宿。鬼星暗，则佛教衰。佛即一切灵鬼也。身既行鬼教，人则为鬼摄。虽然如此，唐土之书中类似之事也不少，并称《尚书故实》中之飞天夜叉便

---

① 『新编日本古典文学全集 14　宇津保物語 1』、中野幸一校注訳、小学館、1999 年、第 84
頁。

与天狗之性质十分接近，此等之物多由山林蒸汽所生，乃木石之妖。与《述异记》中的山都、《幽冥录》中的木客等物一样，其形其言皆与人同，而手足如鸟爪，常居住于深山险峻之处，能变化，甚少见其形。[①]

白石以五酉、五行来解释万物之变化，称天狗等物是由山林中所生之气形成。与古代各家的解说完全不同，从儒家的视角对天狗进行了阐释。

（四）"僧人状"天狗

平安时期后期，白河院院政时期成书的纪传体历史物语"四镜"之一的《大镜》中有将"物怪"称为"天狗"的记载，而"物怪"是由心怀怨恨死去的僧人变化而成。

日本第六十七代三条院患有眼疾，双目失明，想尽了各种办法都医治不好。医生让他从小寒节气到大寒节气期间，每日往头上浇冰水，以此治病。三条院每日被冻得瑟瑟发抖、脸色惨白，大家看着都很怜悯。有人说是否因为服用了金丹液所致。这时，一个叫桓算的供奉僧的灵魂作为物怪出现了，他宣称三条院之所以失明是因为他站在三条院的头顶用左右羽翅遮挡住了三条院的眼睛。当他扇动翅膀之时，三条院就稍微能看到些东西。这"物怪"便是比叡山的"天狗"。[②]

此处所说的桓算是"内供奉"，在皇宫内的道场从事祈祷国家安宁等工作。他曾经担任过清凉殿的夜居僧[③]。醍醐天皇之时，他是比叡山的僧人。由于对藤原元方与藤原师辅怀有怨恨，死后成为怨灵作祟，以物怪的身份出现，这物怪又被认为是天狗。可见，那时"物怪"与"天狗"的界限并不清晰。天狗被认为可以变为"物怪"作祟。从其描述的形象来看，天狗是长着翅膀的僧人。

镰仓后期，1309 年由绘师高阶隆兼绘制的《春日权限验记》[④] 中将桓算天狗图像化，描绘成为长着鸟嘴、鸟爪的半人半鸟的僧人形象。

---

① 新井白石『鬼神論』下、文金堂、1800 年、第 1～7 頁。
② 详细请参照橘健二等校注訳『新编日本古典文学全集 34　大鏡』、小学馆、1998 年、第 51～52 頁。
③ 夜居僧即夜晚在寝殿附近从事加持祈祷的僧侣。
④ 田中有美编『春日権現験記絵巻．第 4』、芸艸堂支店、1920～1921 年、第 3 頁。

《春日权限验记》

　　成书于 1296 年的《天狗草纸》中指出日本各大寺院的僧人由于骄慢，全部坠入了魔界变成天狗。

> 　　魔界的果报以骄慢为正因，以谄曲为助业。慢有七种，所谓卑慢、慢、过慢、慢过慢、我慢、邪慢、增上慢也。因此日本国之天狗虽说多却也不出七类。此即兴福、东大、延历、园城、东寺、山卧、遁世的僧徒也。此皆住我执怀骄慢以名闻为先，以利养为事，有此常坠入魔界。①

　　该书的作者指出，当时著名寺院的高僧们由于贵族的支持变得傲慢无礼，该做的事情不去做，失去了僧人的本分。因此，这些著名寺院的高僧无法成佛，坠入了魔界，成为天狗。其形象便是长着鸟嘴，或身着僧服，或身着山伏服饰的法师形象。其中山伏形象的法师，头上蒙着头巾，衣服外披着竹叶图案的"筱悬"（即修验者穿着的麻布法衣），是三山总校。②

　　这里列举的诸宗长老分别是"诸宗法灯显密栋梁、东寺一长者"、"天台

① 梅津次郎编集『新修日本絵巻物全集第 27 卷天狗草纸是害坊絵』、文生书院、1978 年、第 80 頁。

② 熊野三山总校是统管熊野三山的名誉上的宗教者，1090 年白河院去熊野山参拜之时，为其引路的"先达"（即引路人）增誉称为第一任三山总校，其地位位于本地的支配者熊野别当之上。

贯主"、"华严宗匠"、"爱宕山太郎坊"、"三论学头"、"法相硕德"、"三山检校"、"持戒律师"和"念佛上人"等①，代表南都六宋、密教两大宗派以及修验道，外加"爱宕山太郎坊"。

诸宗长老天狗集会《天狗草纸》（传三井寺卷根津美术馆本）②

镰仓时期，出于对佛教没落的讽刺，诸多骄慢的高僧纷纷被描述为坠入天狗道的天狗。而到了室町时期，天狗主要指那些穿着举止怪异的修验道的僧人，即山伏。随着修验道的发展，山伏成为佛教讽刺的对象，成为受排挤的对象，山伏被讽刺为天狗。

《鞍马天狗》中便讲述了住在鞍马山的山伏大天狗传授源义经武艺的故事。该故事以镰仓时期成书的《义经记》《平治物语》等书中"源义经习武"的故事为原型。在《义经记》中记载牛若为了复仇，去已经荒废了的人迹罕至的贵船神社参拜，并在那里自己练习兵法。而那里由于信仰的衰败，被认为是天狗居住之地，夕阳西下之时，总能听到物怪嘶喊的声音。这些物怪会凭附在参拜之人的身上，对其造成困扰。因此，那里无人再去参拜，人迹罕至。该书中并未有天狗传授源义经武艺的记载。

阳明文库藏本《平治物语》与《义经记》一样记录了贵船神社附近是天狗的居住地。牛若每夜自己去那里习武。然而，松平文库藏本、国文学

---

① 具体请参考梅津次郎编集『新修日本絵巻物全集第27卷天狗草纸是害坊絵』图版解说、文生書院、1978年、第104頁。

② 梅津次郎编集『新修日本絵巻物全集第27卷天狗草纸是害坊絵』カラー絵、文生書院、1978年、第10頁。

研究资料馆藏本、彰考馆文库藏以及京师本
《平治物语》中都记载牛若每夜去往天狗之
所学习兵法，与阳明文库藏本出现了差异。

谣曲《鞍马天狗》根据此故事改编。故
事讲述在鞍马山僧正谷居住着一个山伏。他
听闻大家要去赏樱，于是也想去观看。鞍马
寺的僧人派人去东谷邀请那里的僧人与孩童
一同去西谷赏花。僧人们携带着平氏与源氏
的小主君们去西谷赏花。鞍马天狗也偷偷出
现在赏花筵席上。当僧人们发觉有个异样的
山伏也在筵席上时，纷纷携带幼子们离席而
去，唯独剩下一个小孩。小孩邀请山伏一起

牛若九与僧正坊（国际
日本文化研究中心收藏）

赏花，并称自己是被打败了的源氏的后代，因此，在寺院中常常被欺负。
天狗出于对他的同情，也出于被邀请赏花的感激，带他到了僧正谷，承诺
传授其兵法、忍术等，帮助他打败平氏，替父报仇。

大天狗命令小天狗们每日陪牛若练习剑术。一日，鞍马天狗带着众多
大天狗出现在牛若面前。有鞍马山僧正坊、彦山丰前坊、白峰相模坊、大
山伯耆坊、饭纲三郎、富士太郎、大峰前鬼、葛城山高天坊、比良、横
川、如意岳、骄慢之心很重的居住在高雄峰的天狗以及被人加害的爱宕山
太郎坊，共十三个大天狗。这些大天狗如彩霞般在空中飞来飞去，遮住了
月光，使鞍马山的一侧一片漆黑。僧正谷里全是天狗，他们使山峰震动、
狂风大作、枯树被吹起、发出如瀑布般的声音。山谷中出现的巨大响声都
被认为是天狗所为。①

这里出现了"大天狗"与"小天狗"之分。"小天狗"又被称为"木
叶天狗"，是"大天狗"的随从。

谣曲《鞍马天狗》中大天狗登场时所用的面具，是鼻子似鸟嘴，赤
发，狰狞的面孔，头戴大兜巾，身穿被称为"狩衣"的神官服，下身穿被

① 小山弘志等校注訳『日本古典文学全集 34　謡曲集二鞍马天狗』、小学館、1985 年、第
449～459 頁。

称为"半切"的袴。木叶天狗，又被称为小天狗，是鸦鸟的形象。大、小天狗在形象上出现了差异。

鞍马天狗变为赤颜高鼻的"鼻高天狗"则被认为始自足利八代将军义政御用的画师狩野派的狩野元信。1513年，他在细川高国的命令下，绘制了《鞍马寺缘起绘》，里面的大天狗被塑造成为"鼻高天狗"，小天狗仍然保持了半人半鸟的形象。江户时期，天狗的形象逐渐以赤颜、大鼻子的山伏形象固定下来，延续至今。

（五）"鸟状"天狗

平安时代末期成书的说话集《今昔物语集》卷二十中有十则关于天狗的故事，讲述了印度天狗、中国天狗以及日本的天狗。该书由天竺、震旦、本朝三部分组成，主要目的在于宣扬佛法，特别是彰显日本佛法的威力。

书中描述了印度的天狗与中国的天狗为了阻碍、扰乱日本的佛法漂洋过海来到日本。天竺的天狗在渡海之时听闻海中有诵经的声音。他循着声音寻去，发现这读经声是随着茅厕中的水流出的。他对于日本佛法之精深十分感慨，励志转世成为僧人，留在日本学习佛教。他便是著名的大豆僧正。

中国的天狗也是一样，想要去日本会会日本的高僧，没成想被十余小童子一顿暴打，日本的天狗也躲了起来没敢出手相救。挨打后的老法师天狗被日本的天狗扶到自己的住所疗养了许久才回国。

书中描写的日本的天狗则多会幻术，可以幻化出佛祖来迎的景象。日本一些没有慧根的僧人也难免上当。但是，这些天狗最终会被识破变为原形，他们的原形被描绘成为粪鸢。另有两则祭祀天狗的故事。一些僧人、法师通过祭祀天狗可以获得灵验的法术，但是一旦暴露不仅法术失灵，也会身败名裂。此外，还有一则讲述尼天狗的故事，长相如尼姑的天狗跑到僧正的房间偷衣服被发现后匆忙爬到树上。还有一个天狗凭附在一女子身上，去诱惑佛眼寺的仁照阿暗梨，僧人未被诱惑，还通过诵经降伏了天狗。

龙王被天狗捉走的故事中讲述了住在比良山的天狗，一日变为鸦鸟的样子在万能池抓到了一条小蛇。此小蛇是龙的化身。天狗想要吃掉小蛇，无奈它是龙，强有力，无法撕碎食用，于是将其带到自己居住的比良山，在狭窄的洞穴中，龙无法变身，没有水，也无法升空。

一天，天狗又去比叡山抓来了一个尊贵的僧人。此僧人手持一水瓶，里面尚有一滴水。龙凭借这一滴水化身为龙，腾空而起，将僧人送回了比叡山。伺机报复的龙，一日趁天狗化身为粗鲁的法师之时，一脚将他踢死，报了仇。

《今昔物语集》中的天狗形象，举动各异，但总体说来，都可以变身，常常化身为法师。但是其原形都被描绘为"鸢鹑"，多以妨碍佛法的形象出现，并以失败告终。

《今昔物语集》中的诸多故事在中世之时成为绘卷题材，其中的各种形象以图像的形式展现出来。在绘卷中，鹑鸟形象的天狗被描绘成为鸟嘴、鸟爪，长有一双巨大的翅膀的半人半鸟的形象。

《是害坊草纸》的故事原型就是《今昔物语集》中《震旦天狗智罗永寿来此朝》的故事。该草纸有诸多版本，经梅津次郎考察，曼殊院的版本为正本，于1308年左右绘成，出自天台宗僧人之手。①

在该绘卷中，"智罗永寿"被称为"是害坊"，长着鸟嘴、羽翅，是半人半鸟的天狗形象。

被童子殴打的是害坊　躲在树后的日本大天狗金比罗②

---

① 梅津次郎編集『新修日本絵卷物全集第27卷天狗草纸是害坊絵』『是害坊絵について』、文生書院、1978年、第16～17頁。

② 梅津次郎編集『新修日本絵卷物全集第27卷天狗草纸是害坊絵』『是害坊絵について』、文生書院、1978年、第11図。

　　《今昔物语集》中《天狗伪来迎》的故事也被《天狗草纸》以图像的形式描绘下来。下图描绘的是天狗拖着没有慧根的僧人飞到山顶去的景象，展现了天狗喜欢捉人的性格。天狗在这里同样被描绘成为半人半鸟的形象。

天狗伪来迎（天狗草纸传三井寺卷中村家本）①

　　1252 年成书的《十训抄》中也有天狗为鸢鸟的记录。该则故事讲述了后冷泉院时期天狗常常出没。一日，比叡山的僧人在从都城返回寺庙的途中，看到一群孩子用木棍暴打一只老鸢，僧人出于慈悲，用自己的扇子与孩子交换，救下了这只老鸢。不一会儿，一个怪异的老法师出现在僧人面前，感谢僧人的救命之恩。原来他是被僧人救下来的老鸢，是一个天狗。天狗为了报答僧人，答应僧人给他展现释迦牟尼在灵鹫山说法的场景，不过，他请求僧人一定不要信以为真，对其叩拜。然而，当僧人看到那宏伟的场面时还是忍不住痛哭流涕，并叩拜了佛祖。就在此时，这个虚幻的场景消失了。不一会儿老法师出现，称他被护法童子责怪，打断了翅膀。②同样的故事在《宝物集七》能《大会》中也有记载。这里的天狗是一个长相、穿着怪异的老法师形象。不过，其本来面目是一只老鸢鸟。

　　《保元物语》中记录的崇德天狗也是半人半鸟的形象。该书讲述了发生于 1156 年的后白河天皇与崇德上皇之间的战争。后白河天皇的父亲鸟羽

---

①　梅津次郎編集『新修日本絵巻物全集第 27 卷天狗草紙是害坊絵』、文生書院、1978 年、第 6 図。

②　浅見和彦校注訳『新編日本古典文学全集 51　十訓抄』、岩波書店、1997 年、第 37～38 頁。

法皇是崇德上皇的弟弟。鸟羽法皇的儿子近卫天皇去世后，崇德上皇希望自己能够继承皇位。然而，弟弟鸟羽法皇却让自己的另一个儿子继承了皇位，这引起了崇德上皇的不满。在鸟羽法皇去世后，崇德上皇举兵讨伐后白河天皇，最终，后白河天皇取得了胜利。在崇德上皇即将战败之际，他发血誓要将五部大乘经之大善根抛入三恶道，成为日本的一大恶魔。此后不理发、不剪指甲，在活着的时候便变成了天狗的模样。[①]

平安时期日本的天狗，在绘卷中多被描绘成为具有鸟的特点的半人半鸟的形象。在文字表述中常常将其原型描述成为"粪鸢""老鸢"等。

出自《新版妖怪飞巡双六》（日本国际日本文化研究中心收藏）

（六）"神魔状"天狗说

《天狗草纸》成书以前，1283 年成书的《沙石集》中就记载了如若没有真实的智慧，而有骄慢偏执等心之人会坠入天狗道变为天狗。天狗属于"魔"类。依据今生之心的状况、行德智慧的程度，会有不同的阶段。大致可以分为"善天狗"与"恶天狗"两类。

"恶天狗"一向骄慢偏执，不信佛法，因此，妨碍诸善行，不知出离期。"善天狗"则向往佛道。虽有智慧、行德，但执心重，为有相之知行所障。虽入此类，但聪慧、行佛道，不妨碍他人的行为，亦可阻止"恶天

---

① 栃木孝惟等校注『新日本古典文学大系 43　保元物语平治物语承久记』、岩波書店、1998年、第 133 頁。

狗"之障，守佛法。执心之行皆魔业。即使生于人天之善处，夸其果报造罪业，其后也会坠入恶趣。有相之福乃第三生①之怨。应深深祈愿真实之智慧道心，永远放弃虚妄、执心、骄慢。②

《天狗草纸》根津博物馆藏延历卷中也有天魔乃天狗的记载。该卷的词书部分以问答的形式回答了有关天魔的问题。

> 首先，关于天魔是否存在？由三界六趣的哪一个所摄？

> 答曰：此事难定，处处所答不同。依天台止观，六趣之外尚有魔道。虽为佛道修行之人，住邪见、起骄慢便可坠入魔道。世间天狗多是"鸢"也，仍属畜生道所摄。一些经中认为一切"鸢"均是天狗。而有些经中认为天狗是"天魔"或"鬼魔"，诸趣中皆有。这一问题很难解答。

> 又问：依华严、首楞严经等之说，虽怀慢心邪见，佛道修行之人不可坠魔界。因为魔界是生死有漏之果报也，修出世无漏之行业岂感魔界之果报乎？因此"魔"是人之观想。大日经说：演五字陀罗尼之功能，降伏四魔，解脱六趣。理趣经云：持此取圣教王者，一切诸魔均不能坏。观这些文字，佛道修行之人完全不可能坠入魔界。

> 答曰：诸趣之中皆可看到"魔"。一般认为"六天魔王"乃魔界之栋梁。汉书中云："天狗乃流星也"，即太白之精也。与大日经所云相同。此皆被视为天众之所摄，或云鬼魔，或云人魔，不可知。一切"鸢"皆是天狗之说似乎是《佛说鞍马毗沙门经》中的记载。其译者不详，不可为指南。"鸢"应该是天狗之所乘，此国之人普遍认为天狗乃"鸢"也，是否会因为情执变为鸢鸟，乃机缘不同而已。按彼华严等经之说，未发慧心之行者，修佛道或遇邪师，或由邪思维，五相成身之月隐骄慢之云，一心三观之花乱邪见之风，何不坠魔界耶？但暂虽成魔可终得佛果，或云冥资三密终成佛果，故坠魔界并非难以想象。

---

① 佛教认为人有三生，前生、今生、来生。第三生指来生。
② 详细请参照渡边纲也校注『日本古典文学大系 85 沙石集』、岩波书店、1969 年、第 318 - 319 页。

关于"天狗"一词的来历，这里指出，"天"乃光明之义、自由之义。"狗"乃痴暗之义，不自在之义，表示生界。此处是因为不知生、佛不二，才取名为天狗的吧。又云"天"乃"天曼陀罗"，金刚。"狗"乃"地曼陀罗"，胎藏界也。因此，两部不二，故云天狗。悟真之法门，诸天狗皆可成佛得脱。①

这里详细解说了"天狗"与"天魔"的关系，并对"天狗"一词的来历加以重新阐释。关于僧人是否会坠入魔道，不同教派有不同观点。天台宗对其持肯定态度，而华严等其他宗派则认为即使僧人心怀慢心也不会坠入魔界。不过，该草纸的作者则认为，诸趣之中皆有"魔"。中国的流星天狗也属于天众所摄，称其为"鬼魔"或"人魔"。这里有一个重要的线索，就是"鵄"皆是天狗的说法来自《佛说鞍马毘沙门经》，然而此经在当时已不存在，对其真伪难以辨别。不过草纸作者指出"鵄"并非天狗，而是天狗的坐骑。对于那些持有骄慢之心的人，草纸作者认为还是会坠入魔界。但是，虽坠入魔界，通过修行，最终可以得到佛果。

关于"天狗"名称的来历："天"代表"佛界"，也有说代表"天曼陀罗"，即金刚界。"狗"代表"生界"，或称代表"地曼陀罗"，即胎脏界。"生、佛不二"，或云"两部不二"，故取名"天狗"。

日本诸多古籍中均记载正月十五有吃大小豆粥的习俗。关于这一习俗的来历，最早的记载应该是被认为成书于镰仓初期的《年中行事秘抄》。该书是885年藤原基经献上的《年中行事御障子文》的注释书。其中记录了"正月十五日主水司献御粥事"的来历。其来历有二。

其一，认为此习俗与高辛氏之女有关。据称该女子心性暴躁、恶劣。正月十五这天死在巷中。她的灵变成恶神，在路上呻吟。过路之人遇到就会失去意识而昏迷。她喜欢喝粥，因此只要以粥祭祀她，她就不会危害人。盖房子、生孩子、移徙之时，若出现怪异情况，便以粥洒向四方，可消除灾祸。

其二，认为此习俗与天狗有关。据《月旧记》记载，天平胜宝五年正

---

① 梅津次郎编集『新修日本絵卷物全集第27卷天狗草纸是害坊絵』解説、文生书院、1978年、第94～95页。

月四日的勘奏中记载了黄帝伐蚩尤之时在这一天斩了蚩尤。蚩尤的头升上天，成为"天狗"。身体入地，成为"蛇灵"。因此，这一天的亥时要煮大小豆粥，摆在庭中的桌子上祭祀天狗。在粥即将凝固之时，朝东再拜长跪然后把粥吃掉。食用了此粥之人全年不得疫病。[①]

这两种说法到了室町后期成书的《世谚问答》中只记载了蚩尤说，并且记载成为天狗的并非蚩尤的头颅，而是蚩尤的魂魄。其魂成为天狗，其身成为蛇灵，危害人们。于是黄帝向上天祷告，天回答道：祭其魂魄，灭其弊身，此后每月为其魂魄奉币。到了现在，正月十五日亥时，煮红豆粥，在庭中祭祀天狗，向东再拜，跪着食用此粥，则可去除一年之疫病。生产之时，向四方洒此粥的习惯也来源于此。[②]

江户时期的 1688 年由贝原好古编著的《日本岁时记》中也有类似的记载。正月十五日，有煮小豆粥祭天狗的习惯，此外众说纷纭，皆为妖妄之说，不可信。[③]

依据这些记载可以得知，在日本有蚩尤被黄帝斩杀之后其头颅或其灵魂升上天成为天狗，其躯体成为蛇灵，危害人间的传说。因此，正月十五这一天要以小豆粥或红豆粥祭祀天狗，可以去除疫病。依据日本的记载，此传说来源于中国，而现存中国古代文献中却未有类似的记载。其来源已不得而知。

综上所述，中国最早的天狗是在儒家天命思想下出现，儒家通过观测星象来占卜国家的命运，天狗的出现是不祥的象征，被认为是出现兵乱的象征。其特征是形状似狗，尾巴呈现流星状或彗星状，出现时会发出巨大的响声与耀眼的火光，坠落在地下多呈红色或青黑色，形状也似狗。出现巨大雷声之时也常常被称为"天狗落"。天狗的出现被认为是不祥的征兆，会有流血、战乱的出现。

这一认识其后被道教所采纳。道教对天狗的认识有二：一是占星术中

---

① 神宮司庁古事類苑出版事務所編『古事類苑』歳時部十三、神宮司庁、1914 年、第 921 頁。

② 神宮司庁古事類苑出版事務所編『古事類苑』歳時部十三、神宮司庁、1914 年、第 918 頁。

③ 神宮司庁古事類苑出版事務所編『古事類苑』歳時部十三、神宮司庁、1914 年、第 919 頁。

的天狗认识，二是驱妖降魔等道术中对天狗的认识。

道教在成立之时便引入了周易中的占星术，道家通过占星之术占卜个人的命运。天狼星作为与人们生活息息相关的星体之一，被道教所重视。天狼星又被称作天狗星，这一星辰的运行与人的结婚、生子有着密切联系。占星术认为如果男女婚合的时辰不对，犯了天狗星就会出现夫妻分离、难有子嗣的后果。

道教中的这一认识逐渐被民间所吸纳，命犯天狗星演变成为天狗吃小儿，天狗从星辰的代名词变为居住在天上的狗。闽中闽南地区的人们认为，天狗到了晚上会从天上下来啖食小儿与孕妇腹中的胎儿。因此，那些地区有新妇与小儿天黑后不出门的习俗。

那么，如何可以保佑孕妇、孩童的平安？于是，出现了关于张仙的信仰。张仙本为道教中一神仙，传说他能保佑人怀上子嗣。张仙射天狗图本为蜀王孟昶挟弹图，蜀王的夫人被宋朝皇帝娶入宫中，看到此图时花蕊夫人一时情急编纂出张仙射天狗的故事。于是图中在天上奔跑的怪兽便成了天狗。

除了占星术，道教中驱妖降魔的道术也是道士必不可少的修炼之术。为了宣传道教，道家宣称世上有诸多妖魔鬼怪作祟。地上有，天上也有。地上有的兽类，天上几乎也有。天狗也是天兽之一。天上的天兽会下到人间危害人类，道士就变得必不可少。道家引儒家之天狗说，称天狗能为祸福。不过，此天狗非儒家所说的星辰，而演变成生活在天上的狗。

比起儒家思想，道教更为普通百姓所接受，特别是在蜀、闽这样的地区，本就巫风盛行，道教思想就更容易为大众所接受。随着道教的普及与发展，道教中的天狗越来越为普通大众所熟悉，逐步取代了与百姓日常生活关系不大的儒教中的天狗。

而日本的天狗，其形象多样、性质复杂，众说纷纭。"天狗"一词自中国传入，最早出现在《日本书纪》中，与中国天狗一样，是流星等星辰的代名词。然而，那之后的 200 多年间，天狗从日本的文献中彻底消失，直至平安时期才再次出现在文献中。再次登场的天狗已然与中国的天狗形象大相径庭，有的记载将山中的发出琴声者称作天狗，有的记载将物怪称为天狗，有的将天狐称为天狗，有的将形象奇特的法师称为天狗。天狗的本来面目被认为是鸢鸟。

随着日本绘卷的发展，天狗被描绘成为长着鸟嘴、鸟爪和一双大翅膀的半人半鸟的形象。不仅日本的天狗如此，中国的天狗，甚至印度的天狗在绘卷中同样被描绘成为此种形象。天狗被描写成妨碍佛法之徒，不过，最终都败在了高僧手下，遭了殃。此后又出现了怨恨、不满之人死后成为天狗的记载。

中世之时，僧人沦为天狗的记载大量出现。随着末世思想的发展，日本出现了认为各大宗派的僧人由于骄慢之心增长死后无法成佛坠入天狗道的传说。在天狗道中这些僧人每日要遭受三遍火焰炙身之苦。天狗出现了善天狗、恶天狗，大天狗与小天狗之分。

天狗常常以战乱、纷争为乐，经常举行集会，策划如何使天下大乱，也有天狗助朝廷在战争中取胜。中世的天狗有了自己的名字，各大灵山中都被认为居住着大天狗。大天狗手下还有小天狗。大天狗的首领被认为是爱宕山太郎坊。

鞍马寺大僧正教授牛若习武之事也被各种文献所记载、改编。并且改编为能乐演出，脍炙人口。

室町末期，狩野派绘师根据此则故事，绘制了《鞍马寺缘起绘》，将其中的大天狗与小天狗在形象上进行了区分。大天狗被塑造成为赤颜、大鼻子的"鼻高大狗"，而小大狗则继续保持半人半鸟的形象。

江户时期，日本诸多思想家对天狗进行过解释。儒学者林罗山以批判佛教为目的，通过非史实的资料证明了各大宗派的佛教高僧均成为天狗，包括天台宗始祖最澄在内。国学者平田笃胤继承了他的观点，并试图证明天狗的真实存在。儒学者新井白石则以儒家五酉五行以及气之原理，解释了天狗的形成，认为其是山林之气所产生。

日本的天狗虽然名称取自中国，但其形象、性格、行为等与中国的天狗差距甚远。因此，不少研究者指出日本的天狗乃日本土生土长的妖怪，是没有受到中国影响的日本自己的大妖怪。日本民俗学者柳田国男也持此种观点。

那么，中日的天狗为何会有如此大的差异？日本的"天狗"一词来自中国，却为何没有采纳中国天狗的形象？由佛教创出的天狗究竟是否与中国有关？鸢鸟的天狗形象究竟来源于哪里？

第五章　中日「天狗」的嬗变与融合

通过上一章的比较可以看出，中日的天狗无论在形象上还是功能上都不尽相同。那么，是何原因导致了中日天狗如此大的差异？日本的天狗究竟是否受到了中国的影响？中日的天狗究竟有着怎样的联系呢？

本章将从思想史、宗教史的视角对这些问题予以解答。如前所述，中国的天狗与儒教、佛教均有着密不可分的联系。而日本的天狗也与儒、释二道有着密切联系。本章将从天狗与儒教、佛教的关系入手对这些疑问予以解答。

第一节　儒教中的中日天狗

在中国，"天狗"一词最早见于《山海经》，其中既有"天狗"的记载，也有"天犬"的记载。将二者区别对待。

对于"天犬"的记录是："有赤犬，名曰天犬，其所下者有兵。"晋朝郭璞对《山海经》进行注释之时，他将此处之"天犬"注释为"天狗"，并引用《周书》之言，谓："周书云：'天狗所止地尽倾，余光烛天为流星，长数十丈，其疾如风，其声如雷，其光如电。'吴楚七国反时吠过梁国者是也。"①

如此一来，郭璞将原本并不相同的"天狗"与"天犬"等同视之。将其视为尾部似"流星"的星体。然而，清朝的郝懿行在校注《山海经》之时，认为《周书》中并无关于天狗的类似记载，因此，他认为《山海经》中的"天犬"，不应该是流星类，而和"天狗"一样，属于怪兽类。②

二者所引之《周书》，又名《逸周书》《汲冢周书》，被认为写成于战国时代，晋朝之时在汲郡魏安釐王的墓冢中发现，因此命名为《汲冢周

① （清）郝懿行：《山海经笺疏》，巴蜀书社，1985，第26页。
② （清）郝懿行：《山海经笺疏》，巴蜀书社，1985，第26页。

书》。该书由十卷七十篇构成。其中十一篇只有题目，内容已佚失。清朝郝懿行并未找到郭璞所引用之记录或许原因也在此。如今留存的《汲冢周书》中也未见到关于天狗的记录。但是，从班固、司马迁等汉朝思想家也频频引用《周书》的内容不难看出该书在汉朝之时是一本占有重要地位的书籍。因此，郭璞以其为依据也是理所当然。

《周书》记录了从周文王到周朝第八代景王之间的历史。其中关于"天""天命"的记载很多。诸如"天生民而成大命……立明王以顺之""天有命有祸有福"[①] 等。

有关"天"的思想从西周开始逐步盛行。周王朝为了使其统治正当化、合理化，提出了天命思想，主张其统治是依"天命"而进行。既然作为"流星"的天狗在《周书》中已经出现，可以认为它与天命思想有一定的联系。

进入汉朝，董仲舒提出了"天人合一""天人感应""灾异说"的思想，"天"不仅仅是王权交替时的依据，也成为为政者政治统治的监督者。他把天地自然间出现的各种灾异现象用政治伦理、君主的道德等加以解释，提出灾异现象是天对于人间的政治状态的一种反映。天体的异常，特别是行星的不规则运动都是政治混乱的反映。

董仲舒对于灾异现象这样解释：

> 天地之物，有不常之变者，谓之异，小者谓之灾，灾常先至而异乃随之。灾者天之谴也，异者天之威也，谴之而不知乃畏之以威。[②]

如前所述，"妖怪"一词本身是在儒家提出的天命思想下产生，在天人感应、天人合一以及灾异论的思想下进一步发展。而天狗作为"妖怪"的一种，也同样具有此种性质。

天命思想以及灾异说等早在奈良时代便传入日本。这一点从《日本书纪》中的记载可以看出。

---

① （晋）孔晁注《汲冢周书》，《四部丛刊初编（四五）》，商务印书馆，1926，第 1~5 页。

② （西汉）董仲舒：《春秋繁露》卷八，《景印文渊阁四库全书》，台湾商务印书馆，1986，第 15 页。

　　《日本书纪》大约成书于 720 年，是日本最早的记录正史之书。在编纂阶段，模仿中国的《汉书》《后汉书》等史书编写而成。

　　舒明四年，僧旻从中国回到日本。自舒明六年起，日本关于天文方面的记录迅速增加。水口干记指出，以僧旻回国为起点，日本接受了中国的灾异思想以及天文知识。①

　　僧旻是新汉人，也就是归化日本的中国人的后代。小野妹子作为大使出使隋朝的日本第二次派遣遣隋使之时，僧旻作为留学僧人一同来到了中国。在中国期间，他努力学习中国的古代思想，学习儒教关于宇宙观的知识以及预测未来的各种技术。②《日本书纪》中关于天狗的记录正是僧旻带回日本的知识。可以说是僧旻第一次把中国的天狗概念传入了日本。天狗似流星、吠声如雷的形象被介绍到日本。

　　如前所述，中国的"妖怪"概念被日本接受时有所取舍，但作为皇帝失德征兆的妖怪概念被日本的统治阶级所接受。"妖怪"的出现在日本也同样与天皇的失德联系在一起。出现"妖怪"之时，天皇会通过实施善政、颁布罪己诏书来反省自己的失德。而天狗作为"妖怪"之一，在中国也被认为是一种天谴。"妖怪"被日本所接受，而天狗仅仅在《日本书纪》中出现过一次，那之后关于流星状天狗的记录在日本 200 多年间销声匿迹，再未出现过，这究竟是何原因？

　　关于这一问题，自日本的江户时代起便不断有学者指出，却一直未有答案。杉原拓哉在《天狗从哪里来》一书中指出这是由于僧旻的错误解释造成的。他说，僧旻"把流星与天狗割裂开来，作为两个不同之物。因此，在日本未能把流星解释成为天狗……天狗不是流星，而成为妖怪。产生了与中国天狗的差异"③。

　　然而，仅仅这样的解释似乎不足以说明问题。日本在奈良时代起便设立了大学寮，成立了以中国《史记》《汉书》为主要教科书的文章道。文章道的毕业生被称为"文章生"，优秀者被称为"文章得业生"。这些汉文教养很高的文章生们每日学习中国的《史记》《汉书》，然而却未留意到其

　　① 水口幹記『日本古代漢籍受容の史的研究』、汲古書院、2005 年、第 131 頁。
　　② 杉原たく哉『天狗はどこから来たか』、大修館書店、2007 年、第 36 頁。
　　③ 杉原たく哉『天狗はどこから来たか』、大修館書店、2007 年、第 38 頁。

中关于天狗的诸多记录吗？这并不合乎常理。

那么，究竟是何原因导致了日本除《日本书纪》之外直至平安时代的200多年间再无任何关于流星状之天狗的记载呢？笔者认为这与日本对于"天命思想"的接受有着密不可分的联系。

如前所述，在天命思想下产生的"妖怪"观念虽然有所改变，但其象征意义被日本所采纳。那么，天狗为何却被日本的统治阶级严格控制，没有任何关于它的记录呢？这恐怕需要对天狗的性质进行考察与分析。

上一章中我们分析了中国的天狗有诸多形态。最早的天狗是形状似狗、尾部似流星或似彗星的星体。僧旻的解释合乎中国天狗的形象。在中国古代，并非所有的流星或彗星都被称为天狗。只有具备了发出巨大声响、发出耀眼光芒、形状似狗形、尾部似流星或彗星的星体才被认为是"天狗"。

天狗除了《山海经》外，在《日本书纪》所参考的汉朝编写的史书《史记》与《汉书》中也多有辑录。在这些史书中流星与天狗并非作为同一种星体所记录，而是有所区别的。

流星的出现有时是灾异的象征。如《汉书》中载："后流星下燕万载宫极，东去，法曰'国恐，有诛'。其后左将军桀、骠骑将军安与长公主、燕刺王谋作乱，咸伏其辜，兵诛乌桓。"[1] 这里，流星的出现被认为是凶兆，是谋反叛变的象征。然而这里并非仅仅有流星出现，之前还曾出现过"蓬星出西方天市东门，行过河鼓，入营室中。……太白出西方，下行一舍，复上行二舍而下去。……后太白出东方，入咸池，东下入东井。……后太白入太微西藩第一星，北出东藩第一星，北东下去。……荧惑在娄，逆行至奎……后太白入昴。……太白星入东井。太微廷，出东门……后荧惑出东方，守太白"[2] 等现象。这些现象均被认为是以下犯上、出现叛乱的象征。最终，出现了刘旦与长公主等策划诛杀霍光、谋反篡位的事件。不过，在谋反前通过这些天象汉昭帝得知了他们的计划，阴谋未能得逞，

---

[1] （东汉）班固：《前汉书》卷二百八十七，《景印文渊阁四库全书》，台湾商务印书馆，1986，第3页。

[2] （东汉）班固：《前汉书》卷二百八十七，《景印文渊阁四库全书》，台湾商务印书馆，1986，第2～3页。

刘旦自缢。这里，诸多星体的不规律出现被认为是兵变的象征。

仅有流星出现之时，其征兆意义较弱。在《史记》与《汉书》中一些关于流星的记载部分并未对其征兆意义进行过多阐述。诸如《史记》中的如下记录：

> 汉家常以正月上辛祠太一甘泉，以昏时夜祠，到明而终。常有流星经于祠坛上。使童男童女七十人俱歌。春歌青阳，夏歌朱明，秋歌西皞，冬歌玄冥。世多有，故不论。[1]

这里流星的出现并未被认为是兵乱的象征。《汉书》中关于汉孝成帝之时出现的流星现象的记载也是如此。

> 秋，罢上林宫、馆希御幸者二十五所。八月，有两月相承，晨见东方。九月戊子，流星光烛地，长四五丈，委曲蛇形，贯紫宫。[2]

这里虽然记录了流星出现，却未对其象征意义有所解释。可见，流星的出现虽然作为异常的天文现象被记录下来，但是它并不具有十分凶险的征兆意义。而天狗与流星不同，关于它的记录几乎全部与兵乱有关，是"千里破军杀将"的征兆。

《史记》中有两处关于天狗的记录，均在卷二十七的天官书中：

> 天狗，状如大奔星，有声，其下止地，类狗。所堕及，望之如火光炎炎冲天。其下圜如数顷田处，上兑者则有黄色，千里破军杀将。[3]
> 吴楚七国叛逆，彗星数丈，天狗过梁野。及兵起，遂伏尸流血其下。[4]

---

[1]　（西汉）司马迁：《史记》卷二十四，《景印文渊阁四库全书》，台湾商务印书馆，1986，第3~4页。
[2]　（东汉）班固：《前汉书》卷十，《景印文渊阁四库全书》，台湾商务印书馆，1986，第3~4页。
[3]　（西汉）司马迁：《史记》卷二十七，《景印文渊阁四库全书》，台湾商务印书馆，1986，第39页。
[4]　（西汉）司马迁：《史记》卷二十七，《景印文渊阁四库全书》，台湾商务印书馆，1986，第50页。

《史记》中的这两处记载均把天狗的出现视作兵乱的象征。而《汉书》中有七处关于"天狗"的记载也均记录它的出现意味着兵乱。如:"天狗下梁野,是岁诛反者周殷长安市。"[1]"天狗下,占为'破军杀将。狗,又守御类也,天狗所降,以戒守御吴'、楚攻梁,梁坚城守,遂伏尸流血其下。"[2]"天狗下梁而吴、楚攻梁,狗生角于齐而三国围齐。"[3] 这里记载了楚国攻打梁国之事,天狗的出现意味着战乱的出现。天狗出现在梁国,意味着梁国灭亡、梁国将领被杀。天狗的此种象征意义在中国古代得到了儒家、史家的普遍认同。大量出现在此后的文献中。

诸如唐房玄龄等著《晋书》中就这样记载天狗:

> 天狗,状如大奔星,色黄,有声,其止地,类狗。所坠,望之如火光,炎炎冲天,其上锐,其下员,如数顷田处。或曰,星有毛,旁有短彗,下有狗形者。或曰,星出,其状赤白有光,下即为天狗。一曰,流星有光,见人面,坠无音,若有足者,名曰天狗。其色白,其中黄,黄如遗火状。主候兵讨贼。见则四方相射,千里破军杀将。或曰,五将斗,人相食,所往之乡有流血。其君失地,兵大起,国易政,戒守御。[4]

天狗的出现被记载为战乱出现的象征,是国家政权更替的象征。《隋书》中也有类似的记载:

> 太白之精,散为天杵、天栭、伏灵、大败、司奸、天狗、天残、卒起。……六曰天狗。亦曰,五星气合之变,出西南,金火气合,名曰天狗。或曰,天狗星有毛,旁有短彗,下有如狗形者,主征兵,主讨贼。亦曰,天狗流,五将斗。又曰,西北方有星,长三丈,而出水金气交,

---

① (东汉)班固:《前汉书》卷二十六,《景印文渊阁四库全书》,台湾商务印书馆,1986,第31页。

② (东汉)班固:《前汉书》卷二十六,《景印文渊阁四库全书》,台湾商务印书馆,1986,第32页。

③ (东汉)班固:《前汉书》卷二十七,《景印文渊阁四库全书》,台湾商务印书馆,1986,第39页。

④ (唐)房玄龄:《晋书》卷十二,《景印文渊阁四库全书》,台湾商务印书馆,1986,第15~16页。

名曰天狗。亦曰，西北三星，大而白，名曰天狗。见则大兵起，天下饥，人相食。又曰，天狗所下之处，必有大战，破军杀将，伏尸流血，天狗食之。皆期一年，中二年，远三年，各以其所下之国，以占吉凶。[①]

这里记载太白之精散可成为各种星辰。其中的第六种为天狗，它的出现是征兵、讨贼、大战的象征。

除了史书之外，不少佛经也采纳了此种说法。可见，这种认识在古代成为一种共识。天狗的出现不仅仅是"君主失德"的象征，而且是"百姓流血、将领被杀、国破家亡"的象征。因此，可以说天狗代表着"易姓革命"的出现。

儒家认为，灾异现象是"天"对于为政者的警告，督促为政者反省自己的德行。如果出现了灾异现象，为政者对于自己的德行仍然不加修正，天命就会转移。而天狗的出现恰恰是天命转移的象征，意味着易姓革命的出现，国家灭亡、政权易主。

在中国，改朝换代之时，新的统治者往往利用此种天命思想将其统治正当化、合理化，以此获得百姓认同。然而，日本与中国不同，日本的天皇是依靠其"现人神"的性格来将其统治正当化。天皇被认为是神的子孙，天皇万世一系，不可动摇，以天皇的血统来将其统治合理化。因此，中国的天命思想对于日本来说是一种十分危险的、对日本天皇的统治构成威胁的思想。

关晃指出，天命思想在大宝律令完成阶段就已经被有意识地排除在外了。[②] 而刘晓峰教授予以了驳斥。他指出松本卓哉在《律令国家中的灾异思想——其政治批判要素的分析》一文中对日本六国史中有关灾异的记录进行了详细调查，结果发现出现灾异现象之时，天皇反省自己失德的记录有 23 件。因此，刘晓峰指出这便是天命思想的反映，关晃的说法并不确切。[③]

---

① （唐）魏征：《隋书》卷二十，《景印文渊阁四库全书》，台湾商务印书馆，1986，第 33 页。
② 関晃「中国の君主観と天皇観」、『季刊日本思想史』第四号、第 13 页。
③ 刘晓峰：《日本冬至考——兼论中国古代天命思想对日本的影响》，《清华大学学报》（哲学社会科学版）2007 年第 22 卷第 3 期。

　　确实在《日本书纪》中关于灾异的记录很多。诸如舒明天皇六年，彗星、日食、霖雨大水频发，其结果出现了大臣不上朝、百姓饥饿困苦等不祥之事。还出现了虾夷叛乱，但最终被征服。这其中可见灾异思想的接受。我们通过上文分析也可以看出，日本对中国妖怪观念的接受也受到了中国天命思想的影响，但日本对其进行了适当改造。首先，日本严格控制百姓，甚至大臣、贵族对于"妖怪"的征兆意义进行评论，把此权力紧紧掌握在天皇自己手中。其次，逐步把中国的"天"置换成为日本的"神"，把"天谴"转化为"神祇作祟"，以此降低天命思想的危险因素。可以说，日本虽然部分地接受了天命思想，却弱化了天谴出现的后果，也就是说日本去除掉了天命思想中"谴之而不知乃畏之以威"，即"异"的部分，这部分是动摇日本天皇统治最危险的思想，也就是"易姓革命"理论。而"天狗"却是"易姓革命"的典型代表。因此具有这一危险性质的中国的天狗在传入日本之初，便由于其思想的危险性，被日本有意识地排除在外了，这应该就是那些汉文素养很高的文章生一概对中国的天狗闭口不提，不作任何记录的原因所在。

　　直到平安时代，在《宇津保物语》中，天狗时隔200多年后重新登场。然而，这次，它并非战乱象征的星辰，而是以不见其形的"怪音"或"物怪"的形象登场。

　　《宇津保物语》的作者被认为是源顺。源顺是文章得业生，应该精通中国的《史记》《汉书》，在他所著的《宇津保物语》中天狗再次复活登场，却不具备中国天狗"易姓革命"的性质，仅仅保留了其发出巨响的特点。从这里也不难看出当时日本的知识分子们是有意排斥中国的天狗。

　　那么，中国的这一具有"易姓革命"性质的天狗对于日本的天狗毫无影响吗？并非如此。

　　日本进入中世之时，特别是南北朝时期至室町时期，战乱持续，最终武士夺得了天下，掌握了政权。夺得统治权的武士们为了将自己的统治正当化、合理化，再次把中国的天命思想、天道思想引入日本，以"天命""天道"来宣传自己统治国家的合理性。在这样的时代背景下，"易姓革命"思想不仅不对其构成威胁，反而成为其需要大肆宣传的理论依据。因此，武士阶层不仅不再禁止此种思想的传播，还试图运用此种思想来维持统治。

　　在这样的时代背景下，日本的天狗也出现了变化。虽然它的形象与中国已相距甚远，但是其性格却出现了喜欢战乱的一面。《秋夜长物语》中描写的天狗，喜好战乱，战争越大、持续时间越长、流血越多、范围越大，天狗越高兴。日本天狗的此种性格在中世以前的记载中是未曾出现过的。《保元物语》中也有类似记载，天狗的此种性格可以说也是受到了中国天狗的影响。

　　天狗的此种反叛性格一直持续到了江户时期。幕末之时，水户藩出现了与保守派对立的由轻格武士组成的激进派，他们主张"尊皇攘夷"，与主张幕内改革的保守派形成对立，最终，激进派于 1864 年 3 月发动了叛乱，这一叛乱被称为"天狗党之乱"，激进派被世人称为"天狗党"。或许正是由于激进派这种反叛的性格以及他们"暴力"的一面，才被世人称为"天狗"。杂贺鹿野（1890～1946）就称："水户的天狗党曾名震一时。此天狗党乃尊皇攘夷之人组成的类似于党徒性质的组织，但其中似乎有些行为十分值得商榷之人。他们在征集攘夷之资金之时，哪里是征集军费，简直就是穷征暴敛近乡近邻之农家，因此人们都畏惧地将其称为天狗。"[①] 可见，"天狗"已经成为具有反叛性格、令人畏惧之人的代名词。

第二节　佛教中的中日天狗

　　日本的天狗在 200 多年后的平安时代重新登上历史舞台。复活后的天狗与佛教有着密不可分的联系，并且在随后的几百年中一跃成为日本最著名的妖怪之一。

　　然而，复活后的天狗已经不再是中国星辰状的天狗，而变成了原形为"鸱鸟"的天狗，且其日语训读的发音与天狐相同，日本一度把二者等同视之。关于这一时期的天狗，杉原拓哉这样说道：

　　　　天狗，虽然汉字写作"天之狗"，但是在日本由于其性质的类似，

---

① 雑賀鹿野著『風雲と人物』上巻、南方書院、1942 年、第 286 頁。

被读作"天之狐"。而其实际形状却与"鸢"相似，是长着翅膀半人半鸟的形象。简直就是一个"矛盾的集合体"。换言之，就像写作"烤鸡"，而读作"关东煮"，实际形态是"奶油馅蜜"一样。……或许是由于作为妖怪的天狗其性质与狐类似，而"テンコウ"（天狗）的发音与"てんこ"（天狐）近似。由于这两点，在汉字读音日本化之时出现了《日本书纪》中的"アマツキツネ"（天狐）的训读方式吧。但是，这仅仅是读音的问题。在十世纪至十三世纪的文献中，并未有天狗的样子类似狐的记载。天狗从它复活的初期开始就是以半人半鸟的妖怪形象登场，并未被认为其样子与狐类似。[①]

确实如杉原指出的那样，平安时期日本的天狗性质十分复杂，形象的由来也不明确。在先行研究中，关于日本天狗半人半鸟形象的来源有两种说法。

第一种认为是受到中国雷神的影响，例如杉原拓哉在《天狗从哪里来》一书中，从图像学的角度分析了日本天狗与中国雷神的相似性，指出其形象来源于中国的雷神。高阳在杉原研究的基础上，从天狗与阿修罗以及蚩尤的关系分析，也得出了日本的天狗来源于中国雷神的结论。[②]

第二种认为是受到佛教迦楼罗的影响，例如南方熊楠在《续南方随笔》的《天狗的情郎》一篇中指出，金翅鸟王，也就是迦楼罗王是天狗的原型。森田喜代美在南方熊楠的研究基础上，在《天狗信仰的研究——从迦楼罗王来考察》一文中分析了天狗与迦楼罗在宗教方面的联系性。[③]

这两种观点都有一定的说服力。然而，天狗为何被视为天狐？而其真正面目为何被描述为与"狗"与"狐"都扯不上任何关系的"鸢鸟"呢？到底日本这一天狗的形象来源于哪儿？与中国是否有关系？这一系列的问题困扰了日本研究者几百年。

本节将在先行研究的基础之上，从平安初期日本天狗与佛教的关系入

---

① 杉原たく哉『天狗はどこから来たか』、大修館書店、2007 年、第 62 頁。
② 杉原たく哉『天狗はどこから来たか』、大修館書店、2007 年。高陽「鳥としての天狗の源流考：東アジア比較説話の視点から」、『学校教育学研究論集』（18）、2008 年 10 月。
③ 森田喜代美「天狗信仰の研究—迦楼羅炎からの考察」、『山岳修験 (19)』、1997‐10。

手，分析日本鸷鸟形象天狗的由来以及它与天狐之间的关系，并探讨日本的天狗与中国佛教的关系。

一　平安时期日本的天狗像

进入平安时代，在《宇津保物语》中天狗再次登场，这里出现的天狗是在山中发出巨大琴声、只闻其声不见其形的妖怪。

1001 年完成的《源氏物语》中也有天狗登场。在《梦浮舟》一帖中，寺院的僧人称浮舟应该是被类似于狐、木灵一类的东西欺骗、捉来。而僧都在讲述救护浮舟的过程时说浮舟是被天狗、木灵等物所迷惑。从这里可以看出当时是把天狗等同于狐。

类似的记录在染殿后被天狗所附的记载中也可见到。《相应和尚传》中有如下记载：

> 同年，染殿皇后被天狐恼。经数月，诸寺有验之僧无敢能降之者。天狐放言云："自非三世诸佛出现者，谁敢降我？亦知我名？"和尚依召参入，两三日候，无有其验，还于本山，对明王启白事由，愁恨祈祷，明王背而向西，和尚随坐西，明王复背而向东，和尚随坐复坐东，明王背而如初向南，和尚亦坐南，流泪弹指稽首白言。相应从奉事明王更无佗念，而今有何犯过相背如此，乞愿垂悲愍幸告示。胡跪合掌奉念明王之本誓，合眼之间，非梦非觉，明王告曰："我依一时之后生，生加护之本誓，难应汝恨祈。仍有相背，我今说本缘。昔纪僧正纪氏三园之子真济世号纪僧正也，存生之日持我明咒。而今以邪执故坠天狐道，着恼皇后。为守本誓，护彼天狐，是以我咒不缚彼天狐也。今汝到宫中，密告天狐言：'非汝是纪僧正后身柿本天狐哉？'后低头之顷，以大威德咒加持将得结缚，我伏邪执为令趣佛道告斯事耳。"和尚惊窹之后，不胜感激，头面接足，顶拜数十。后日依召参彼宫，仰意行事一如明王教喻之旨，应时结缚。天狐屈指，陈自今以后不可复来之由。少时解脱，其后皇后不有御恼。[1]

---

[1] 塙保己一编『相応和尚伝』、『群書類従』第四辑、经济杂志社、1898 年、第 561～563 页。

这里记录染殿后是被天狐所恼，相应和尚通过祈求明王，得知凭附在染殿后身上的天狐是纪僧正，因为邪执坠入了天狐道。经过明王指点，最终相应和尚降伏了天狐，将其结缚，解除了皇后的困扰。

然而同样的内容，在平安末期平康赖（1146？～1220）所著的《宝物集》、三善为康（1049～1139）所著的《拾遗往生传》以及《今昔物语集》中却有所不同。《宝物集》中称附身在染殿后身上的是"物怪、绀青鬼"等物。《拾遗往生传》中则称是天狗。《今昔物语集》中记录经过验者的调伏，一只老狐从侍女的怀中跳出，于是染殿后的病便痊愈了。不过，这一节的题目并非"天狗"或"天狐"，而写作"天宫"，解释为"天狗"。小峰和明指出，这里的"狐"著者应该理解为"天狗"。[①] 然而，森正人指出，这里并非"狐"，而是僧人由于骄慢、执着坠入了天狗道，这里的天狗应该理解为验者转生而成的"鬼"。[②]

由此可见，在平安时代到底什么是"天狗"并无定论，它常常与"天狐""物怪"，甚至"鬼"混同。

《续本朝往生传》中对于天狗的原型进行了描述。《续本朝往生传》是大江匡房于康和三年（1101 年）左右著成。其中遍照传的部分中有关于天狗的记录：

> 僧正遍照者，承和之宠臣也。……自多效验。……天狗托人语："贞观之世住于此山，欲知当世有验之僧。"变为小僧立于树下，逢一樵父，谓曰："送我于当时执政之家，将有大报。"父曰："将何为？"我曰："持一革囊，明夕可来。"父如其言，即为飞鸢入囊。晚头到于右相家中门，开其口便到寝殿。以足踏右相胸，称有顿病，家中大骚。举足下足，或活或死，请当时名德，敢无可畏之人。经一两日，家司来曰："犹可被请华山僧正。"巳时遣请书，未时有领状。……第二日以铁网入我。至于炉坛之火中，焦灼为煨烬，及舍坛灰。幸置厕边，便就食气苏生，居此处六年。若欲出门，则护法拘留，敢不能寸

---

① 小峯和明『今昔物語集における説話受容の方法』、『国文学研究』69、1976 年 6 月。
② 森正人『天狗と仏法——今昔物語集の統一的な把握をめざして』、『愛知県立大学文学部論集』（通号 34）、1984 年、第 6 頁。

步。适出自水门。于是知此人为本朝一物，必欲致娆乱，仍到花山，他所杂居，或住厕边三年。僧正每来，护法五六人必守护之，终不得其隙。①

此处记录之天狗变身为鸢请樵夫将其带到右相家中，致使右相得了急症，多方寻医均无法治好，结果被遍照僧正所调伏，投入炉坛中化为灰烬。由于炉坛放在厕所边，所以他得以重生，想要找机会复仇，却最终未能实现。

这则故事中天狗的特点是：以鸢之形态出现，附在人身上使人生病，厕所是可以使其重生之地，但最终会被高僧调伏。

这些特点在《今昔物语》中得到了更进一步的发展。

在《天竺天狗闻海水音渡此朝语第一》一节中，天竺的天狗在去震旦的途中，听闻海水中尊贵深远的颂唱法文之声，顺着声音来到了日本比叡山的厕所。听闻其水是从学问颇深的僧人的厕所流出，便想此山之僧人是多么之神圣、尊贵，于是立志成为此山之僧。他便是明救僧正。

在第三话中，天狗以金色佛祖的形象现身，被光大臣，即深草天皇的皇子识破，现出原形，原来是粪鸱，被光大臣杀死。

关于古代日本天狗的特征，酒向伸行这样总结：

1. 古代天狗的最大特点便是容易附身在人身上，天狗被认为是类似于物怪的可以使人生病或死亡的邪恶的灵魂似的存在。

2. 天狗属于物怪的范畴，被等同于"物""鬼""物怪"等灵的存在。

3. 天狗是以鸟的形象出现，这是其重要特点之一。

4. 天狗的重要性格之一是反对佛法。

5. 对抗这样一种恶灵天狗，击退、制服它，保护人类的是护法，特别是护法童子，因此出现了对护法童子信仰的兴盛。驱使这样的护法对抗天狗是台密的验者们。②

---

① 塙保己一编『続本朝往生伝』、『群書類従』第四輯、経済雑誌社、1898 年、第 387～388 頁。
② 酒向伸行『天狗信仰の生成と展開——怨霊天狗から護法天狗へ』、『御影史学論集』28、2003 年 10 月、第 27 頁。

从酒向的分析不难看出日本平安时代的天狗确实性格复杂、形象来源不明。酒向指出"天狗"可以等同于"物怪"。但平安时期，"天狗"也常常等同于"天狐"，也被训读为"天狐"。可以幻化，常常附在人身上使其生病、死亡，而且真正面目是"鹫"①，可以被台密系的高僧所调伏。

那么，天狗究竟是如何进入佛教界？它的这些特点来自哪里？日本这一时期的天狗究竟与中国有没有联系呢？

二　进入佛教界的天狗

天狗进入佛教界与佛教经典的汉译有密切联系。佛教在汉朝之时传入中国，伴随着佛教的传入，佛教经典被译成汉文成为必不可少的工作。在佛教经典汉译的过程中，为了便于大众接受，佛教中的不少思想是以中国的思想、观念、文化等来进行阐释。"天狗"的概念也是在这一过程中被引入佛教界。

天狗在佛教经典中最早出现在《正法念处经》中。此经是中国南北朝时期由西域僧人瞿云般若流支自东魏兴和元年（539年）起用了10年的岁月译成中文的佛典。共有70卷，详细解说了六道的因果以及出家者修行的重点。《正法念处经》虽然是小乘经典，却常常被其后的佛教经典所引用，是一部在中国以及日本都具有重大影响的佛经。

《正法念处经》的一个重要特点就是它在解说佛教因果之时，常常援引儒教中灾异说等思想，并对其加以批判。通过批判儒家之言，指出儒教乃世间无智常人的学说，不足为信，并以佛家之言对儒家的观点进行重新阐释。诸如它关于彗星的解释如下：

> 阎浮提中邪见论师，见彼夜叉口中出烟，谓彗星出。言是阎罗王一百一子，不知乃是一百一大力夜叉。时彼世人，或有见者，有不见者。世俗相师说言："是阎罗王一百一子。"不如实知，妄生分别。言彗星出，或言丰乐，或言饥馑，或言王者吉祥，或言王崩，或说兵起，或言不起，或言牛婆罗门吉与不吉，或言水旱灾异，或言某国凶

① 关于天狗的原型或记录为"鹫"或记录为"鸢""鸥"。三者在日语发音中相同。或直接采用假名的形式、とび/トビ。这三者应该为同一物。

衰，或言某国无事。①

儒家认为彗星是灾异的象征，而佛家认为那不过是夜叉升天时口中冒出的烟而已，并非世间人所说的那样。这样的例子在此部经典中颇多。它不断以儒家之言为批判对象，将儒家学说与佛家学说加以对照，试图在否定儒家学说的基础上，使世人对佛家学说有所了解与接受。

此经中也第一次把中国的"天狗"概念引入了佛教界。卷第十九畜生品之二种有"一切身分光焰腾赫。见此相者皆言忧流迦下。魏言天狗下"②的记载。

杉原氏指出，忧流迦在印度乃流星之意，这里将流星解释为中国的天狗。③ 其后，该经书中对忧流迦进一步解释：

> 观忧流迦天火下者，复有因缘。忧流迦下，诸天欲行，宫殿随身。其行速疾，二殿并驰，互相研磨，令火炽焰，光明腾赫，从上而下，世人见已，诸咒术师及占星者，作如是说："世间饥馑，或言丰乐，或言王者吉凶灾祥，或言国土安宁，或言荒坏，或言畜生疫病流行。民遭重疾，或言人畜安吉，无为诸世邪论。虽作此说，而不能知相之因缘，何以故。但随相说，不识业果故。④

这里指出，诸天与宫殿随忧流迦一同下降，由于二宫殿相互摩擦，产生了火焰。在卷四十、四十一观天品之十九中记载：

> 于虚空中有大光明，犹如天狗。……在空如焰。我于昔来初未曾见，彼更审看，见大天狗，如是向下，有大光明，遍虚空中。如火焰炽，如是下坠。彼天上观，如大天狗，从天而坠，其量长短，大小如是。如是思量，然后说言："彼天狗量五千由旬。一切虚空皆悉焰然，

---

① 大正新脩大藏経刊行会瞿曇般若流支譯『正法念処経』、『大正新脩大藏経』No.0721、第17巻、大藏出版株式会社、1961~1971年、第110頁。

② 大正新脩大藏経刊行会瞿曇般若流支譯『正法念処経』、『大正新脩大藏経』No.0721、第17巻、大藏出版株式会社、1961~1971年、第111頁。

③ 杉原たく哉『天狗はどこから来たか』、大修館書店、2007年、第133頁。

④ 大正新脩大藏経刊行会瞿曇般若流支譯『正法念処経』、『大正新脩大藏経』No.0721、第17巻、大藏出版株式会社、1961~1971年、第111頁。

不可譬喻。"①

可以看出天狗是将兜率天烧成灰烬、令天人天女都畏惧的可怕之物。

如此看来，这部经书中的天狗是流星。其特点是发出大光明，伴随着巨大火焰，可以燃尽天上的一切，令天人天女望而生畏之物。

杉原将《正法念处经》中的天狗总结为三个类型：一是由虚空中的诸神、夜叉等鬼神从天界降落时身体发出火焰所引起的；二是佛教界的善神诸天高速下降到地上时，其所住宫殿随行，宫殿相互碰撞摩擦，发出光焰所形成的；三是发生原理不明将诸天所住的世界烧毁殆尽、烧杀天人，发出耀眼火光，使诸天陷入恐慌之物。②

其后，杉原指出在《大日经疏》中天狗被解释为涅伽多，也就是"霹雳"，即中国的雷神，并指出，天狗半人半鸟的形象正是来源于雷神。

关于涅伽多日本僧人杲宝（1306～1362）所撰《大日经疏演奥钞》中做了如下解释：

> 今捡霹雳梵名，有"流星""彗星"二个名。彼云"𑀤𑀶𑀭𑀚𑀕"，言𑀤𑀶𑀭者是流星也，𑀚𑀕者为彗星也。何以知者。释云：南纬之南，置涅伽多，谓天狗也。云云案李奇汉书注云。天狗流星也。下坠地为狗。皆妖星也。故云。涅伽多是流星也云云已上。起世经第三云：相者皆言忧流迦下，魏言天狗下，依此文者，天狗者当次下所出嗢伽跛多软？嗢迦跛多者……。北纬之北置，谓流星也云云。……涅迦多谓天狗流星，但与流火同异，更寻决之。③

按照杲宝的说法，霹雳的梵语名字有二：一是流星，二是彗星。

高阳在杉原的研究基础上指出《正法念处经》中出现的天狗乃恶龙阿修罗从天而降的样子。④

---

① 杉原たく哉『天狗はどこから来たか』、大修館書店、2007 年、第 239 頁。
② 杉原たく哉『天狗はどこから来たか』、大修館書店、2007 年、第 135～136 頁。
③ 大正新脩大藏経刊行会、杲寶撰『大日經疏演奥鈔』、『大正新脩大藏経』No.2216、第 59 卷、大藏出版株式会社、1960～1973 年、第 157 頁。
④ 高陽『鳥としての天狗の源流考：東アジア比較説話の視点から』、『学校教育学研究論集』(18)、2008 年 10 月、第 135～151 頁。

　　然而，仔细分析卷十九，这里从天而降的不应该是恶龙阿修罗，而是大夜叉。该经在卷十八的后半部分对阿修罗进行了详细描述。他指出阿修罗有鬼道所摄与畜生所摄两种。畜生所摄之阿修罗住在海底，共有三个阿修罗王，分别住在地下第一地、地下第二地与地下第三地。住在地下第一地的是罗睺阿修罗王。第十九卷描述了住在地下第二地的陀摩睺阿修罗王。陀摩睺阿修罗王试图与天斗，思考如何能够战胜天。他想出一个让天众数量减少的方法，这个方法就是使世间人民生活疾苦，减少人类的数量。于是，和恶龙相商，让他发起洪水、地震等灾害，使人民受苦、死亡。地神以及诸夜叉们看到恶龙与恶阿修罗的恶行后，告诉了善龙王婆修吉龙王与德叉迦龙王，以及虚空夜叉。虚空夜叉听闻，立刻发出神力，口吐白烟，白烟形成了彗星。夜叉飞往四天王处，告诉了四天王恶龙与恶阿修罗的阴谋行径，四天王让大夜叉安心，并说阿修罗绝对不会得逞。大夜叉十分高兴，想要把这个好消息告诉善龙王们。于是，从天而降，身上发出火焰，世人见到都说是忧流迦下来了。译者此处加了注释说道，这就是魏国所说的天狗下。

　　因此，分析原文可见，此处从天而降的应该是大夜叉。被世人称为忧流迦，也就是天狗。夜叉在升天之时口吐白烟形成彗星，在下落之时身上发出火焰，世人称之为忧流迦，即天狗。这一点从《法华经玄赞要集》中可以得到印证。

　　《正法念处经》是日本的比叡山净土教研究的重要经典。比叡山中兴之祖源信在执笔《往生要集》之时，就以此经为重要典据。《法华经》是后秦时代鸠摩罗什（344~413）所译经典。是天台宗最为重要的经书。在日本，自798年起，日本天台宗的开宗始祖最澄（767~822）每年11月在比叡山举行"法华十讲"，共讲了十年。

　　关于《法华经》，中国和日本有诸多高僧进行过注释，留存了大量注释书，《法华经玄赞要集》也是其中的一部。该书由唐朝僧人栖复（生卒不详）集录，乃法华经玄赞中比较晚的集录，因此较全面地收集了前人的注释。该经中对夜叉做了如下解释：

　　　　言夜叉者，其身赤色，虽无翅羽，而能飞空。有大神变，作大音声，故名勇健。亦有翻为天使，诸天使故。纪国翻为轻捷鬼，亦云天狗。正法念经云：夜叉性好热血，每上妙高山，瞻望何处兵战，未得食中间，因此长嘘叹息。气上天为帚星，亦云彗星，亦云搀抢星也。天上有星，必有兵甲之事也。在须弥山第三层住。[①]

此经中夜叉被解释为天狗，并指出夜叉好热血，每有战事必去观战，未能食得热血之时便长吁短叹。他口中吐出的烟雾形成彗星，因此，天上出现彗星时便意味着要有战事发生。此种解释将佛教与儒教的观点融合在一起。儒教中认为天狗的尾部似彗星，天狗的出现意味着即将出现战乱。这部经书中将彗星解释为夜叉观战时口中吐出之气升上天后形成。夜叉好战，因此彗星的出现就意味着夜叉在观战，也就是有战事发生。该经同时指出天狗其实并非彗星，而是夜叉。

该经被日本天台宗寺门派宗主智证大师从唐朝请回，收藏在经藏中。世人只闻其书名，不知其中内容。直至天禄元年（970 年），该经被法相宗僧人兴福寺真喜、仲算抄录，那之后才流传于世。该经的末尾记载：

> 唐乾符六年冬。温州开元寺讲。慈恩比丘。弘举传写供养。
>
> 此书从巨唐来，在智证大师经藏，深秘不出，只闻其名。今兴福寺释真喜仲算与彼门徒智兴阇梨，有刎颈交，相烛借请，始以书写，后贤鉴。于时天禄元年，岁次庚午也。
>
> 弘长元年（辛酉）七月二十三日。法隆寺僧圣赞，全本写留之，施入于专寺大经藏。
>
> 以无类本恐失坠，更书写之讫。[②]

智证大师是日本比叡山延历寺高僧圆珍（814～891）。他于 853 年入唐，被誉为"入唐八大家"之一。他在中国学习佛教，5 年后，他携带了441 部 1000 卷经书回国，这部经书也应该是其中之一。970 年该经被兴福

---

① （唐）栖复：《法华经玄赞要集》，《续藏经藏经书院版第 53 册中国撰述大小乘释经部》，新文丰出版公司，1975，第 880 页。
② （唐）栖复：《法华经玄赞要集》，《续藏经藏经书院版第 53 册中国撰述大小乘释经部》，新文丰出版公司，1975，第 396 页。

寺僧人抄写传阅才得以公开。不过，该经在天台宗内部，特别是高僧间应该得以传阅、学习。

因此，随着佛教传入日本，天狗的概念也传入了日本的佛教界，并且在天台宗中已经形成了“夜叉＝天狗”的认识。

那么，夜叉在中国是什么形象呢？唐朝之时，在佛画或壁画上常常绘有夜叉的形象，关于夜叉的记述也不少。在中国的古籍中也可见到以“鸟”的形象出现的夜叉。例如，在《尚书故实》中就有这样的记载：

> 章仇兼琼镇蜀日，佛寺设大会。百戏在庭，有十岁童儿舞于竿杪，忽有一物，状如雕鹗，掠之而去。群众大骇，因罢乐。后数日，其父母见在高塔之上，梯而取之，而神形如痴。久之方语云，见如壁画飞天夜叉者，将入塔中，日饲里实饮食之味，亦不知其所自。旬日，方精神如初。[①]

此处描绘的夜叉其形状如雕鹗，在佛寺大会之时掳夺孩童。这与日本天狗的性质极为相像。日本天狗的特点便是鸟形，会掠夺孩童。如今日本还有“天狗攫”的说法，即“天狗掠人”之意。

三　天狗与天狐的混淆

如前所述，平安时代的天狗常常与天狐混同，被视为同一物。这应该也与“夜叉＝天狗”这一认识有关。

平安时代，荼枳尼信仰传入日本。荼枳尼乃佛教众神之一，来源于印度教中的女鬼。在空海所传的日本真言密教胎藏曼陀罗中，荼枳尼是夺精鬼，是阎魔天的眷属，被配置在外金刚院的南方，半裸，手中持血器、短刀以及尸体。

在阎魔天曼陀罗中，她手持类似药袋的小皮袋。其后，荼枳尼与日本神道教中的稻荷信仰相结合，荼枳尼由半裸的形象演变为骑着白狐的天女形象，并被称为荼枳尼天，亦称“辰狐王菩萨”“贵狐天王”。

荼枳尼与狐的结合是荼枳尼信仰在日本的特殊演变。印度佛教以及中

---

① （唐）李绰：《尚书故实》，《景印文渊阁四库全书》，台湾商务印书馆，1986，第19～20页。

国佛教中并无此种信仰。荼枳尼被称为"荼枳尼天"也是日本特有的。那么，缘何荼枳尼与狐结合在一起？先行研究指出，这主要由于荼枳尼与狐的性质相类似。如前所述，荼枳尼本身被称为夺精鬼，常常手拿人腐烂的尸体，而狐狸也常常在墓冢附近做穴，甚至食用尸体。在狐媚谈中又常常被描绘成夺人精气之动物，因此与荼枳尼在性质上有诸多类似之处。随着荼枳尼信仰与狐信仰的结合，其后又出现了荼枳尼与稻荷信仰的融合。

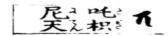

荼枳尼天[①]

中世之时，天皇的即位灌顶仪式中要念唱荼枳尼天真言。在该仪式中左右祭祀金与银的荼枳尼天像，此处的荼枳尼天就是以白狐而并非天女的形象出现。

因此，荼枳尼夜叉常常被认为是白狐，或驱使白狐的天神。在中国的佛教中夜叉被认为是天狗，而日本天狗在平安时代其发音又与天狐相同，并被视为同一物。因此，出现了"夜叉＝鬼＝天狗＝天狐"的认识，使天狗的性质更加复杂化。这也就不难理解为何关于染殿后被困扰的记载有的是"天狐"，有的是"天狗"，还有的是"鬼"了。这都源于"夜叉＝鬼＝天狗＝天狐"这一认识。

如此一来，日本天狗的性格应该也受到了中国天狐性格的一些影响。确实如此。中国唐朝之时，狐信仰兴盛，关于狐的记述很多。不少都与日本天狗的记述相似。诸如，不少关于日本初期天狗的记载中都称天狗可以幻化出佛祖来迎的景象。中国的天狐也具备这一能力。《广异记》中就有这样的记载。

　　唐汧阳令不得姓名。在官，忽云："欲出家。"念诵恳至。月余，有五色云生其舍。又见菩萨坐狮子上，呼令叹嗟云："发心弘大，当得上果。宜坚固自保，无为退败耳。"尔飞去。令因禅坐，闭门，不

---

① 土佐秀信『仏像図彙．3－5』、文彫堂、1886 年、第 35 頁。

食六七日。家以忧惧，恐以坚持损寿。会罗道士公远自蜀之京，途次陇上。令子请问其故。公远笑曰："此是天狐，亦易耳。"①

同样在《广异记·赵门福》中也有类似记载：

> 唐洛阳思恭里，有唐参军者立性修整，简于接对。有赵门福及康三者投刺谒。唐未出见之，问其来意。门福曰："止求点心饭耳。"唐使门人辞，云不在。……门福骂云："彼我虽是狐，我已千年。千年之狐，姓赵姓张。五百年狐，姓白姓康。奈何无道，杀我康三？必当修报于汝。终不令康氏子徒死也！"……唐氏惊曰："赵门福，汝复敢来耶？"门福笑曰："君以桃物见欺，今聊复采食，君亦食之否？"乃频掷数四以授唐。唐氏愈恐。乃广召僧，结坛持咒。……后一日，晚霁之后，僧坐榻前。忽见五色云自西来，径至唐氏堂前。中有一佛，容色端严。谓僧曰："汝为唐氏却野狐耶？"僧稽首。唐氏长幼虔礼甚至，喜见真佛，拜诸降止。久之方下，坐其坛上，奉事甚勤。佛谓僧曰："汝是修道，请（明抄本'请'作'谓'）通达，亦何须久蔬食。而为法能食肉乎？但问心能坚持否！肉虽食之，可复无累。"乃令唐氏市肉，佛自设食，次以授僧及家人，悉食。食毕，忽见坛上是赵门福。②

这里记载赵门福乃千年之狐，他自称千年之狐姓赵或姓张，五百年的狐姓白或者姓康。赵门福登唐参军家门求饭不得便寻机报复，唐氏广请僧人作法、念咒，几日不见赵门福来，以为没事了，结果一日僧人坐在门口，忽然看到五色云自西边而来，中间有一菩萨，僧人无比喜悦，以为见到了真佛，下跪拜佛。伪佛祖命唐氏去买肉给僧人吃。僧人及唐氏一家人吃完后发现佛祖居然是赵门福幻化而成。可以看出，千年之狐是可以幻化佛祖来迎的景象的。千年之狐被称为"天狐"，不能杀只能流放。《广异

① （北宋）李昉：《太平广记》卷四百四十九，《景印文渊阁四库全书》，台湾商务印书馆，1986，第3～4页。
② （北宋）李昉：《太平广记》卷四百五十，《景印文渊阁四库全书》，台湾商务印书馆，1986，第2～3页。

记》中也有这样的记载。

> 唐坊州中部县令长孙甲者，其家笃信佛道。异日斋次，举家
> 见文殊菩萨，乘五色云从日边下。须臾，至斋所檐际，凝然不动。
> 合家礼敬恳至，久之乃下。其家前后供养数十日，唯其子心疑之，
> 入京求道士为设禁，遂击杀狐。令家奉马一匹，钱五十千。后数
> 十日，复有菩萨乘云来到，家人敬礼如故，其子复延道士，禁咒
> 如前。尽十余日，菩萨问道士："法术如何？"答曰："已尽。"菩
> 萨云："当决一顿。"因问道士："汝读道经，知有狐刚子否？"答
> 云："知之。"菩萨云："狐刚子者，即我是也。我得仙来，已三万
> 岁。汝为道士，当修清净，何事杀生？且我子孙，为汝所杀，宁
> 宜活汝耶？"因杖道士一百毕，谓令曰："子孙无状，至相劳扰，
> 惭愧何言。当令君永无灾横，以此相报。"顾谓道士："可即还他
> 马及钱也。"言讫飞去。①

可见中国的天狐经常幻化出佛祖来迎的景象去迷惑僧人或百姓。最终
调伏天狐的是道士，而非和尚，并且天狐无法被杀死，只能流放到东方，
诸如新罗等地。《广异记》中记载：

> 成大战恐，自言力竭，变成老狐。公远既起，以坐具扑狐，重之
> 以大袋，乘驿还都。玄宗视之，以为欢矣。公远上白云："此是天狐，
> 不可得杀。宜流之东裔耳！"书符流于新罗，狐持符飞去。今新罗有
> 刘成神，土人敬事之。②

这里记载新罗的刘成神便是被中国流放去的天狐。唐朝之时，狐信仰
兴盛，有大量的天狐被流放去东方。《今昔物语》中记述大量的天狗东渡
到日本或许也与此有关。

---

① （北宋）李昉：《太平广记》卷四百五十一，《景印文渊阁四库全书》，台湾商务印书馆，
　 1986，第2~3页。
② （北宋）李昉：《太平广记》卷四百四十九，《景印文渊阁四库全书》，台湾商务印书馆，
　 1986，第5页。

四　天狗"鸱鸟"形象之来源考

如前所述，平安时代复活之天狗被视为与天狐、鬼一类的妖怪，而其本来面目却被描绘成"鸱"。在《今昔物语集》中，幻化成佛祖的天狗被识破后变成了粪鸱，被大家踩死。为何被视为天狐的天狗，其本来面目又被描绘为鸱鸟呢？鸱鸟与天狗、天狐之间有着怎样的联系呢？这在日本的天狗研究中一直是个未解的课题。

既然日本的天狗与中国的天狐有着密不可分的联系，那么，鸱鸟这一形象是否也来源于中国呢？然而，《广异记》中诸多关于天狐的记载却没有将天狐的形象描绘成鸱鸟的。毕竟一个是兽类，一个是禽类，缘何会结合在一起呢？

查阅资料发现，佛经中有着类似记载。在日本密教法仪中有把天狐的形状描写成鸱形的记载。这一密教法仪被称为"六字经法"。

日本关于六字经法的研究并不多。津田彻英的《六字明王的出现》与中村祯里的《关于六字经法的本尊》两篇文章重点对六字经法本尊的来源进行了考察。中村祯里的《六字经法与狐》一文考察了六字经法与诅咒法的关系。上川通夫的《关于〈觉禅抄〉的六字经法》一文则通过六字经法考察了日本院政时期佛教与辽国佛教的关系。

这些先行研究都未对六字经法与天狗的关系进行过阐述。因此，笔者将在先行研究的基础上，对天狗鸱鸟的形象的来源及其反佛法性格的来源进行考察。

（一）六字经法产生的时代背景

1. 平安、院政时期的秘密修法

六字经法是日本平安时期，特别是院政时期十分流行的一种密教修法。无论是东密僧人还是台密僧人都积极从事。六字经法的流行与当时的时代背景有着密不可分的联系。

密教带有咒术性质的修法在日本自奈良时代起便严加禁止。特别是在藤原继种被暗杀，早良亲王被废，很多人因此连坐的延历四年（785 年），桓武天皇颁布了禁止个人设坛修法的禁令。

僧尼、优婆塞、优婆夷等，读陀罗尼、以报所怨、行坛法，以从诅咒。从今以后，非依敕语，不得入山林、住寺院、读陀罗尼、行坛法。若有此类，禁身、具状早速申之，不得有隐漏。[①]

可见，当时已有僧尼等从事诅咒等事，被国家严令禁止。然而，随着律令体制的瓦解与摄关体制的形成，使原本处于优越地位的贵族逐渐没落。在与藤原氏的斗争中败北的贵族们，为了求得个人自身的现世利益，开始信奉带有咒术性质的密教。另外，藤原氏为了保住自己家族外戚的地位，也聘请高僧修法。如此一来，使得原本以天皇为核心、以镇护国家为目的的国家修法逐渐演变成为为了个人目的举行的秘密修法。

为了成为天皇的外戚，在摄关体制形成初期，日本的上流贵族中各种奇怪的厌魅诅咒横行。疑心生鬼的贵族们对秘密修法的现世利益寄予了莫大的期望。[②] 诸如903年，五条女御藤原稳子在临产前被邪气所恼。天台宗的相应和尚应藤原时平邀请为她修不动法，诞下了皇子保明。相应称稳子的难产，是因为有厌魅之物，经查果然一个白发老女受藤原忠平之命以折弯的梓弓做了蛊下了魅。[③]

随着这种厌魅之术的流行，去除诅咒之术也变得十分必要。六字经法就是一种为了去除诅咒而实施的秘密修法。

据《觉禅抄》记载，文德天皇之时已经有真言宗的僧人修此法。文德天皇曾经对于自己皇位继承者的问题感到十分为难。文德天皇有两个儿子，惟乔与惟仁。据《江谈抄》记载，文德天皇想要将皇位传给惟乔，然而忌惮藤原良房（804～872）的势力，于是聘请高僧修秘密之法。真言宗真济（800～860）受聘于文德天皇为惟乔亲王修法。真言宗真雅（801～879）受聘于藤原良方为惟仁亲王祈念。最终真雅一方获胜，良方如愿让惟仁继承了皇位。而二人所修之法，据《觉禅抄》记载正是此六字经法。

真济出身纪氏一门。随着藤原氏的兴起，纪氏一门被藤原氏所压制，

---

① 『三代格』卷二、昌泰三年二月十四日太政官引延曆四年十月五日太政官符。
② 速水侑『平安貴族社会と仏教』、吉川弘文館、1983 年、第 38 頁。
③ 近藤瓶城編『政事要略』第七十、『史籍集覧編外〔2〕』、近藤出版部、1907 年再版、第 655 頁。

逐渐没落。这一记载也体现了纪氏与藤原氏的争斗。真济在失势之后隐居，不久便病死了。[①] 而真雅在清和天皇即惟仁即位之后得到了藤原良方的信任，创立了贞观院，成为僧正。这一记载反映了纪氏与藤原氏的争斗，体现出藤原氏势力之大，连天皇都忌惮他三分。

文德天皇死后，幼小的清和天皇即位，藤原良房成为第一任摄政。良房为了实现自己的利益，不惜使用被禁止的秘密修法，最终达成心愿。自那之后，秘密修法逐渐兴盛，出现了前所未有的僧侣间以及阴阳师间法验的竞争。

最早使用六字经法的是真雅，但是，最早记录它的则是东密僧人淳祐（890~953）。淳祐是著名的阴阳师菅原道真之孙，隐居在石山寺。菅原道真在901年1月受左大臣藤原时平陷害被左迁至太宰府后，2月藤原时平便下令再度禁止贵族、僧侣等私修坛法。如若违背将"处以严法，绝不宽恕"，"科以重罪，以惩将来"，若为治病，则须清楚地报上所请僧人以及病人的名字，报告当地官司，蒙裁许后方可行之。[②] 可见，时平也深知诅咒巫蛊之术的效验。菅原道真死后成为最大的怨灵。

六字经法的大发展与"怨灵""物怪"信仰的深化也有密不可分的联系。速水侑指出，10世纪末怨灵信仰在贵族间广泛渗透。藤原实赖与藤原师辅乃异母兄弟，都将女儿嫁给了村上天皇，以此争夺外戚地位。结果师辅的女儿生了宪平亲王，宪平又与南家的元方之女祐姬所生广平亲王争夺皇储之位。最终师辅没有等到宪平即位就病死了。实赖虽不是外戚，却成为冷泉天皇的关白。因此，师辅的灵魂诅咒实赖的子孙，并诅咒他家族的女了生不出皇子。这一点在《小石记》中有所记载。此外，三条天皇被物怪所扰得了眼疾，藤原道长一家被怨灵诅咒，儿子相继去世、生病。1018年，藤原道长也生了病。被认为是其兄藤原道兼的怨灵凭附。为了去除怨灵，心誉、仁海等僧侣被召修法。[③]

在这样的时代背景下，贵族们急需去除诅咒的修法，六字经法正是在这样社会背景下，为了满足贵族们的需求被创出并被不断改造、实践的一种秘密修法。

---

① 辻善之助『日本仏教史第一巻上世篇』、岩波書店、1969年、第389~390頁。
② 速水侑『平安貴族社会と仏教』、吉川弘文館、1983年、第34頁。
③ 速水侑『平安貴族社会と仏教』、吉川弘文館、1983年、第86~88頁。

2. 东密与台密之争

六字经法的创出与东密、台密之争也有着密不可分的联系。

天台宗创立之初，最澄虽请回部分密教经典，但日本天台宗仍以大乘佛教为主。而空海入唐后却请回大量密教经典，在日本开创了真言宗，实现了真言东密的隆盛。在密教方面台密一直处于劣势。直到平安时期，台密僧人圆仁、圆珍相继入唐，请回了诸多东密未曾请回的密教经典，实现了台密的兴盛。台密一时成为镇护国家佛教的重要担当者，并且在引入儒教灾异说的基础上，实现了灾异之时以诵经等佛教手段驱除灾异的方法。

随着贵族对于咒术的需求，东密僧人、台密僧人都试图通过与贵族的联合获得自己地位的提升。如前所述，东密僧人帮助藤原氏使惟仁顺利登上了皇位。不仅东密的僧人，台密的僧人也争相为藤原氏修法。诸如著名的染殿后被天狗所扰一事，最终就是被台密僧人所调伏。染殿后便是藤原良房的女儿藤原明子，文德天皇的皇后。她一直被物怪所困扰，经过相应和尚修法最终医治好了她的病。或称她是被天狐凭附或称被天狗凭附。如前所述，相应和尚此后还曾应藤原良房的孙子藤原时平的邀请为藤原稳子修法。865 年，相应和尚创建了无动寺。

通过这几个事例不难看出，这一时期，台密僧人与东密僧人争相与藤原氏等贵族联合，为贵族们从事各种秘密修法。六字经法可以说就是东密僧人为了实现自己地位的提升而创出的一种新的咒术修法。

（二）六字经法与天狗

1. 六字经法、六字河临法与六字法

六字经法虽称请自中国，并提到了六部与之相关的经轨名称：《请观世音菩萨消伏毒害陀罗尼经》《六字陀罗尼咒经》《六字神咒王经》《六字咒王经》《六字神咒经》和《六字法》。在现存的《大正新修大藏经》中有与前五部经类似的经轨名称。其中《佛说六字咒王经》《佛说六字神咒王经》《六字神咒王经》均强调了六字咒对于消除厌蛊诅咒的作用。但是，日本的六字经法无论在本尊上还是修法方式上都与这些经书的记录有所出入，可以说日本的六字经法是日本僧人在中国六字法的基础上创出的一种新的修法仪式。

中国的六字法以诵读六字大明咒为主。现在在西藏还十分流行的"唵、嘛、呢、叭、咪、吽"便是六字大明咒。而日本的六字经法不仅要念咒语，还要实施一系列修法。

通过《觉禅抄》的记录可以得知此法最初由真雅所修，然而并未记录修法的具体内容。详细记录六字经法修法的僧人是东密的高僧淳祐。他在《要尊道场观》中有《六字经法道场观》的记载：

> 次师从高座下向火炉坐，请火天供养，烧相应物护摩。仪式如后说，相应物者，天狐七、地狐七、人形七，以面染蘗作之，慎莫示他人。师密自设小许面作之，又以墨书著其咒诅怨家姓名，若不知著其字，若亦不知字，注其在处乃至国郡乡其宅其条其坊男女。先烧天狐，次烧地狐，次烧人形。如是能内护摩，投炉护摩，非是损人身断其命根，但为烧灭其所做恶事不令成就，消灭彼种种不善，贪嗔痴为本所起妄想分别之垢。不复动作也，心怀慈心，能应观练内护摩义也。作调伏法，慈心为先，内无慈悲自损损他。不识佛意何堪护摩。①

通过他的记录我们可以了解到这个修法是用来调伏实施诅咒之人。用面做成天狐、地狐、玩偶的形状，以墨水书写诅咒怨家的姓名，如若不知可以书写其住址，然后依次烧天狐、地狐、人形，投入炉火中护摩。此修法并非要伤害诅咒之人的性命，只是让诅咒之人的恶事不能成就、消除其贪嗔痴而已。且作法护摩之人也必须拥有慈悲之心，否则会自行受损。可见，随着巫蛊诅咒之术的流行，反诅咒之法也应运而生。

为了与此抗衡，台密僧人也创出了一套新修法六字河临法。它将阴阳道的要素加入其中，其主要目的还是用来息灾，具有镇护国家的作用。同时，台密僧人宣称此经请来自大唐，是大唐最新的密教修法，十分灵验。

台密僧人良祐在《三昧流口传集》中记录："此法似世河临禊。觉大师于唐土受此法，祕之。其后大师门徒受传之人，中古殆将绝。"② 同时，

---

① 大正新脩大藏経刊行会、淳祐『要尊道場觀』、『大正新脩大藏経』No.2468 第 78 卷、大藏出版株式会社、1961～1978 年、第 46 頁。

② 大正新脩大藏経刊行会、良祐『三昧流口伝集』、『大正新脩大藏経』No.2711 第 77 卷、大藏出版株式会社、1961～1978 年、第 37 頁。

记录此法有镇护国家之效："池上记云，若偏为安镇修之者。可依息灾法。若余增益等可依当法之。若依师说者依增益法云云。镇决云，异国军来等时修降伏。但不修镇。只以神幡向敌镇之。"① 可见，此法具息灾、护国之功效，而此处特意强调可以降伏异国之军。可见，当时日本有被异国入侵之事发生。

提到日本被外国入侵常常使我们联想到中国元朝之时的蒙古攻打日本。然而，良祐乃平安中后期僧人，因此，此处的异国军应该不是蒙古军队。在平安时期的 1019 年，沿海州的女真族曾经入侵过壱岐、对马以及北九州，被称为"刀伊的入寇"。不过，最终被大宰府的大宰权师藤原隆家击退。因此，此处之异国军或许指女真族之军队。

台密僧人为了提升自己的地位，强调此经法也具有降伏外敌之功效。同时该经将阴阳道、神道等祭祀要素吸纳其中。虽然台密僧人号称此法乃慈觉大师自大唐请来，然而中国现存的经书中并无此法。且这一修法中加入了诸多阴阳道与神道的要素。诸如使用的"蘽人形""铁人形"就是阴阳家在七濑祓中所使用。同时在修法过程中要诵读《中臣祓》，此乃神道祭祀时所使用的祝词之一。台密僧人将其也用在了六字河临法中。在《阿娑缚抄》中就记载有人对台密僧人使用此祭文表示怀疑。文中记载：

> 中臣祓日本祭文也。伊势太神宫天石户闭给时，中臣氏造此祓读奉诱。而引用此法事，我朝人师所为欤。谁人加之云事不知之，但宗明云诸祓祀启请祭法语董仲舒云文有之。皆自唐土有事也。只其言随国改许也云云。然者何相加此朝七濑祓乎。答，谁谓大唐无此祓。凡俗体恒沙法，皆自天竺传大唐传本朝。然中臣祓之文言倭语以彼文势和语书成欤。如吉备大臣在唐日记，似有其本文。然云中臣祓者，此国始此姓人习传之欤。况禊祓字已唐有之乎。玉云，祓，孚物反，除灾求福也。又方吠切福也。云云……②

① 大正新脩大藏経刊行会、良祐『三昧流口伝集』、『大正新脩大藏経』No.2711 第 77 卷、大藏出版株式会社、1961～1978 年、第 39 頁。

② 大正新脩大藏経刊行会『阿娑縛抄第八十六』、『大正新脩大藏経図像第九卷』、大藏出版株式会社、1977 年、第 172 頁。

此外，还有诸多对此经来自大唐这一说法的质疑。如大纳言伊通对此也有过怀疑。按照台密僧人的说法，《中臣祓》是在中国的祭文基础上进行修改而成的祭文，此说是否有根据需要另撰文详细考证。但是通过此处的记载可以看出佛教与阴阳道以及神道的融合，为以后日本修验道的发展打下了基础。

六字河临法如前所述，最初是台密为了息灾、护国而创出的护国密教，然而到了院政时期，随着院对于密教、咒术等的狂热追求，为了个人利益进行的修法越来越多。僧人、阴阳家们争相制造出各种秘密修法来满足个人利益的实现。在这样的时代背景下，原本主要为息灾的六字经法、六字河临法也逐渐成为为个人去除诅咒之秘密修法。在《阿娑缚抄》中就称六字河临法乃"反灭诅咒最极秘法也"①。如前所述，东密创造的六字经法是为去除诅咒而修，而台密本以息灾为目的的六字经法、六字河临法后来也变成了反诅咒之秘法。

如前所述，六字经法最初由东密僧人真雅为藤原氏所修，其后被其弟子淳祐记录在《要尊道场观》中。然而，东密僧人虽然记录了此法，却似乎并未引起世人，特别是天皇、贵族等的注意。这与当时密教修法主要用来镇护国家，作为护国佛教的性质有密切关系。随着台密僧人圆仁、圆珍相继入唐，请来了大量最新的密教经典、佛像，将台密发展至一个新的高峰。与此相对，东密则出现了没落的迹象。因此，当时，镇护国家的密教修法多由台密僧人来进行。

因此，六字经法在摄关政治期间并未大量被使用，它的大发展出现在 11 世纪末至 12 世纪的院政时期。据津田彻英的统计，在 1068 年白河天皇退位成为太上皇之前，仅有 4 次对六字经法的修法。999 年，山门僧人皇庆第一次为伊予守知章修法。10 年后的 1008 年，东密僧人的仁海再次修此法。40 多年后的 1053 年以及 1064 年，两次分别由山门僧人仁遍与长宴修法。而在院政期间则有数十次之多，几乎每年都会举行 1 次至 2 次的六字经法修法。名义上修法目的多为祈祷病愈、安产、息灾、延命，而修法的第一步则是修调伏法。《白宝口抄》中指出：

①　大正新脩大藏経刊行会『阿娑縛抄第八十六』、『大正新脩大藏経図像第九巻』、大藏出版株式会社、1977 年、第 168 頁。

息灾护摩先须作降伏等者，谓若不先作降伏，秘为频那耶等所留难故也。疏七云，如是等字义类，当知是愤怒等诸奉教者真言。可作降伏摄召用，如说啖食义者。啖食谓令诸愤怒等吞灭一切毗那也迦之类。果如所言诸佛则有杀众生罪。今此宗明义，所谓毗那也迦则是一切能为障者。此障皆从妄想心生。若能啖食如是重障使心目开明。当知是名真愤怒者。以此佉字门啖食一切众生障。则是如来所行使如来事。余以类推之可解也。①

可见，此法首先要调伏，然后可成就息灾、延命等事。然而，通过前面淳祐的记载可以看出，此法最初是以降伏诅咒为目的。治病、息灾、延命等功能应该说是后来逐步发展的结果。这一发展变化也与天狗的变化有着密不可分的联系。

淳祐的徒孙仁海（951～1046）在淳祐记录的修法的基础上，绘制了《六字经曼荼罗》。不过，这与淳祐的六字经法不同，首先在于在本尊上与淳祐的六字经法相比出现了变化。淳祐以六观音，特别是圣观音为本尊；而六字经曼荼罗中是将一字金轮置于中央，其周围围绕六观音以及不动明王与大威德明王。

《别尊杂记》 六字曼荼罗②

① 大正新脩大藏経刊行会『白寶口抄』、『大正新脩大藏経図像第六卷』、大藏出版株式会社、1977年、第286页。
② 大正新脩大藏経刊行会『別尊雑記』、『大正新脩大藏経図像第三卷』、大藏出版株式会社、1977年、第93页。

《别尊杂记》①《忍海次第》中记录了仁海的六字经法的修法方法，其中提到要制作天狐、地狐与人形。这三者后来被命名为"三类形"。此后，"三类形"一语大量出现在由东密僧人创造的六字经法中，成为修此法必用之物。

诸如东密僧人醍醐院座主实运（1105～1160）编纂的《诸尊要抄》《秘藏今宝抄》《玄秘抄》等经书中就绘有三类形的图案。其中的天狐便被绘制成了鸟形。《诸尊要抄》中记录天狐形状为"鸟"②，而在《秘藏今宝抄》中记载天狐为"鸢"或为"鸱"。③

《秘藏今宝抄》中的三类形④

2. "三类形"与天狗

"三类形"是六字经法修法中必用的道具，在六字经法中使用的天狐其形状被描述为"鸱鸟""鸢鸟"，与日本天狗的形象相同。中村祯里也指出了这一点。然而他并未考察过"三类形"的来源，仅仅认为它是在六字经法修法时必用之物。经笔者考察，这个看似由东密僧人创出的"三类形"，其实最初是台密僧人使用并将此名称运用于六字经法之中，并且它

① 裏书是指记录在纸张背面的文字或文章。
② 大正新脩大藏経刊行会、實運撰『諸尊要鈔』No.2484 第78卷、大藏出版株式会社、1961～1978 年、第297 頁。
③ 大正新脩大藏経刊行会、實運撰『祕藏金寶鈔』、『大正新脩大藏経』No.2485 第78卷、大藏出版株式会社、1961～1978 年、第339 頁、第350 頁。
④ 大正新脩大藏経刊行会、實運撰『祕藏金寶鈔』、『大正新脩大藏経』No.2485 第78卷、大藏出版株式会社、1961～1978 年、第340 頁。

与天狗鸱鸟形象的来源有着密不可分的联系。

如前所引淳祐记录的六字经法，其中并未使用"三类形"一语，只称要使用天狐、地狐与人形，对它们的形状也并未有记录。其弟子仁海所记录的六字经法中也未见"三类形"一语。结缚天狐、地狐在密教修法中是常常被使用的修法，中国也有诸多记载。如到中国传法并成为中国密教创始人之一的金刚智翻译的《五大虚空藏菩萨速疾大神验祕密式经》中就记载："若人欲得天狐地狐结缚者。以东方菩萨加西南天祈之。"①

据笔者调查，这一词首先出现在台密僧人长宴（1016～1081）所著的《四十帖决》中。

> 一铁末裹纸安之，诵咒与发吒声俱投火。若其本尊咒无发吒当加之。师曰："唯火风空三指捻末，火天本尊二段用之（云云），加胡摩等投仪式。"三类形，谓天狗（鸱形）、地狗（犬）、人形也。或传造加蛇形，皆以面造之。（师说不必用之），谓虽调伏为邪气等病修，调伏法之时必可用此等相应物也。谓扰恼人不过此等之类，故必用之。②

此处的"三类形"是现存佛教经典中最早的记录，且这里所称三类形并非"狐"而是"狗"。"天狗"之形状乃"鸱形"。与六字经法的三类形不同，并不用于息灾或调伏诅咒，而是用来治疗邪气等疾病。并称常宴的师傅告诉他由于这类东西常常附在人身上，使人烦恼，因此用于调伏邪气等疾病时常常用这些东西的形象。此处本是记载息灾修法之仪式，中间有一句注释，"师说不必用之"，即在息灾护摩之时无须使用此三类形。可如前所述，无论是息灾还是去诅咒都必用三类形。可见，三类形最初并不是用于六字经法的修法当中。然而，在东密僧人创出六字经法之后，台密僧人也开始修此法，并把"三类形"一语运用在了六字经法中。

长宴的师傅皇庆（977～1049），是平安中期的天台宗僧人。培育了众多弟子，被称为台密谷流之祖。依据长宴的记录，在皇庆的时候已经开始

---

① 大正新脩大藏経刊行会、金剛智譯『五大虚空藏菩薩速疾大神験祕密式経』、『大正新脩大藏経』No.1149 第20卷、1961～1968年、大藏出版株式会社、第608頁。

② 大正新脩大藏経刊行会『四十帖决』、『大正新脩大藏経』No.2408 第75卷、大藏出版株式会社、1961～1978年、第918頁。

使用三类形。但并非用于调伏诅咒，而是用来治疗疾病。曾跟随皇庆与长宴学习佛教的平安中后期僧人良祐在《三昧流口传集》中，将三类形中的"地狗"置换成为"狐"。

> 三十　　三类形之事
>
> 三类形以染小麦粉做成黄肤也。人形、鸟形、狐也，各取一枚破摧，入掌中结昭罪摧罪之印，明诵。与吽发吒之声俱投火种。火天与本尊二段用之。付书可书天人狗也。北说调伏护摩相应物三类形稻谷、毒春、辛立，铁末、盐也。南传说三类形以面做之……天形人形狗形可书也。又问，烧三类形只调伏坛可烧乎。答，可尔息灾依有调伏烧之无妨。问，坛坛皆普可烧乎。答，火天曜宿，各可烧三类形。[①]

良祐指出三类形的形状乃"人形"、"鸟形"与"狐"，但可写作"天形""人形""狗形"，并称南传与北传并不相同，南传的三类形以面做成，可以写"天形""人形""狗形"。但良祐却将"天形"等同于"鸟形"、"狐"等同于了"狗形"；并且在介绍六字法时称："以圣观音为本尊。多分依息灾修之。降增随时任意耳。供养法念诵之时。多诵观音真言。少可诵六字真言。投物时。若观音若六字随意耳。三类形如本决用之。但以面作之。或亦米粉无妨。又烧三类形作法如例。"[②] 六字河临法时称"此法虽息灾用三类形"[③]。这样一来，他将本用于调伏邪病的三类形用在了六字经法与六字河临法中，并称一定要使用。同时又将息灾法中的"天狗""地狗"变为了"鸟形""狐形"，与东密提出的"天狐""人形""地狐"进一步接近。

良祐的孙弟子静然（12 世纪中后期僧人）在良祐的基础上进一步对六

---

① 大正新脩大藏経刊行会『三昧流口伝集』、『大正新脩大藏経』No. 2411 第 77 卷、大藏出版株式会社、1961～1978 年、第 12～15 頁。

② 大正新脩大藏経刊行会『三昧流口伝集』、『大正新脩大藏経』No. 2411 第 77 卷、大藏出版株式会社、1961～1978 年、第 20 頁。

③ 大正新脩大藏経刊行会『三昧流口伝集』、『大正新脩大藏経』No. 2411 第 77 卷、大藏出版株式会社、1961～1978 年、第 37 頁。

字经法进行了改编。

> 六字非教，是有六名也。所谓六观音云云。一，相应物。祖师御
> 意云：三类形必可用之。虽非调伏法，为除咒诅也云云。又骨娄草同
> 可用之，为延命也云云。古记云：炉用铁炉，以面染蘽，作人形及天
> 狗形，皆书其名，一夜各七枚烧之。其人长者五尺又长短随宜耳。若
> 无面者，画其形亦得之云云。①

不难看出，静然进一步将台密的六字经法与东密的六字经法进行了融
合，原本用于息灾的六字经法，这里变为了东密提出的去除诅咒，并且加
入"延命"的功能。将良祐所说的"鸟形即天形"变为"天狗"，并且进
一步绘制他所说的天形、天狗的形象，然而在图片旁却醒目地标记着"天
狐""地狐"。其形状乃鸟与狐狸之模样。

《竹林抄》中的三类形②

另外，东密醍醐流曾任醍醐寺座权大僧都的元海（1094～1156）在
《厚造纸》中首次将本派在六字经法中所使用的"天狐""地狐""人形"
称为了"三类形"。

> 次三类形　天狐七、地狐七、人形七也，烧之，有多口传，依繁
> 取要略抄之，加持形之时……天狐七、地狐七、人形七、各以面染蘽
> 作之。慎莫令知他人。又以墨书著其咒诅怨家姓名。不知姓名者书其

---

① 大正新脩大藏経刊行会、静然撰『行林抄』、『大正新脩大藏経』No. 2409 第 76 卷、大藏
　出版株式会社、1961～1978 年、第 162 頁。
② 大正新脩大藏経刊行会、静然撰『行林抄』、『大正新脩大藏経』No. 2409 第 76 卷、大藏
　出版株式会社、1961～1978 年、第 164 頁。

字。亦不知字注其在处乃至国郡卿，其宅其条其坊男女。……非是损人身断其命根，但为烧灭其所恶事，不令成就消灭彼种种不善。贪嗔痴为本所起妄想分别之垢。不复动作也。[①]

前文提到的实运，也继承了元海的认识，将"天狐""地狐""人形"命名为三类形，并且将天狐的形状画为鸟形。

东密觉禅（1143～1213）在东密口传密教集大成的《觉禅抄》中，也将人形、天狐、地狐称为三类形，并以人、鸟、狐的形状绘制出来。自此，原本台密僧人用于调伏疾病的三类形与东密僧人发明的六字经法中的"人形""天狐""地狐"相混同，并在台密僧人口传秘法的过程中，逐渐将"狐"与"狗"等同视之，把"天狗"视为"天狐"，将其形状绘制成为鸟形，使天狗、天狐的形象转变成为"鹞鸟"的样子。

《觉禅抄》的三类形[①]

3. "三类形"与"三鬼形"

那么，缘何台密的僧人会将"天狗"或"天狐"的形象描述成"鹞鸟"？"三类形"又是怎么来的呢？

中村祯里指出："我并不认为中国成立的天狐、地狐观念直接被六字经法采用。六字经法中的地狐相当于狐，可天狐却指某种鸟类。或许是鹞鸟。实运在《秘藏金宝抄》中指出'天狐鹞也。地狐野干也'。平安时代，鹞鸟是天狗的原形，有过各种妖异行为。"[③] 确实如中村指出，平安时期的天狗其本来面目被认为是鹞鸟，且将其等同于天狐。通过前文我们可以了解到这个一直以来困惑大众以及学者的不可解的谜团都是由台密僧人制造出来的。无论是宣称染殿后被天狗所扰或被天狐所扰的僧人相应，还是《今昔物语》中那些讽刺天狗的故事，都是为了宣扬天台宗僧人高超的法术。因此，可以断定制造了这一混乱的"罪魁祸首"就是不断与东密斗争

---

① 大正新脩大藏経刊行会、元] 記『厚造紙』、『大正新脩大藏経』No.2483 第 78 卷、大藏出版株式会社、1961～1978 年、第 263 頁。

② 大正新脩大藏経刊行会、『覚禅抄』、『大正新脩大藏経図像第四卷』、大藏出版株式会社、1977 年、第 357 頁。

③ 中村禎理『六時経法とキッネ』、『大崎学報第 156 号』、平成 12 年 3 月、第 131～132 頁。

的台密僧人。

而台密僧人缘何会认为"天狗"的形象是"鸱鸟"呢？究竟与中国有没有关系呢？据笔者调查有一部传入日本的经书中有着类似的记载。这就是由唐朝蛟龙洞阿暗梨位空碁所述的《青色大金刚药叉辟鬼魔法》（亦名《辟鬼殊法》）。其中有关于"三鬼形"的记录。

> 三鬼形者，一者人鬼，如死尸设□□形。二者天鬼，作鸱鸟形，是言天狐□□□。三地鬼，作地狐形。亦名癫痫鬼。①

这里并未使用"三类形"，而是称为"三鬼形"。但是，形象、称呼均与"三类形"类似。分别称为"人鬼""天鬼""地鬼"，并指出"人鬼"如"死尸"，后面的字缺失，但可以想象"死尸"应与人的形象相同。而"天鬼"，则被称为"天狐"，其形为"鸱鸟"形。"地鬼"被称为"地狐"，其形象也与狐相似。

该经何时传入日本不得而知，然而经书的末尾记载"此轨三井流请来秘本也"。② 三井流的中兴之祖乃第五代天台座主圆珍，亦被称为智证大师，曾入唐请来了诸多唐朝时新译或新撰的密教经书。而这部经书也极有可能是由圆珍大师请回日本的。此后，天台宗僧人依据中国的三鬼形，创造出"三类形"一语。

如前所述，皇庆称三类形只有在治疗疾病之时才使用，并称使人生病、困扰之物不外乎这三种。《青色大金刚药叉辟鬼魔法》正是讲述了如何治疗"传尸病"。此病被认为是由传尸鬼所引起的一种疾病，要治疗此病就要驱除鬼魅，"造三鬼像入铜铙器油中。诵圣无动□界真言一百八反。煮三鬼像"。③ 而这三鬼像便是前文所述的人之形象、鸱鸟之天狐形象以及狐之地狐形象。因此，此三鬼像在中国便是用来调伏疾病的，而天台宗僧

---

① 大正新脩大藏経刊行会、空碁述『青色大金剛薬叉辟鬼魔法』、『大正新脩大藏経』No.1221 第 21 卷、大藏出版株式会社、1961～1968 年、第 101 页。
② 大正新脩大藏経刊行会、空碁述『青色大金剛薬叉辟鬼魔法』、『大正新脩大藏経』No.1221 第 21 卷、大藏出版株式会社、1961～1968 年、第 102 页。
③ 大正新脩大藏経刊行会、空碁述『青色大金剛薬叉辟鬼魔法』、『大正新脩大藏経』No.1221 第 21 卷、大藏出版株式会社、1961～1968 年、第 101 页。

人亦称三类形只有在调伏疾病时使用，息灾时并不需要。

然而，为了与东密的六字经法相对抗，台密僧人把"天狐"改为"天狗"，并把中国天狐鸱鸟的形象赋予了天狗，在一代代的口传过程中，逐渐把"狗"与"狐"混同起来，并且文字叙述时使用"天狗"，而在描绘图像时却标注为"天狐"，将二者等同视之。染殿后被天狗或天狐凭附之事，经过调伏治好其疾病的是天台宗高僧相应和尚，而《源氏物语》中记录浮舟不省人事是因为被天狗、天狐一类东西凭附，最终将其医治好的也是比叡山天台宗僧人。

日本僧人依据中国的《青色大金刚药叉辟鬼魔法》撰写了《传尸病口传》一经，其中便提到了"三鬼形"。

问："三鬼形如何。"答："如六字法三类形欤。"[1]

该经书的抄写、记录者也是台密僧人。分别由庆范、庆政记录过。"承安三年十月十八日以乘乘房御本书写了。沙门庆范记之。贞应第三秋九月十三日夜书写了但书本以假字常地下书被书今为易者以真字书之了为思为思相州沙门庆政记。"[2] 可见，此经最初是以假名书写，为了方便易懂由庆政将其书写为真字，即汉字版本。

何谓"传尸病"？从《传尸病口传》在经文后所附《孝子守庚申求长生经》 文不难看出，此病与道教的庚申信仰有密切联系。

4. 庚申信仰

通过前文分析可知，日本的天狗的鸱形来源于中国的天狐，与"三鬼形"有着密切联系。然而，在中国除了此部经书外几乎没有将天狐与"鸱"联系在一起的记载。缘何在日本经台密僧人篡改后的"天狗＝鸱"这一认识得到了普及，而中国却未能流行开来呢？这恐怕与庚申信仰在中日的不同发展有关。

庚申信仰是中国道教的一种信仰。道教认为人体内寄居着三种虫，名

---

[1] 大正新脩大藏経刊行会『傳屍病口傳』、『大正新脩大藏経』No.2507 第78 卷、大藏出版株式会社、1961～1978 年、第912 頁。

[2] 大正新脩大藏経刊行会『傳屍病口傳』、『大正新脩大藏経』No.2507 第78 卷、大藏出版株式会社、1961～1978 年、第913 頁。

"三尸"。此虫能令人愉悦、无欲无求，同时也具有灵性，可以通天地。每到庚申之日，它们会上到天庭汇报寄居者所做过的恶事。为了防止它们离开寄居者的身体上天告状，便有了道教的"守庚申"的信仰。即在庚申这一日不睡觉，使它没有机会离开人体，无法上天告状。

不同的道教经书对"三尸"的记载多少有些差异。诸如"仙经曰，人身中有三尸。三尸为物虽有形而实魂鬼神之属，而人俱生，常欲令人早死"。三尸的名字分别为"太清经曰，上尸名彭琚，中尸彭质，下尸彭矫"。"三尸其形颇似人长三，又曰，上尸色黑形如手中，中尸色青形如足，下尸色白形鸡子。又赵先生曰，形似小儿，或如犬马有首尾，长三四寸，又千金方曰，形如薄筋。"①

三尸被认为分别住在人的头部、喉部以及足部。因此分别被称为"上尸""中尸""下尸"。三尸会让人产生各种欲望，如"上尸令人好车马衣服。中尸令人好饮食五味。下尸令人好淫欲。又令贪穷好杀害"。此外，三尸上天告状也会令人减寿使人早死。此外，还会给人体带来多种疾病，如"彭倨在头专伐人眼。目暗面皱口臭齿落。彭质在腹中伐人五藏。少气多□好作恶事唉食众生。彭矫在足令关格扰乱。五情跃动不能自禁"。那么，如何降伏三尸呢？"上士修□以伏之，中士每庚申不寝以守之，下士饵良药以杀之。问：'凡可庚申行事如何。'答：'仙经曰：庚申日夜不寝，夜半之后向正南同再拜。'咒曰：'彭候子黄帝子。'令儿子悉入家宾之中，去离我身。三言，止即伏。尸去人当用六甲穷曰即庚申是也。孝子三尸经曰，七守庚申三尸长绝，又若向晓觉疲倦者，宜不可伏，而眠每令数觉即不得上告天帝。"②

此部《孝子守庚申求长生经》应该就是《老子守庚申经求长生经》，井上顺孝认为《老子守庚申经求长生经》是 11 世纪、12 世纪由一位致力于阴阳道的人所写，是他将庚申与老子扯上了关系。③ 然而，鸟野幸次指

---

① 大正新脩大藏経刊行会『傳屍病口傳』、『大正新脩大藏経』No. 2507 第 78 卷、大藏出版株式会社、1961～1978 年、

② 大正新脩大藏経刊行会、『孝子守庚申求長生經』、『大正新脩大藏経』No. 2507 第 78 卷、大藏出版株式会社、1961～1978 年、第 913 頁。

③ 井上顺孝：《神社众神明》，吉林出版集团有限责任公司，2011，第 125 页。

出《老子守庚申经求长生经》是轮池丛书第一中所收《庚申经》（帝国图书馆藏）的一部分，在其奥书中记载："智证大师自大唐请来，独在三井寺之经藏，不流布世间，其以之秘可见。"① 该经中所引《仙经》、《太清经》均是道教经典，然而该经的中间却题有"震旦国沙门三藏法师玄奘撰，大日本国沙门传灯法师圆珍"②，三藏法师便是唐僧玄奘。据此记载，该经应该是由玄奘撰写，可其中所引经典却全部为道教经典，体现了佛教对道教的吸收，但同时也不得不对该经的真实作者有所疑问。是否确实为玄奘所著，这一点还需进一步考察，但是可以肯定的是该经确实被智证大师带回了日本。

中国现存道藏中关于三尸的记载还有很多。诸如《太上除三尸九虫保生经》，其中记录的三尸其名称、形状、行为等均与《老子守庚申经求长生经》相似。该经中还绘有三尸图。

上尸彭倨，中尸彭质，下尸彭矫③

柳田国男认为庚申信仰是日本固有的一种信仰，窪德忠推翻了柳田的结论，认为这一观点不成立，庚申信仰并非日本的固有信仰。④ 王守华认为："日本的庚申信仰是以中国道教的三尸说为核心，结合佛教、神道、修验道、咒术及日本的民间信仰，独自地展开的。庚申信仰大约于 8 世纪

---

① 小花波平六『民衆宗教史叢書第十七卷　庚申信仰』、雄山閣出版株式会社、1988 年、第24 页。
② 小花波平六『民衆宗教史叢書第十七卷　庚申信仰』、雄山閣出版株式会社、1988 年、第24 页。
③ 张继禹：《太上除三尸九虫保生经》，《中华道藏第》三十二册，华夏出版社，2004，第614 页。
④ 窪德忠：《道教入门》，萧坤华译，四川人民出版社，1996，第 221 页。

后半期从大陆经由朝鲜半岛传到日本。"① 王守华与窪德忠均提到圆仁在《入唐求法巡礼行记》中曾有过关于庚申的记载，即"承和五年（838 年）11 月 26 日"条，有"廿六日夜，人咸不睡。与本国正月、庚申夜相同"。王守华指出："该书是圆仁在中国留学时的日记，说明在圆仁来中国前，当时日本（平安时代）已有守庚习俗了。"② 日本把守庚申叫作"庚申待"。自平安时代起便有以天皇为中心的庚申待了。庚申夜时，天皇会召集群臣，作诗、下棋、饮酒等并伴有丝竹管弦之乐，通宵达旦。藤原赖长在庚申待时在老子的画像面前讲《道德经》，进行某种宗教仪式，这被认为是 11 世纪日本人自己发明出来的做法。③ 王守华认为："室町时代中期以后，庚申待与佛教相结合，僧侣们根据《老子守庚申求长生经》，撰写了《庚申缘起》，作为庚申信仰的经典。于是佛教的庚申待，即在庚申之夜祭祀青面金刚而彻夜不眠的佛教庚申待在民间开始流行起来。"④

确实如王守华指出的，《庚申缘起》的出现是日本庚申信仰发生巨大变化的契机。此后日本以青面金刚为庚申的本尊，开始了祭祀青面金刚的庚申待。然而，在《庚申缘起》之前，庚申信仰已经进入佛教界。中国的《青色大金刚药叉辟鬼魔法》也是受到了道教"三尸信仰"以及"庚申信仰"的影响而形成的一部经典。该经中将"三尸"称为"传尸鬼"，并称在"佛法浇薄时。国王大臣后妃婇女国中僧尼。为此□所侵害"。将三尸分别命名为"上品为癫儿。中品为传死。下品为狂乱"，且天下名医皆治不好此病。该经的末尾写道："众治不□□□善得其意不可操刀把刃而自□□□□□申求长生经云。鼓涊在眼之暗□□□口臭齿落鼓质在腹中伐人□□□□藏少气□忌人好恶敢食众生鼓□□在足□□□開挌扰，五精踊动不□□□□□□□神则害□□□□□□长□□□□□庚□□□一申天帝记人罪□过绝人生籍，欲令速死魄入三泉□□时。是曰鬼为人祸害心痛痙怦□□鬼病恼传子孙及兄弟姊妹等，□□□□为传尸蝶复连骨□□□□病亦有一族内死尽莫究其由近□□渐多重者不逾数月而死。所以人□□极

---

① 王守华、王蓉：《神道与中日文化交流》，河北人民出版社，2010，第 352 页。
② 王守华、王蓉：《神道与中日文化交流》，河北人民出版社，2010，第 352 页。
③ 王守华、王蓉：《神道与中日文化交流》，河北人民出版社，2010，第 352 页。
④ 王守华、王蓉：《神道与中日文化交流》，河北人民出版社，2010，第 352 页。

畏之父子绝亲夫妻奇义□□□业病真如本经文。"①

该经由于脱字很多，不能完整地了解这部分内容。但不难看出，该经与三尸信仰以及庚申信仰有着密切关系。该经与《老子守庚申求长生经》一样，也是三井流请来的秘本，而三井流的中兴之祖便是智证大师。智证大师或许在请到《青色大金刚药叉辟鬼魔法》之时便注意到其与道教庚申信仰的联系，因此将道教经典《老子守庚申求长生经》一同请回日本。

这些经书都是深藏在三井寺中，不为外人所知的秘本。只有台密的僧人，特别是高僧可以翻阅学习这些经典。这些经书传入日本后，可以认为是日本台密的僧人依据其中的"三鬼形"，创造了"三类形"。为了避免与东密的天狐相冲突，而将中国的天狐，置换成为天狗。

前文提到，在《大镜》中记载了三条院的眼疾是被天狗所扰。而三尸中的上尸彭琚就被认为居住在人的眼部，可以引起人的眼部疾病。这一点与《大镜》中的天狗的行为颇为相似。

在中国，三尸信仰本起源于道家思想，道家主张主要依靠道教修行来驱除三尸。② 虽然，唐朝之时佛教也有了守庚申的信仰，但驱除三尸主要还是依靠道家作法。日本则不同，《青色大金刚药叉辟鬼魔法》传入日本后，日本又据此编写了《传尸病口传》《孝子守庚申求长生经》等经书，并在这两部书的基础上最终编纂了《庚申缘起》，形成了以青色金刚为本尊的佛教的庚申信仰。直到现在，在日本的街头还到处可见青色金刚的尊像，足见它在日本的影响。

正是因为庚申信仰在中日的不同发展，即中国以道教为主，而日本以佛教为主，最终导致"天狗＝鸢"这一认识在日本得以普及，而在中国却并未引起过多重视。鸢与中国天狗流星的形象相距甚远也是一个重要原因。而日本平安时期正是天狗以新面目重返历史舞台的重要时期，比起流星、彗星这个"易姓革命"的天狗来，鸢鸟形象的天狗更适合日本的国情。

随着秘密修法的发展，"天狗＝鸢鸟"这一认识被台密僧人不断宣传

① 大正新脩大蔵経刊行会『青色大金剛藥叉辟鬼魔法』、『大正新脩大蔵経』No.1221 第21巻、大蔵出版株式会社、1961～1968年、第101頁。

② 大正新脩大蔵経刊行会『青色大金剛藥叉辟鬼魔法』、『大正新脩大蔵経』No.1221 第21巻、大蔵出版株式会社、1961～1968年、第351頁。

与扩散。查阅与这一认识相关的记载几乎全部与台密僧人有关。因此，可以断言这一认识是在中国佛经的影响下由台密僧人创出，随着秘密修法的流行而逐渐流行开来。

五 天狗性格之来源考

通过前文的考察我们可以得知日本"鸱鸟"形象的天狗来自中国的"天鬼""天狐"。依据智证大师圆珍从中国带回的密教秘本经书，台密的僧人创造出了不同于中国天狗的日本鸱鸟形象的天狗，并在文学化、图像化的过程中不断演变。在将其视觉化的过程中，仅仅以鸟的形象并不能完全反映天狗的性格，因此，人们赋予了它部分人的要素，使其变为了半人半鸟的形象。但在文字表述之时，均阐述天狗的本来面目是一只"粪鸱"。

在《今昔物语集》中天狗的种种行为，诸如给世人展现菩萨来迎之时的场景，或展示释迦牟尼在须弥山讲经说法的场景，这都与中国天狐的行为十分相似。《太平广记》中就记载了数则"天狐伪来迎"的故事。

此外，日本的天狗喜欢抓小孩这一点也与中国的夜叉十分相似。前文提到，在《正法念处经》中将夜叉解释为了天狗，而日本又将荼枳尼夜叉视为天狐，出现了天狗与天狐的混淆。

日本的天狗除了以上行为之外，其最大的特点就是使僧人堕落。诸如《拾遗往生传》的沙门真能传中就将天狗形容为"鸱鸟形象的妖怪"，"是使僧侣堕落之物"。发展到 1296 年制作的《天狗草纸》绘卷中更是称各个宗派的高僧由于增慢心①沦为了天狗。此外，一些由于怨恨之心的非僧人也会因为怨心而变为天狗，坠入天狗道。坠入天狗道的人每日要承受三热之苦，犹如烈火炙身。

天狗的这些性格与特点到底从何而来？如前所述，《天狗草纸》中认为这是将"天狗"视为"天魔"的结果。那么，缘何"天狗"与"魔"结合在一起，成为使僧人堕落之物呢？先行研究并未对此问题有过探讨。

但是，不少先行研究都指出天狗反逆者的性格可能来源于中国的蚩

---

① 佛教中的七种"慢"之一。所谓七慢，一慢，二过慢，三慢过慢，四我慢，五增上慢，六卑慢，七邪慢。（大正新脩大藏経刊行会世親造玄奘譯『大乘五蘊論』、『大正新脩大藏経』No.1612 第 31 卷、大藏出版株式会社、1962～1977 年、第 849 頁）

尤。众所周知，蚩尤在神话中是以反面形象、恶神的形象出现，他在与黄帝的大战中最终在逐鹿之战中败北，被黄帝所斩杀。成书于镰仓初期的《年中行事抄》中在介绍正月十五日献粥习俗时称在逐鹿之战中被斩杀的蚩尤，其首部升上天成为天狗，其身体入地成为地灵，因此，蚩尤被斩杀的正月十五这一天要以红豆粥祭拜天狗，防止天狗给人带来灾难。[①] 而天狗的这种反逆者的性格也有可能来源与此。

杉原拓哉在《天狗从哪里来》一书中就提到天狗反逆者的性格与蚩尤有一定关系。[②] 高阳在《鸟形象天狗之来源考》一文中认为天狗"鸱鸟"的形象来源于蚩尤，因为在中国贵州苗族地区"鸱尤"与蚩尤有着联系性。[③]

然而，首先，《年中行事抄》是镰仓时期完成的书籍，虽然该书中宣称在天平年间就已经有了此种习惯，但在该书以前的史料中并未有类似记载。其次，杉原指出，《年中行事抄》中援引了中国的《世风记》。然而，《世风记》一书据笔者调查并非中国的古籍，而应该是日本的文献。关于它的记录不多，但在中国清朝邵懿辰撰，邵章续录的《增订四库简明目录标注》的附录中有"东国书目"一节，其中记录了日本的主要书籍。《世风记》便是其中一部。[④]

此外，高阳指出贵州地区将"蚩尤"称作"鸱尤"，然而，此种称呼何时成立？是否在平安时期就传入了日本？这些都值得商榷。古代中日的文化交流多集中在长安或沿海地区，贵州地区的文化是否传入了日本？何时传入日本？都需要做进一步考证。

当然，不能否认，蚩尤的恶神性格或许会对日本的天狗产生影响。但是，日本的天狗主要表现在使僧人堕落，一些心怀怨恨之人也会变为天狗。而蚩尤并不具有这样的性格。笔者认为天狗的这一性格或许同样来源于"三类形"。

正如中村祯里指出的那样，"三类形"发展到 13 世纪出现了重大变

① 塙保己一编『年中行事抄』、『続群書類従. 第 10 輯ノ上』、続群書類従完成会、1924 年、第 271 頁。

② 杉原たく哉『天狗はどこから来たか』、大修館書店、2007 年、第 43 頁。

③ 高陽『鳥としての天狗の源流考』、『学校教育学研究論集第 18 号』、2008 年 10 月、第 142 頁。

④ （清）邵懿辰撰，（清）邵章续录《增订四库简明目录标注》，中华书局，1959，第 1027 頁。

化，即把三类形视作"三毒"。深贤（？~1261）撰《实归抄》中称"三类形三毒也"。① 深贤乃镰仓时期的真言宗僧人，他首先将"三类形"等同于"三毒"。此后这种认识被东密的真言宗僧人们所继承。

其实，早在 12 世纪就已经出现了将三类形与"三毒"联系在一起的萌芽。平安后期的僧人心觉（1117~1181）在其所著《别尊杂记》中记载烧三类形是为消除了"三毒"烦恼。《别尊杂记》在六字经的"三类形次第"中指出"非是欲损彼身断其命根。为烧灭其恶作心所。消除三毒烦恼也"。② 深贤的记载可以说沿袭了心觉的说法。

心觉、深贤、赖瑜均是东密小野流僧人，可以说这种认识是由东密僧人创出的。而心觉更是一个特殊的僧人，他本在圆城寺出家受戒，学习天台教学，在宫中与兴福寺三论宗僧人珍海辩论佛法失败后下决心改学真言密教。跟随醍醐寺贤觉与实运学习了东密小野流之法。如前所述，小野流本就对六字经法进行过重大修改，将六字经法的本尊从改为圣观音，变为中央放置一字金轮。小野流的修法方式并未成为六字经法修法的主流，但是，心觉将三类形视为三毒的认识在小野流中得到了继承。

觉禅（1143~1213）也是东密小野流的僧人。他所著东密最大的图像集《觉禅抄》中进一步将三类形与三毒结合在一起。他在讲述三类形时说："理趣释云，应建立曼荼罗。中央画观自在菩萨。于东门画天女形，表贪欲。南门画蛇形，表嗔形。西门画猪表痴形云云。又云，害三界一切有情者，由贪嗔痴为因，受三界中流转云云。"③ 可知，"三毒"是佛教中认为一切痛苦的根源，是妨碍修行的三种毒害，即"贪、嗔、痴"，分别是贪欲、憎恨怨念以及愚痴。这"三毒"是妨碍佛教修行最大的障碍，或许基于此，日本的天狗也表现出使僧人堕落的性格。

不仅如此，一些心怀怨恨、执念的僧人死后也无法转世而成为天狗，凭附在染殿后身上的纪僧正就是典型一例。崇德上皇也是因为怨恨死后成

① 大正新脩大藏経刊行会『實歸鈔』、『大正新脩大藏経』No. 2497 第 78 卷、大藏出版株式会社、1961~1978 年、第 704 頁。

② 大正新脩大藏経刊行会『別尊雑記』卷第十一、『大正新脩大藏経図像第三卷』、大藏出版株式会社、1977 年、第 89 頁。

③ 大正新脩大藏経刊行会『覚禅抄』卷第三十一、『大正新脩大藏経図像第四卷』、大藏出版株式会社、1977 年、第 357 頁。

为天狗。

天狗与怨心结合在一起同样来源于"三毒"。

赖瑜（1226~1304）在《秘抄问答》中称："此三类形共彼怨家怨念恶心现形者也。今以本尊慈悲猛利智火。彼恶口焚烧。则彼恶心忽灭。还生慈心。为施主而顺伏。但灭其恶心不可思损其体。若阿阇梨住慈悲行之。自他俱有益。若以恶心行。必自损损他也。"① 三类形中"人形"应该代表贪欲，"天狗形"代表嗔恚，"地狗"代表了愚痴。而嗔恚就是指对他人的怨恨、嫉妒、仇视等心态。

坠入天狗道的天狗要承受三热之苦，即热火炙身，这在日本的很多文学作品中都有记载。如《太平记》中的天狗们聚集在仁和寺六本杉，商讨使天下大乱之事，突然，所有的天狗都被火烧，从天狗的头部冒出黑烟，坠入天狗道的天狗，每天要承受这样犹如吞食热铁块一样的痛苦三次。而降伏"三类形"或"三毒"就是要将其投入火中，以热火将其焚烧，浇灭其欲望。

很多经书都记载"三毒"是三种热恼，"三毒炽然火，恒烧诸众生。无有大悲云，谁能雨令灭"。② 菩提流志译《大宝积经》中讲述了三毒：

> 何等名为三种热恼，所谓贪欲热恼、嗔恚热恼、愚痴热恼。菩萨摩诃萨作如是念。我等今者应以如是无上正法阿竭陀膏药，涂付如是热恼众生，何以故？由是无上正法清凉微妙膏药用涂付故。一切众生贪嗔痴等，诸热恼病皆悉除灭。舍利子诸菩萨摩诃萨，以是正法良药。……由为三毒常热恼故若有众生，生地狱者，亦为如是贪嗔痴等之所烧恼。如是生傍生者，焰魔世界人中天上，所有众生无不为是三毒烧恼。若有众生成疑见等诸烦恼者，亦常为于贪嗔痴等之所烧恼。③

---

① 大正新脩大藏経刊行会『祕鈔問答』、『大正新脩大藏経』No.2536 第 79 卷、大藏出版株式会社、1961~1978 年、第 410 頁。

② 大正新脩大藏経刊行会、法顯譯『大般涅槃經』、『大正新脩大藏経』No.0007 第 1 卷、大藏出版株式会社、1962~1969 年、第 205 頁。

③ 大正新脩大藏経刊行会、菩提流志譯『大寶積經』、『大正新脩大藏経』No.0310 第 11 卷、大藏出版株式会社、1961 年、第 280 頁。

　　这里把"三毒"视为"三种热恼",并称在焰魔世界所有众生被三毒烧恼,这与"天狗道"的特点也极为吻合。因此,天狗的此种性格以及天狗道的这些特点应该都与"三毒"有着密切联系。

　　而被认为坠入天狗道的多是天台宗比叡山的高僧,这恐怕是东密僧人为了与台密僧人对抗而编纂出的。东密僧人将"三类形"视为"三毒",并称比叡山的僧人以及那些因为怨恨死去的人会坠入天狗道变为天狗,承受三热之苦。因此,日本天狗的创出与演变与日本台密与东密的斗争以及当时的时代背景、政治背景均有着重要联系。

　　日本的天狗在这样佛教教派斗争中不断演变,最终形成了与中国天狗大相径庭的形象与性格。

第六章　终章

　　"妖怪"这个在无神论思想指导下的我们看来是封建迷信代名词，其产生、发展与演变过程中都蕴含诸多古代统治阶级以及普通民众的思想与信仰。透过"妖怪"，我们可以了解中日古代人的信仰变迁、中国思想对古代日本的影响以及日本接受与改造外来思想文化的情况，以此透视出日本文化的特质。

　　小松和彦教授常说："我们距古人太久了，我们如何去了解他们的生活与信仰？妖怪是一面镜子，透过这面镜子我们可以看到古代人的精神世界。"① 而通过"妖怪学"，我们可以描绘出一个不为大家所熟知的中日近代思想文化交流的侧面。基于这样的思考，本书做了一些开展妖怪学研究的基础性工作，主要达成了以下几个方面的成果。

　　第一，在研究思路、研究方法上做了一些有别于日本妖怪学研究者的尝试。本书从比较视域出发，采用史学、日本思想史学、史料学，包括文化人类学、神话学以及宗教学的一些研究方法对中日的"妖怪"与"妖怪学"进行了分析整理。在第五章中，还将印度的思想文化纳入视野，考察了印度思想文化对我国的影响。

　　在研究思路上，借"妖怪"这扇窗，考察了其背后的思想背景，以此分析了日本古代对于中国天命思想的接受与改造情况。以"天狗"作为案例进一步印证了第二章的部分观点。透过"妖怪学"，考察了近代中日的思想交流情况。

　　在对"妖怪"概念的考察部分打破了纵向分析的方法，将我国与日本古代"妖怪"概念的全貌呈现出来。我国的"妖怪"概念是由儒家在天命思想下创出的用以规制君主行为的政治色彩强烈的概念，妖怪具有征兆意义，被认为是"天"的意志的反映，出现的原因往往在于君主之失德。与"妖怪"并行，我国古代还有"精"的思想存在，此种思想是在"万物有灵"观念下产生的。任何事物的体内都被认为有"精"的存在，"精怪"

_____

① 小松教授口述。

与"妖怪"本属于完全不同的两个范畴，然而随着佛教、道教的兴起，特别是道教的兴起，道家为了确立自己的地位，一方面承袭儒家的一些观点；另一方面又对儒家学说进行重新解读，将"妖怪"视为"精怪"就是道家重新解读儒家学说的结果。

通过对"妖怪"的分析我们可以看出，日本确实接受了中国的天命思想，将"妖怪"的起因与君主的德行联系在一起，但对其又有所保留与改造。首先，日本的"妖征型"妖怪涵盖的范围比中国小得多，日本的天皇严格控制大臣以及百姓对于祸福征兆的评论，特别是与政治相关的评论，将其写入法律之中，一旦发现，重者会处以极刑。其次，日本虽然把"妖怪"与"天谴"联系在一起，却不涉及其在政治上的征兆意义，且多以天皇自己下诏的形式对自己的德行进行反省，并通过实施德政来减轻灾害，这明显是受到中国天命思想的影响。但日本不过多地将怪异事件记录为妖怪，不对"妖怪"的征兆意义加以评论，可以看出日本尽量要把天命思想中革命的成分排除在外，不使其成为"易姓革命"的理论依据。此外，日本在接受天命思想的同时，也试图以日本的"神祇"替代中国的"天"，将妖灾的起因归结为神祇作祟是日本"妖征型"妖怪的一大特点。

同时，日本在出现此种妖怪之时，不仅依靠天命思想中君主反省的方法，更运用佛教以及神道的力量，进行神祇祭祀、举行大祓仪式、诵读经书等多重手段来消除妖怪。到了平安中期，日本逐渐淡化了"妖怪"与君主失德之间的联系，而将其转嫁到末法思想与浇季思想上，以此两种理论来阐释妖怪的出现。这些都是中国"妖征型"妖怪所不具有的特点。

通过对"天狗"的分析也印证了这一点。经过考察可以看出，星辰状天狗正是因为其"易姓革命"的性格，才未被日本所接受。不过，在中世之时，武士阶层掌权后，再次将天道思想作为统治国家的思想依据，使日本的天狗在性质上具有了喜欢战乱的特征，这应该也是受到了中国天狗性质的影响。

第二，发掘与使用了新材料。

在考察"妖怪"概念之时，除了使用先行研究常常使用的史书、类书、古典小说等古籍外，还使用了《道藏》《大藏经》等，发现了先行研究中未能发现的直接证据。如首次将"妖怪"定义为"精物"的唐朝道士上商山隐人皇甫朋撰写的《玄圃山灵秘录》等。佛教经典中记载的与儒家类似又不尽相同的妖怪定义的《法苑珠林》等。在考察"天狗"之时，则大量使用了不同版本的《大藏经》中的内容。除此之外，介绍使用了清朝我国学者编著与翻译的有关妖怪学的著作。如屠成立的《寻常小学妖怪学教科书》等。

第三，在研究内容上，解决了不少先行研究未能解决的课题。

如关于中日天狗形象差异巨大的问题、日本"鸱鸟形象的天狗"及其性格的来源问题以及中国是否有妖怪学研究、其具体内容如何、与日本的互动影响关系等问题。

本书从宏观上对"妖怪"以及"妖怪学"进行了分析整理，同时，从微观上对个别案例的"天狗"进行了考察，取得了初步的成果。

我想，中国的研究者研究妖怪应该有以下几个优势。

首先，是语言的优势，中国古代庞大的资料中蕴藏着巨大的"妖怪"宝库等待我们去发掘。中国的历史文献、道教经典，包括日本编撰的《大正新修日本大藏经》等文献资料都是汉语撰写，从这些庞大的资料群中我们有时会发现意想不到的宝贵资料。

其次，我们不排斥与周边国家的文化对比，本国文化的研究固然重要，可在跨文化交流越来越发达的今天，失去"他者"这个视角则无法清醒地审视自己。文学、史学、思想史学、哲学等诸多人文学科早已开展起比较研究，唯独在妖怪学研究领域，比较视域的研究成果积累尚浅。

我国研究者虽然有这样的优势，但我们曾一度不愿也不屑于去整理研究它，直到现在日本的妖怪热影响了我们，才使得我们对"妖怪"有了反思。我们应该像我们近代的前辈们那样，真正把它作为一门学问、一门学科来认真对待，因为这其中蕴含着我们民族的历史，一个不同于精英阶层的普通大众的历史，缊含着我们先民的信仰。我们现在的信仰、习俗其原形如何？历过了几千年的漫长岁月，它们经历了怎样的演变？融合了何种文化？井上亘说："如果想要了解现代日本的本质，我们有必要从理解形成'日本'这一概念的古代开始。"[1] 了解我国现代文化的本质也是同样，我们看来封建迷信的妖怪，古人对其却有自己的解读与认识。

---

① 〔日〕井上亘：《虚伪的"日本"日本古代史论丛》，社会科学文献出版社，2012，第7页。

由于篇幅关系，本书仅以"天狗"一例作为个别案例进行了考察，《天狗食日（月）考》一文也未能收入其中，感兴趣的读者可以参考拙论《天狗食日（月）考》（《怪异、妖怪文化的传统与创造·从内与外的视点》日本国际日本文化研究中心，2015 年）。我国以及日本都有着丰富的妖怪文化宝库，今后，将在前期研究的基础之上，对中日妖怪展开进一步更为详细具体的考察。

此外，本书主要以古代的妖怪为考察对象，倚重文献资料展开调查。今后，将进一步采用文化人类学的研究方法，在田野调查的基础上，对中国以及日本现代残存的与妖怪有关的民俗进行调查、比对，并结合文献资料开展更深入的研究。

参考文献

中文文献

古籍

《四部丛刊初编》，商务印书馆，1926。

《正统道藏》，艺文印书馆，1977。

黄永武主编《敦煌宝藏》，新文丰出版公司，1985。

《景印文渊阁四库全书》，台湾商务印书馆，1986。

《古今说部丛书1》，上海文艺出版社，1991。

郭超主编《四库全书精华》，中国文史出版社，1998。

李一氓主编《道藏》，天津古籍出版社，1988。

张继禹：《中华道藏》，华夏出版社，2004。

中国国家博物馆编《中国国家博物馆馆藏文物研究丛书绘画卷（历史画）》，上海古籍出版社，2006。

伯益：《山海经全书》，内蒙古人民出版社，2010。

（清）郝懿行：《山海经笺疏》，巴蜀书社，1985。

（汉）许慎撰、（清）段玉裁注《说文解字注》，上海书店，1986。

（三国）何晏注、皇侃疏，王云五编纂《论语集解义疏》，商务印书馆，1937。

（晋）干宝：《搜神记》，吉林大学出版社，2011。

（晋）葛洪：《抱朴子》，上海书店出版社，1986。

（唐）道世：《法苑珠林》，江苏广陵古籍刻印社，1990。

（唐）瞿昙悉达：《开元占经》，中央编译出版社，2006。

（唐）栖复：《法华经玄赞要集》，《续藏经藏经书院版 第 53 册中国撰述大小乘释经部》，新文丰出版公司，1975。

（唐）段成式：《正积西阳杂俎》，扫叶山房，1931。

（宋）卷樵：《通志略 2》，山东画报出版社，2004。

（宋）张君房纂辑，蒋力生等校注《云笈七签》，华夏出版社，1996。

（辽）王鼎：《焚椒录》，中华书局，1991。

（明）谢肇淛：《五杂俎》，上海书店出版社，2001。

（明）仇兆鳌：《杜诗详注》，中华书局，1979。

（明）冯梦龙：《古今谈概》，王江等译，黑龙江人民出版社，1988。

（清）长白浩歌子：《萤窗异草》，重庆出版社，1996。

（清）钱泳：《履园丛话》，中华书局，1979。

（清）李汝珍：《镜花缘》，岳麓书社，1989。

（清）郝懿行：《山海经笺疏》，巴蜀书社，1985。

（清）邵懿辰撰，（清）邵章续录《增订四库简明目录标注》，中华书局，1959。

近人、今人著述（按照出版年代排序）

屠成立：《寻常小学妖怪学教科书》，新中国图书社，1902。

东方杂志社编《迷信与科学》，商务印书馆，1923。

鲁迅：《鲁迅全集》，人民文学出版社，1973。

丁守和：《辛亥革命时期期刊介绍》，人民出版社，1983。

高平叔编《蔡元培全集》，中华书局，1984。

李振霞等编《中国现代哲学史资料选辑 1919－1949》，红旗出版社，1984。

黄曼君：《郭沫若作品欣赏》，广西人民出版社，1986。

宗传璧：《韩愈诗选注》，山东教育出版社，1986。

袁珂：《中国神话史》，上海文艺出版社，1988。

《辞源》，商务印书馆，1989。

中野美代子：《中国的妖怪》，黄河文艺出版社，1989。

江绍原：《中国礼俗迷信》，渤海湾出版公司，1989。

吴康：《中国鬼神精怪》，湖南文艺出版社，1992。

井上圆了：《妖怪学讲义》，蔡元培译，上海文艺出版社，1992。

罗竹凤：《汉语大辞典》，汉语大辞典出版社，1993。

袁珂：《山海经校注》，巴蜀书社，1993。

卿希泰、唐大潮：《道教史》，中国社会科学出版社，1994。

闻黎明、侯菊坤：《闻一多年谱长编》，湖北人民出版社，1994。

冯继钦、孟古托力、黄凤岐：《契丹族文化史》，黑龙江人民出版社，1994。

那木吉拉：《百卷本中国全史》，人民出版社，1994。

徐北文：《唐诗观止》，济南出版，1995。

钟桂松：《茅盾传》，东方出版社，1996。

窪德忠：《道教入门》，萧坤华译，四川人民出版社，1996。

邹振环：《影响中国近代社会的一百种译作》，中国对外翻译出版公司，1996。

汉语大词典编辑委员会编纂《汉语大词典缩印本》，上海辞书出版社，1997。

王世儒：《蔡元培先生年谱》，北京大学出版社，1998。

胡孚琛：《中华文化通志·宗教与民俗典（9－082）道教志》，上海人民出版社，1998。

徐华龙：《鬼学全书》，中国华侨出版社，1998。

李丰楙编撰《抱朴子：不死的探求》，海南出版社，1998。

钟叔河编《周作人文类编·花煞》，湖南文艺出版社，1998。

何香久：《中国历代名家散文大系·隋唐五代卷》，人民日报出版社，1999。

鲁迅：《中国小说史略》，上海古籍出版社，2001。

钱仲联：《中国文学大辞典下》修订本，上海辞书出版社，2001。

周作人：《谈虎集》，河北教育出版社，2002。

刘宁波编著《北京民俗》，甘肃人民出版社，2003。

赵兴勤：《中国古典戏曲小说考论》，吉林教育出版社，2004。

周作人著、张丽华编《我的杂学》，北京出版社，2004。

鲁迅：《朝花夕拾》，延边人民出版社，2004。

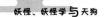
茅盾：《中国神话研究初探》，上海古籍出版社，2005。

马昌仪：《古本山海经图说》，广西师范大学出版社，2007。

丁强：《早期道教教职研究》，巴蜀书社，2008。

黄保罗：《汉语学术神学：作为学科体系的基督教研究》，宗教文化出版社，2008。

徐华龙：《鬼学》，北岳文艺出版社，2008。

周英：《怪谈——日本动漫中的传统妖怪》，中国传媒大学出版社，2009。

钟叔河编订《周作人散文全集》，广西师范大学出版社，2009。

鲁刚：《文化神话学》，社会科学文献出版社，2009。

王守华、王蓉：《神道与中日文化交流》，河北人民出版社，2010。

张岱年主编《中国哲学大辞典》，上海辞书出版社，2010。

叶怡君：《妖怪玩物志》，吉林出版集团有限责任公司，2010。

赖永海主编《中国佛教通史》，江苏人民出版社，2010。

宫步美幸：《怪谈》，高詹燦译，独步文化，2010。

井上顺孝：《神社众神明》，吉林出版集团有限责任公司，2011。

宝力格主编《草原文化研究资料选编》，内蒙古教育出版社，2011。

许地山：《扶箕迷信底研究》，岳麓书院，2011。

彭磊：《先秦至唐五代妖怪小说研究》，重庆大学出版社，2012。

茉莉：《日本最好的妖怪小说》，长江出版社，2012。

蔡元培：《蔡元培中国人道德修养读本》，吉林人民出版社，2012。

王新禧：《日本妖怪奇谈》，陕西人民出版社，2013。

柳田国男：《日本怪谈录》，印祖玲译，重庆大学出版社，2013。

张景明：《中国北方游牧民族的造型艺术与文化表意》，知识产权出版社，2013。

鸟山石燕：《百鬼夜行图解版》，江苏凤凰美术出版社，2014。

陶行知：《一对妖怪》，《生活教育》第 8～9 期，1934。

小峰茂之：《精神失常与妖怪现象》，李春霖译，《时与潮副刊》第 1 卷第 5 期，1942 年 2 月 1 日 。

陈昱珍：《道世与〈法苑珠林〉》，《中华佛学学报》第 5 期，1986。

〔日〕今村与志雄：《鲁迅、周作人与柳田国男》，赵京华译，《中国现代文学研究丛刊》1986 年第 1 期。

张亚群：《论清末留学教育的发展》，《华侨大学学报》2000 年第 4 期。

伊藤清司、王汝澜：《日本的山海经图——关于〈怪奇鸟兽图卷〉的解说》，《中国历史文物》2002 年第 2 期。

管宁：《僧旻法师考略》，《日本研究》2008 年第 3 期。

范玉庭：《明清的妖怪观——从〈古今图书集成·妖怪部〉谈起》，《有凤初鸣年刊》2012 年第 8 期。

赵京华：《周作人与柳田国男》，《鲁迅研究月刊》2002 年第 9 期。

张兵：《伏生〈洪范五行传〉对"五行学说"的吸收与应用》，《孔子研究》2004 年第 5 期。

叶春生：《日本的"妖怪学"》，《民俗研究》2004 年 第 1 期。

王茹辛：《日本文化中的"异类形象"研究》，《日本研究》2007 年第 8 期。

刘晓峰：《日本冬至考——兼论中国古代天命思想对日本的影响》，《清华大学学报》2007 年第 3 期。

李秋波：《日本动画中的妖怪文化》，《吉林艺术学院学报》2007 年第 6 期。

李婷：《浅析日本妖怪文化》，《知识经济》2009 年第 2 期。

小松和彦：《日本文化中的妖怪文化》，王铁军译，《日本研究》2011 年第 4 期。

施爱东：《龙与图腾的耦合：学术救亡的知识生产》，《民族艺术》2011 年第 4 期。

魏娟：《浅谈日本独特的妖怪文化》，《青年文学家》2011 月第 24 期。

董强：《逸趣横生的日本妖怪文化》，《百科知识》2011 年第 18 期。

吴金恒：《日本现代妖怪学多元化研究》，《青年文学家》2011 年第 5 期。

陈辉：《浅议日本妖怪文化之"变"与"不变"》，《前沿》2012 年第 9 期。

王青：《井上圆了与蔡元培宗教思想的比较研究》，《世界哲学》2013年第 3 期。

陈大奇：《辟"灵学"》，《新青年精粹2》，中国画报出版社，2013。

付双：《漫谈日本妖怪文化》，《边疆经济与文化》2013 年第 12 期。

胡婷婷、秦琼：《日本动漫形象的文化基础探源及启示——以妖怪形象为例》，《黄冈师范学院学报》2013 年第 2 期。

尹娜、杨倩：《从自然环境探讨日本的妖怪文化》，《安徽文学（下半月）》2014 年第 9 期。

吴金桓：《从小泉八云到水木茂——日本传统妖怪形象的现代变异》，硕士学位论文，东北师范大学，2011。

潘惠敏：《宫崎骏动画电影的日本民族审美特质》，硕士学位论文，暨南大学，2011。

李文博：《日本妖怪文化研究》，硕士学位论文，青海师范大学，2013。

吴宜简：《从传说的妖怪到绘画的妖怪——浅谈日本妖怪文化艺术语言的转换与发展》，硕士学位论文，云南艺术学院，2014。

傅鹏宇：《论日本的妖怪文化——以柳田国男的〈妖怪谈义〉为中心》，硕士学位论文，华中师范大学，2014。

周英：《日本儿童文学中的传统妖怪》，博士学位论文，上海师范大学，2011。

日文文献

古籍

伴信友校『本朝六国史』、岸田吟香等出版、1883 年。

『国史大系』、合名会社、经济雑誌社、1897 年。

经济雑誌社编『国史大系』、经济雑誌社、1897 年。

塙保己一编『群书类従』、经济雑誌社、1898 年。

近藤瓶城编『史籍集覧』、近藤出版部、1907 年再版。

黑川真道编『日本歴史文庫』、集文館、1912 年。

神宫司庁古事類苑出版事務所编『古事類苑』、神宫司庁、1914 年。

藤原宗忠著、笹川種郎編『史料通覧』、日本史籍保存会、1915 年。

笹川種郎編『史料大成』、内外書籍、1939 年。

大正新脩大蔵経刊行会『大正新脩大蔵経』、大蔵出版株式会社、1961～1978 年。

渡辺綱也校注『日本古典文学大系』、岩波書店、1969 年。

鷲尾順敬編『日本思想闘諍史料』、名著刊行会、1969～1970 年。

大正新脩大蔵経刊行会『大正新脩大蔵経図像部』、大蔵出版株式会社、1977～1978 年。

梅津次郎編集『新修日本絵巻物全集』、文生書院、1978 年。

家永三郎他『日本思想大系』、岩波書店、1979 年。

小山弘志等校注訳『日本古典文学全集』、小学館、1985 年。

阿部秋生等校注訳『新編日本古典文学全集』、小学館、1998 年。

『三代格』、昌泰三年二月十四日太政官引延暦四年十月五日太政官符。

『百鬼夜行図』、書写年不明、国際日本文化研究センター蔵。

新井白石『鬼神論』、文金堂、1800 年。

簑笠隠居曲亭子作、葛氏北斎主人画『椿説弓張月』、平林堂、1807 年。

京師（京都）守純（写）絵巻『付喪神絵詞』、1848 年。

近人、今人著述（按照出版年代排序）

藤岡作太郎、平出鏗二郎『日本風俗史』、東陽堂、1885 年。

松本映『天狗の実験：時堂発明手記』、松本映出版、1886 年。

土佐秀信『仏像図彙』、文彫堂、1886 年

井上円了『仏教活論序論』、哲学書院、1888 年。

金剛唯我『役行者御一代記』、山本為三郎出版、1892 年。

井上円了『妖怪学講義緒言』、哲学館、1893 年。

井上円了『教育宗教関係論』、哲学書院、1893 年。

坪井正五朗『日本旧土人コロボックル石斧ヲ研き獣肉ヲ煮ル図』、真誠堂、1893 年。

井上円了『妖怪學講義』、哲学館、1896 年。

高島平三郎『心理漫筆録』、開発社、1898 年。

井上円了『妖怪玄談』、哲学書院、1900 年。

門脇真枝『狐憑病新論』、博文館、1902 年。

伊藤銀月『科学新潮』、日高有倫堂、1908 年。

石橋臥波『鬼』、裳華房、1909 年。

古谷知新『源平盛衰記（国民文庫）』、国民文庫刊行会、1910 年。

渡辺覚治編『真言在家万徳集』、渡辺覚治出版、1917 年。

井上円了『真怪』、丙午出版社、1919 年。

田中有美編『春日権現験記絵巻』、芸艸堂支店、1920 ～ 1921 年。

柿村重松註『本朝文粋註釈』、内外出版、1922 年。

国訳大蔵経編編輯部編『国訳大蔵経』、東方書院、1928 ～ 1932 年。

東洋大学編『東洋大学五十年史』、東洋大学出版社、1937 年。

雑賀鹿野『風雲と人物』、南方書院、1942 年。

柳田国男『定本柳田国男集』、筑摩書房、1963 年。

辻善之助『日本仏教史』、岩波書店、1969 年。

後藤総一郎編『人と思想・柳田國男』、三一書房、1972 年。

速水侑『平安貴族社会と仏教』、吉川弘文館、1983 年。

小松和彦『憑霊信仰論——妖怪研究への試み』、ありな書房、1984 年。

『龍門文庫善本叢刊』、勉誠社、1986 年。

後藤総一郎『柳田國男論』、恒文社、1987 年。

井上円了『井上円了選集』、東洋大学、1987 ～ 2004 年。

江馬務『江馬務著作集』、中央公論社、1988 年。

小花波平六『民衆宗教史叢書第十七巻庚申信仰』、雄山閣出版株式会社、1988 年。

湯浅泰雄編集『大系仏教と日本人 3 密儀と修行』、株式会社春秋社、1989 年。

山折哲雄編集『講座仏教の受容と変容 6』日本編、株式会社佼成出版、1991 年。

鎌田茂雄編集『講座仏教の受容と変容 4』中国編、株式会社佼成出版、1991 年。

　柳田国男『柳田國男全集』、筑摩書房、1991 年。

　小松和彦『妖怪学新考』、小学館、1994 年。

　村上龍生『英彦山修験道絵巻』、かもがわ出版、1995 年。

　井上円了『妖怪学全集』、柏書房、1999 年。

　小松和彦『怪異の民俗学 3 河童』、河出書房新社、2000 年。

　柳田国男『妖怪談義』、株式会社講談社、2001 年。

　角川日本地名大辞典編纂委員会『角川日本地名大辞典』、角川書店、
2002 年。

　宮田登『妖怪の民俗学』、筑摩書房、2002 年。

　江馬務『日本妖怪変化史』、中央公論新社、2004 年。

　知切光歳『天狗の研究』、原書房、2004 年。

　水口幹記『日本古代漢籍受容の史的研究』、汲古書院、2005 年。

　磯部彰『「西遊記」資料の研究』、東北大学出版会、2007 年。

　杉原たく哉『天狗はどこから来たか』、大修館書店、2007 年。

　小松和彦『妖怪文化の伝統を創造』、せりか書房、2010 年。

　永池健二『柳田國男――物語作者の肖像』、株式会社新泉社、
2010 年。

　京極夏彦『妖怪の理、妖怪の檻』、株式会社角川書店、2011 年。

　小松和彦『妖怪文化入門』、角川学芸出版、2012 年。

　山田雄司『跋扈する怨霊――祟りと鎮魂の日本史』、吉川弘文館、
2012 年。

　菊地章太『妖怪学の祖――井上円了』、角川学芸出版、2013 年。

　三浦節夫『井上円了と柳田国男の妖怪学』、教育評論社、2013 年。

　NHK「歴史秘話」制作班編『NHK 歴史秘話ヒストリア5 明治～昭和
篇』、株式会社金の星社、2014 年。

　箕作元八『奇怪不思議ノ研究』、『東洋学芸雑誌』第三巻第 42 号、
1885 年 3 月 2 日。

　エルヴィン・フォン・ベルツ『狐憑病説』、『衛生通報』第 13 号、
島根県衛生課、1885 年。

大山公淳『台密教学史概説——室町時代、附天海大僧正傳』、『Journal of Esoteric Buddhism』1950（11）、1950 年。

鈴木孝夫『天狗の鼻はナゼ高い』、『言語生活（191）』、1967–08。

小峯和明『今昔物語集における説話受容の方法』、『国文学研究』69、1976 年 6 月。

関晃『律令国家と天命思想』、『日本文化研究所研究報告』通号 13、1977–03–31。

関晃『中国の君主観と天皇観』、『季刊日本思想史』第四号、1977 年。

百田弥栄子『伝承に見る中国西南少数民族の創造神管見——雷神、竜神、天鶏、天狗に関連して』、『民族学研究』46（2）、1981–09–30。

森正人『天狗と仏法——今昔物語集の統一的把握をめざして』、『愛知県立大学文学部論集』（通号 34）、1984 年。

松本卓哉『律令国家における災異思想——その政治批判の要素の分析』、『古代王権と祭儀』、吉川弘文館、1990 年。

黒田日初男『放下僧と暮露——「天狗草子」の自然居士たちの姿を読む』、『国文学』第 37 巻 14 号、1992 年 12 月号。

大庭修『享保年代の日中関係資料二』、『関西大学東西学術研究所集刊』九一三、関西大学出版部、1995 年。

森田喜代美『天狗信仰の研究——迦楼羅炎からの考察』、『山岳修験』（19）、1997–10。

中村禎里『藤原氏とキツネ』、『大崎学報』第 154 号、1998 年 3 月。

津田徹英『六字明王の出現』、『Museum』（553）、1998–04。

酒向伸行『天狗信仰の成立と台密・真済の問題を中心として』、『御影史学論集』（23）、1998 年。

中村禎里『六時経法とキツネ』、『大崎学報』第 156 号、2000 年 3 月。

藤原成一『天狗の癒し：後白河院記（三）』、『日本大学芸術学部紀要』31、2000–3–5。

中村禎里『六字経法とキツネ』、『大崎学報』第 156 号、2000–3。

川野明正『天翔る犬——大理漢族・白族の治病儀礼「送天狗」と「張仙射天狗図」にみる産育信仰』、『The Tao - tie』（8）、2000 - 09。

佐藤晋也『「今昔物語集」の天狗譚』、『別府大学国語国文学』（43）、2001 - 12。

中村禎里『六字経法の本尊について』、『大崎学報』第157号、2001 - 3。

酒向伸行『憑依する狐——平安朝の事例を中心として』、『御影史学論集』（26）、2001 - 10。

佐伯真一『憑依する悪霊——軍記物語の天狗と怨霊に関する試論』、『青山語文』（31）、2001 - 03。

永藤美緒『鳥説話としての天狗譚——「今昔物語集」を中心に』、『Bulletin of graduate studies』（49）、2002年。

賀静彬『中日における天狗の様相について』、『東アジア日本語教育・日本文化研究』（第四輯）、2002年3月。

森正人『説話世界の妖怪と悪霊祓い師』、『説話文学研究』（37）、2002 - 06。

志村有弘『鬼と天狗と悪霊祓師』、『説話文学研究』第三十七号、2002年6月。

澤田佳子『「保元物語」崇徳院天狗説話考——天狗の御姿』、『Treatises and studies by the students of graduate school』（9）、2003 - 3。

若林晴子『「天狗草子」に見る園城寺の正当性』、『説話文学研究』第三十八号、2003年6月。

酒向伸行『天狗信仰の生成と展開——怨霊天狗から護法天狗へ』、『御影史学論集』28、2003 — 10。

相見昌吾『国家と民族——平田篤胤の思想と天狗小僧寅吉』、『比較民俗研究』19、2003 - 11。

井上綾子『天狗の文学史——修験道との関係を中心として』、『昔話伝説研究』第二十四号、2004年5月。

上川通夫『「覚禅抄」「六字経法」について』、『Bulletin of the Faculty of Letters Aichi Prefectural University』54、2006 - 03 - 31。

小林茂之『藤原京の造営思想と天皇制』、『史学』第七十七巻第二・三号、2008 年。

森新之介『摂関院政期貴族社会における末代観——災異思想や運命論との関連から』、『日本思想史研究』第四十号別刷、2008 年 3 月。

高陽『鳥としての天狗の源流考——東アジア比較説話の視点から』、『学校教育学研究論集』（18）、2008 — 10。

大内山祥子『神と妖怪——柳田國男「妖怪談義」の中で語られるお化け（第 3 回国際日本学コンソーシアム）』、『大学院教育改革支援プログラム「日本文化研究の国際的情報伝達スキルの育成」活動報告書』、2009 年 3 月 31 日。

稲垣泰一『インドから日本に来た天狗（特集 アジアの怪奇譚）』、『アジア遊学』125、2009 – 8。

后　记

在本书即将出版之际，由清华大学刘晓峰教授与我共同筹划了近三年的第一届中日妖怪学专题研讨会于 2019 年 3 月 23 日在北京民俗博物馆东岳庙顺利召开。100 年前，我国学者首次将日本的妖怪学介绍到中国，100 年后的今天，我国学者再次与日本妖怪学研究最前沿的专家学者举办了研讨会，可谓具有里程碑式的意义。感谢刘晓峰教授的策划，感谢以叶涛会长为首的中国民俗学会各位老师的支持。

令人遗憾的是日本妖怪学研究的领军人国际日本文化研究中心所长小松和彦教授由于身体原因缺席了本次会议。但是，小松教授将 2019 年 1 月为日本天皇进讲的原稿《日本妖怪文化再考》发给了我，并由我译成中文在会议上进行了宣读。小松教授在文中提到了妖怪学研究的三个重要意义：其一，可以弥补传统文化研究中缺失的部分。其二，妖怪是构建日本文化论与日本人论的重要素材，是反映人民生活与思想的一面镜子。其三，妖怪是重要的文化资源。发掘、分析、研究先人遗留下来的庞大的妖怪文化遗产刺激了现代文化创作者的想象力，对创造新的日本文化、大众娱乐文化做出了巨大贡献。

妖怪具有重要的研究价值，是我国传统思想文化中尚未被整理与挖掘的宝库，同时这也是一项艰难而浩大的工程，需要各个领域的专家学者共同推进。本书仅仅迈出了妖怪学研究的一小步，希望以此抛砖引玉，有更多的中国学者关注妖怪，从事妖怪学研究。本书尚有诸多不完善之处，请各位同人多多批评指正。

本书是在我的博士学位论文《比较视域下的中日妖怪与妖怪学研究——以天狗为例》的基础上修改而成。借此出版之机，衷心地感谢我的导师北京外国语大学日本学研究中心主任郭连友教授对我的悉心指导。感谢我的答辩主席清华大学历史学院刘晓峰教授，感谢我的答辩委员中国社会科学院哲学研究所王青教授、中国社会科学院日本研究所崔世广教授、中国人民大学哲学院林美茂教授、南开大学日本研究院院长刘岳兵教授。

此外，非常感谢我在日本留学期间的接收导师国际日本文化研究中心所长小松和彦教授对我的指导，感谢安井真奈美教授、刘建辉教授、木场贵俊研究员、关西学院大学山泰幸教授以及日本妖怪共同研究会的每一位老师对我的帮助。

感谢日本国际日本文化研究中心图书馆为我提供的图像资料。感谢社会科学文献出版社对本书出版的大力支持。

最后，衷心感谢我的家人！

2019 年 3 月 24 日
于北京

图书在版编目（CIP）数据

妖怪、妖怪学与天狗：中日思想的冲突与融合／王
鑫著 . --北京：社会科学文献出版社，2019.3
ISBN 978 - 7 - 5201 - 4412 - 4

Ⅰ.①妖…　Ⅱ.①王…　Ⅲ.①鬼 - 文化 - 对比研究 -
中国、日本　Ⅳ.①B933

中国版本图书馆 CIP 数据核字（2019）第 036663 号

妖怪、妖怪学与天狗
—— 中日思想的冲突与融合

著　　者／王　鑫

出 版 人／谢寿光
项目统筹／卫　羚
责任编辑／卫　羚

出　　版／社会科学文献出版社·人文分社（010）59367215
　　　　　　地址：北京市北三环中路甲 29 号院华龙大厦　邮编：100029
　　　　　　网址：www. ssap. com. cn
发　　行／市场营销中心（010）59367081　59367083
印　　装／三河市东方印刷有限公司

规　　格／开　本：787mm × 1092mm　1/16
　　　　　　印　张：17　字　数：265 千字
版　　次／2019 年 3 月第 1 版　2019 年 3 月第 1 次印刷
书　　号／ISBN 978 - 7 - 5201 - 4412 - 4
定　　价／128.00 元